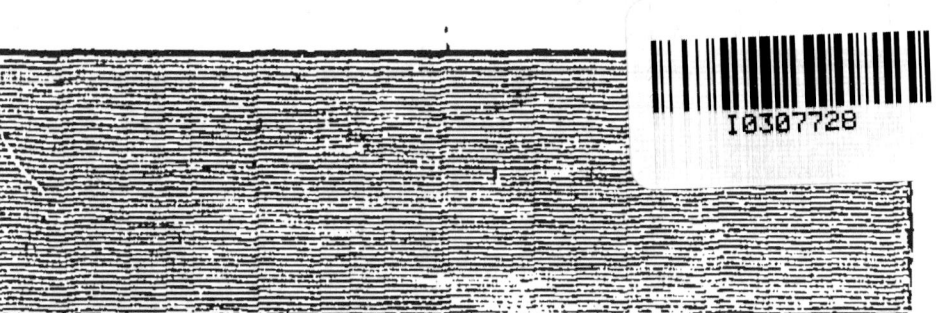

Non faciet jam larua pares.

de Champagne delin. P. Van-schuppen sculp. 1677.

LA FAUSSETÉ DES VERTUS HUMAINES.

Quis enim virtutem amplectitur ipsam? Juven. Sat. x.

Par Mr ESPRIT.

TOME PREMIER.

A PARIS,
Chez GUILLAUME DESPREZ, ruë Saint Jacques, à Saint Prosper, & aux Trois Vertus.

M. DC. LXXVIII.
Avec Privilege & Approbation.

A
MONSEIGNEUR
LE
DAUPHIN.

ONSEIGNEUR,

Il n'est pas des Princes qui doivent un jour monter sur le Trône, de même que de tout le reste des hommes : Comme ceux-cy ne sont

ã ij

EPITRE.

chargez que de leur conduite particuliere, ils sont seulement obligez de suivre l'avis des Sages qui leur ordonne de se connoître; au lieu que cette étude ne suffit pas aux Princes que Dieu fait naître pour gouverner les peuples, & qu'ils ont encore une indispensable obligation d'étudier & de connoître les autres.

Cette connoissance, MONSEIGNEUR, n'eût pas été difficile si l'homme fût demeuré dans l'état de son innocence; car ses paroles auroient toûjours été l'image de ses pensées, & ses actions celle de ses desirs & de ses intentions: Mais depuis qu'il s'est mis en la place de Dieu, qui devoit être l'objet unique de son amour, & qu'il est devenu amoureux & adorateur de luy-même; depuis que son interêt est la regle de ses actions & le maître de sa conduite; son cœur qui se laissoit voir, se cache

EPITRE.

dans sa profondeur & apprend à l'homme à y cacher ses desseins. De sorte que l'homme s'étant instruit & perfectionné depuis tant de siecles en l'art de dissimuler & de feindre, ce long usage de feintes & d'artifices luy a donné une pente presque invincible à se déguiser.

Il a été forcé en quelque maniere de se servir de ruses & de finesses, parce que son amour propre, qui luy est si cher, est si odieux aux autres qu'il n'ose se montrer tel qu'il est, de peur de trahir ses propres desseins; il est même obligé pour les faire reüssir de se presenter aux autres sous plusieurs figures differentes qu'il sçait leur être agreables, & de donner la gêne à son esprit pour imaginer celles qui sont les plus propres à le faire paroître entierement dévoüé à leurs interêts.

De là vient que tous les hommes

EPITRE.

sont autant d'enigmes qu'il est si mal-aisé d'expliquer, & que ce qui paroît de l'homme est si different de l'homme. De là vient que jugeant de luy par ce qu'on en voit, ainsi qu'on fait ordinairement, on se trompe dans la plûpart des jugemens qu'on en fait, & que ceux qui luy sont les plus favorables sont presque toûjours les plus legers & les plus injustes. De là vient enfin que Dieu condamne le cœur de la plûpart de ceux dont tout le monde admire les actions, & que n'ayant égard qu'à nos dispositions interieures & à nos veritables intentions, il voit comme de fausses vertus, les vertus qui brillent le plus & qui passent pour les plus excellentes.

Mais encore qu'il soit difficile de connoître l'homme, l'on ne doit pas neanmoins se persuader que cela soit impossible, pourvû qu'on ait observé les inclinations de l'amour

EPITRE.

propre. Car comme c'eſt luy qui eſt l'inventeur de tous les ſtratagêmes que l'homme met en uſage, & la cauſe de la fauſſeté de toutes ſes vertus; & que l'homme en eſt ſi fort poſſedé qu'il n'a point d'autres mouvemens que les ſiens, ni d'autre conduite que celle qu'il luy inſpire, l'on ne ſçauroit repreſenter l'un qu'on ne faſſe en même temps le portrait de l'autre.

C'eſt par cette raiſon, MONSEIGNEUR, que pour donner la vraye idée de l'homme, j'ay traitté en particulier toutes les vertus humaines dans le livre que je vous preſente; afin d'avoir lieu de faire connoître les vuës ſecretes de l'amour propre, les chemins détournez qu'il prend pour empêcher qu'on ne découvre ſes intentions, & cette varieté de perſonnages qu'il joüe pour arriver aux fins où il ſouhaitte de parvenir. J'oſe croire que le ſoin que j'ay pris ne vous ſera pas

EPITRE.

inutile, & que vous n'aurez pas desagreable qu'en vous offrant ce livre, ie vous donne une marque publique de la passion respectueuse avec laquelle je suis,

MONSEIGNEUR,

Vôtre tres-humble, tres-obeïssant & tres-fidele serviteur,
ESPRIT.

PREFACE.

J'AY souvent pensé quelle pouvoit être la cause de l'injuste approbation qu'on a donnée en tout temps, & qu'on donne encore aujourd'huy aux vertus humaines : & j'ay trouvé qu'il n'y en avoit point d'autre que la fausse persuasion où l'on est que c'est par raison, par bonté, par justice & par generosité que les hommes font les actions qui leur paroissent raisonnables, justes, bonnes & genereuses.

Cette erreur a elle-même un grand nombre de causes, parmi lesquelles on peut conter la grossiereté de l'esprit, la

PREFACE.

paresse, la credulité, la profession que font les esprits populaires de n'avoir point d'autres opiniós que celles qui leur viennent par la tradition, & qu'ils trouvent établies dans le monde & dans leur famille, la legereté à juger, l'interêt, l'inclination qu'on a à admirer; mais sur tout l'attachement prodigieux qu'on a à tout ce qui va à la santé & à la satisfaction du corps, & le peu de soin qu'on a de tout ce qui regarde le bien de l'ame.

La grossiereté de l'esprit borne les connoissances de la plûpart des hommes aux actions sensibles & exterieures, & ne leur permet pas de s'élever jusqu'au principe qui les produit. La paresse fait apprehender à plusieurs la peine qu'il y a à en découvrir les motifs, leur ôte la curiosité de les sçavoir, &

PRÉFACE.
les dispose de telle sorte qu'ils aiment mieux n'avoir point d'opinions reglées sur les sujets même qui leur sont les plus utiles & les plus importans, que d'avoir la fatigue de les regler. La credulité donne aux personnes qui ont ce defaut une facilité naturelle & un desir de suivre les sentimens des autres; & quoique cette disposition vienne quelquefois de l'ascendant qu'on a sur leur esprit, il est certain neanmoins qu'elle vient beaucoup plus souvent de ce qu'elles aiment à croire. La profession que font les esprits populaires de recevoir toutes les opinions qui sont venuës à eux par tradition, fait qu'ils ne songent jamais à en avoir de propres, & qu'ils sont contens de celles de leurs Peres & de leurs Ayeux. La legereté à juger fait

PREFACE.

que bien des gens qui pourroient par leur lumiere penetrer les causes cachées des actions humaines, s'arrêtent à ce qu'elles paroissent, & ne se donnent pas le tems d'examiner ce qu'elles sont effectivement. L'interêt nous rend favorables à tous ceux qui nous font du bien; car quel moyen de ne pas croire genereux un grand Seigneur, qui sans en être sollicité, & sans y être engagé par aucune côsideration, prend soin de nôtre fortune; pouvons-nous luy donner une moindre marque du gré que nous luy en sçavons, que de juger de luy avantageusement. L'inclination à admirer excite l'homme sans cesse à chercher des sujets dignes d'admiration, & comme il n'en trouve point qui le soient dans la verité, il se satisfait de ceux qui

PREFACE.

ont quelque apparence de l'être, tels que font les exploits des grands Capitaines, & il les erige en faits heroiques & en miracles de valeur, par la seule raison qu'ils arrivent rarement, & qu'ils sont reservez à un petit nombre d'hommes. Enfin l'application continuelle qu'on a aux necessités & aux commodités du corps, & l'insensibilité aux besoins de l'ame, font cause qu'on ne se soucie pas qu'elle ait de saines opinions, quoy qu'il soit visible que ce sont ces saines opinions qui reglent nos mœurs, & qu'elles sont la source de nôtre felicité. Ce qui est merveilleux est qu'on ne travaille pas seulement à maintenir la santé du corps ; on veut encore qu'il ait de l'embonpoint, on procure ses aises, on use de toutes sortes de precau-

PREFACE.

tions pour éviter ce qui l'incommode, & l'on n'en aporte aucune pour empêcher ce qui nuit à l'ame ; qu'elle soit infectée d'erreurs, qu'elle soit toûjours agitée & souvent renversée par les passions, son état si digne de compassion ne nous touche pas assez pour nous obliger d'employer nôtre temps à établir son repos & à la perfectionner.

Voilà les causes generales de l'estime qu'on a & qu'on a euë en tout temps pour les vertus humaines. Il y en a beaucoup de particulieres, parmi lesquelles le bien honnête tient le premier rang ; car c'est ce bien honnête dont Ciceron & Seneque parlent toûjours avec excez & avec transport, & qu'ils representent comme l'amour & les delices du Sage, qui a été l'écueil, où, si l'on en exce-

PREFACE.

pte Platon, tous les Philosophes ont échoüé. C'est ce bien honnête qui a été la cause presque unique de tous les mécontes de leur morale. Enfin c'est ce bien honnête qui a été l'idole à laquelle ils ont adressé leurs vœux;

*Santissima Honesta che sola sei
D'alma ben nata inviolabil' nume;*

& qu'ils ont ensuite proposée aux Sages de tous les siecles, afin qu'elle en fût adorée. Ce qui leur a beaucoup mieux reüssi qu'ils ne pouvoient esperer, puisque non seulement les Sages Payens, mais aussi la plûpart des Sages qui font profession de la Religion Chrétienne, ne reconnoissent point par leurs actions d'autre divinité que le bien honnête.

Les Philosophes sont tombez dans cette espece d'idolâ-

PREFACE.

trie, à cause, dit l'Apôtre, qu'ayant connu Dieu, ils ne l'ont pas glorifié comme Dieu; c'est à dire qu'ils ont été assez orgueilleux & assez aveugles pour ne pas voir que Dieu ayant tiré l'homme du neant, l'homme est obligé de s'abaisser devant sa Majesté souveraine, & de luy faire hommage de son être & de ses actions, en ne vivant que pour luy & en faisant toutes ses actions pour sa gloire; que Dieu étant le principe d'une creature capable de le connoître, doit être sa fin; qu'il doit être l'objet de ses desirs & de son amour, & que c'est cet amour qui est le tribut du cœur & le sacrifice interieur que Dieu exige de tous les hommes.

Mais ils n'étoient pas seulement abusez en ce qu'ils regardoient le bien hônête com-

PREFACE.

me une divinité; mais aussi en ce qu'ils croyoient que l'amour du bien honnête étoit dans leur cœur, au lieu qu'il n'étoit que dans leur imagination; car dans la verité ils aimoient & cherchoient la gloire qui suit les actions honnêtes, & ils n'etoient touchez, du moins pour l'ordinaire, de la bienseance des devoirs, qu'à cause de l'approbation & des loüanges qu'on donne à tous ceux qui s'en acquitent exactement.

Ce qui causoit leur erreur, c'étoit l'honnêteté de leurs actions. D'où ils tiroient cette consequence, que cette même honnêteté étoit donc dans leur intention; & c'est ce qui trompe aussi ceux qu'on appelle gens d'honneur & honnêtes gens. Ils se persuadent que dans toutes leurs actions ils ont en vuë le bien honnête, & qu'ils ai-

PREFACE.

ment la probité ; cependant ce n'est point la probité qu'ils aiment, c'est l'honneur qu'elle leur fait, & le rang qu'elle leur donne parmi les hommes.

La seconde cause de l'erreur des Philosophes étoit leur sorte d'ambition, qui étoit si fine & si delicate, qu'elle se déroboit à leur connoissance : car elle leur donnoit du mépris pour les richesses, pour les dignités & pour l'approbation des hommes ; afin que le mépris des richesses, des charges & des dignités les mît dans une beaucoup plus grande consideration que ceux qui les possedent, & qu'on les crût d'autant plus dignes d'être loüez, qu'ils témoignoient faire peu de cas des loüanges & de la gloire.

L'ignorance de l'état veritable du cœur humain étoit la

PREFACE.

troisiéme cause de l'imagination que les Philosophes avoiēt que le bien honnête étoit le principe de tout ce qu'ils faisoient de loüable & de vertueux; car ils ne sçavoient pas quelle étoit la disposition des ressorts qui font mouvoir le cœur de l'homme, & n'avoient aucune lumiere ni aucun soubçon de l'étrange changement qui s'étoit fait en luy, par lequel la raison étoit devenuë esclave des passions. Cela paroît par leurs raisonnemens & par leurs maximes, dont le premier fondement est, que la raison, qui par sa dignité & par l'excellence de sa nature, doit commander dans l'homme, y commande effectivement. D'où ils concluoient que c'étoit elle qui leur faisoit faire des actions honnêtes, sages & équitables; au lieu qu'elle

PREFACE.

ne les portoit à faire ces actions que pour servir & satisfaire leur ambition qui étoit leur passion dominante.

Il est vrai qu'ils sont excusables de n'avoir pas connu la cause du changement qui s'étoit fait dans l'homme ; mais ils ne le sont point du tout de n'avoir pas aperçu ce changement ; car il est pardonnable à des personnes qui vivent sans reflexion, de ne pas sçavoir ce qui se passe aux dedans d'eux-mêmes, mais que les curieux observateurs de la nature, que des hommes qui mettoient leur principale application à s'étudier & à se connoître, n'ayent pas remarqué que ce n'étoit plus la raison qui conduisoit & gouvernoit l'homme, cela est incomprehensible. En effet, comment peut-on concevoir que des gens

PREFACE.

éclairez n'ayent pas découvert par leur lumiere & par leurs propres experiences, que la raison avec tout son pouvoir & toute son industrie, ne sçauroit détruire une passion qui s'est enracinée dans le cœur de l'homme, ni par le secours d'aucun âge, ni par la force d'aucun exemple, ni par la crainte d'aucun malheur, & qu'ils n'ayent pas vû ce que voyent & ce que sentent les personnes les plus grossieres.

Un peu d'attention à ce qu'ils éprouvoient eux-mêmes étoit donc capable de leur faire connoître l'état de la raison, de les convaincre de sa foiblesse, & de leur faire comprendre que l'homme qui étoit dans la partie la plus élevée de l'ame, qui habitoit cette region tranquille & lumineuse, d'où il voyoit & regloit le dedans &

PREFACE.

le dehors de luy-même, est maintenant plongé dans les sens, d'où il goûte les plaisirs, comme s'il étoit né pour eux.

Ils auroient vû encore que quoique la raison ait perdu le pouvoir qu'elle avoit dans l'homme, elle n'avoit pas neanmoins entierement perdu sa lumiere; qu'il luy en reste assez pour luy marquer ses devoirs, & que c'est elle qui dans tous les siecles & dans tous les lieux du monde a enseigné aux hommes à honorer leurs parens, à rendre justice, à soulager les peines des miserables, & à exposer leur vie pour la deffense de leur païs.

Mais ils auroient vû aussi en même tems que depuis que l'amour propre s'est rendu le maître & le tyran de l'homme, il ne souffre en luy aucune vertu ni aucune action vertueuse

PREFACE.
qui ne luy soit utile, & qu'il les employe toutes à faire reüssir ses differentes pretentions; de sorte que ce n'est que par rapport aux fins où il vise que la raison excite les hommes à rendre à leurs parens le respect qui leur est dû, à secourir les pauvres dans leurs besoins, & à observer les loix de l'équité dans tous leurs commerces. Ainsi ils ne s'acquittent d'ordinaire de tous ces devoirs que par le mouvement de l'amour propre, & pour procurer l'execution de ses desseins.

Je dis d'ordinaire, parce que je n'entre pas dans ces contestations des Theologiens, qui mettent en question, si les sages Payens se sont proposez l'honnêteté & la droiture de la vertu dans quelques-unes de leurs actions. Le point de cette controverse ne fait rien

PREFACE.

au sujet de ce livre; puisqu'on ne juge point des hommes sur ce qu'ils font rarement, & encore moins sur ce qu'ils peuvent faire; mais sur ce qu'ils font ordinairement. Or tout le monde est d'accord que c'est par interêt, ou par vanité, qu'ils agissent pour l'ordinaire.

Tous les Philosophes demeurent d'accord aussi qu'il ne suffit pas pour être vertueux de faire des actions vertueuses, qu'il les faut faire vertueusement; & que pour les faire vertueusement, il faut les rapporter à la fin à laquelle doivent tendre toutes les actions humaines.

Il s'ensuit de tout ce qui a été dit dans cet Avant-propos. 1. Que c'est le deffaut de la droite fin qui fait proprement la fausseté des vertus humaines; car c'est à cause qu'on est doux,

PREFACE.

doux, paisible, indulgent, bon & officieux, non pour observer les commandemens de Dieu, mais pour se faire aimer des hommes, & tirer divers avantages de leur amitié; qu'on n'est pas veritablement vertueux. 2. Que l'homme à cause de la corruption de sa nature, fait sans bonté & sans vertu une infinité d'actions qui sont de soy bonnes & vertueuses; comme au contraire Dieu par l'excellence & la perfection de la sienne, venge le mépris de ses loix sans ressentiment & sans émotion, & fait sans passion les effets des passions les plus violentes. 3. Que les actions vertueuses ont deux faces fort differentes, l'une à l'égard du monde, & celle-là a de l'éclat & une belle apparence; l'autre à l'égard de ceux qui les font, qui a beaucoup de

PREFACE.

taches & de defauts. 4. Que ceux qui mettent les vertus humaines au rang des vertus veritables, & qui leur donnent de grand éloges, jugent d'elles par les actions de justice, de foy & de probité que les hommes font; & que ceux qui les accusent de fausseté les regardent dans leur intention, où Dieu les regarde, & qui peut elle seule les rendre dignes de blâme ou de loüange. En dernier lieu, que les hommes solides & clairvoyans n'ont pas été contens des vertus de leur siecle, parce qu'ils ont connu que l'intention de ceux qui exerçoient les plus grandes & les plus éclatantes, n'étoit que de s'attirer de vaines loüanges; & que les autres alloient à leurs interêts par la pratique des vertus communes. Ainsi il n'est point de temps où l'on

PREFACE.

n'ait pû & où l'on ne puisse dire avec Montagne : Il ne se «
reconnoît point d'action ver- «
tueuse ; celles qui en portent «
le visage, elles n'en ont pas «
pourtant l'essence; car le pro- «
fit, la gloire, la crainte & au- «
tres telles causes étrangeres «
nous acheminent à les pro «
duire. La vaillance, la justice, «
la debonnaireté que nous «
exerçons, lors elles peuvent «
être ainsi nommées par la «
consideration d'autruy; mais «
chez l'ouvrier ce n'est aucu- «
nement vertu; il y a une autre «
fin proposée, une autre cau- «
se mouvante. «

C'est ce qu'on a dessein de
faire voir dans cet ouvrage, &
c'est pour executer ce dessein
qu'on y cherche les principes
cachez de la moderation des
Sages du monde que rien n'é-
meut, que rien ne surprend,

ẽ ij

PREFACE.

& qui paroiſſent avoir un empire abſolu ſur leurs ſentimens; de la probité & loyauté des gens d'honneur qui ont tant de droiture dans leurs actions, & de netteté dans leurs procedés; de la bonté des perſonnes officieuſes & charitables; & de la magnanimité des grands Capitaines, qui ſe montrent intrepides au milieu des plus grands dangers. On ſouhaite que ceux en qui l'on voit reluire toutes ces vertus morales, civiles & heroïques, voyant la vanité & la baſſeſſe des motifs qui les font agir, ſortent de l'illuſion où ils ſont à l'égard d'eux-mêmes; qu'ils comprennent que les vertus dont ils ſe parent ſont des vertus fauſſes & apparentes, & que bien loin d'imaginer en eux de grandes perfections, & de ſe croire des Heros & des demy-

PREFACE.

Dieux, ils reconnoiſſent qu'ils ſont avares, envieux, vains, foibles, legers & inconſtans comme les autres hommes; afin que ſe connoiſſant tels qu'ils ſont, ils puiſſent avoir part à cette loüange exquiſe que les Atheniens donnerent à Pompée : « D'autant es-tu « Dieu, que tu te reconnois « homme; & que n'eſperant « point de tirer d'un fonds auſſi gâté & auſſi mauvais qu'eſt celuy de nôtre nature, des vertus pures, ſolides & veritables, ils s'addreſſent à Dieu pour les obtenir.

TABLE DES CHAPITRES
contenus en ce Volume.

CHAP. I. La Prudence,	Page 1
CHAP. II. L'Amour de la Verité,	83
CHAP. III. La Sincerité,	108
CHAP. IV. L'Amitié,	122
CHAP. V. La Confiance,	180
CHAP. VI. La Complaisance,	197
CHAP. VII. La Civilité,	209
CHAP. VIII. La Vertu officieuse,	218
CHAP. IX. La Débonnaireté,	224
CHAP. X. La Clemence,	237
CHAP. XI. La Douceur,	279
CHAP. XII. L'Indulgence,	335
CHAP. XIII. L'Affabilité,	349
CHAP. XIV. La Facilité,	357
CHAP. XV. La Pitié,	366
CHAP. XVI. La Douleur de la mort des proches & des amis,	389
CHAP. XVII. La Bonté,	406
CHAP. XVIII. La Generosité,	422
CHAP. XIX. La Politesse,	438
CHAP. XX. Le Desintcressement,	447
CHAP. XXI. L'Humilité,	459
CHAP. XXII. La Liberalité,	472
CHAP. XXIII. La Magnificence,	491
CHAP. XXIV. La Justice,	506
CHAP. XXV. La Probité, ou l'honnêteté des hommes,	520
CHAP. XXVI. La Fidelité des Sujets envers leur Souverain,	536
CHAP. XXVII. La Fidelité du secret,	581
CHAP. XXVIII. La Reconnoissance,	594

APPROBATION DES Docteurs.

Nous sous-signez, Docteurs en Theologie de la Faculté de Paris, certifions avoir lû un Livre intitulé, *La Fausseté des Vertus humaines*, composé par M. ESPRIT, dans lequel nous n'avons rien trouvé de contraire à la Foy Catholique, Apostolique & Romaine, ny aux bonnes mœurs. Fait à Paris le 4. Octobre 1677.

GRENET, Curé de S. Benoist.

P. MARLIN, Curé de S. Eustache.

PIROT.

CHERON.

Extrait du Privilege du Roy.

PAr Grace & Privilege du Roy, donné à Paris le 1. Juin 1674. signé par le Roy en son Conseil, DESVIEUX, & scellé; Il est permis à GUILLAUME DESPREZ Marchand Libraire à Paris, d'imprimer, faire imprimer, vendre & debiter en tous les lieux de l'obeïssance de sa Majesté, un livre intitulé, *La faussetè des Vertus humaines*, composé par M. ESPRIT, durant le temps & espace de dix années : avec deffenses à toutes personnes, de quelque qualité & condition qu'ils soient, Libraires, Imprimeurs ou autres, de le reimprimer, faire imprimer, vendre ny debiter sous quelque pretexte que ce soit, à peine de six mil livres d'amende, & de tous dépens, dommages & interêts, ainsi qu'il est porté plus au long par lesdites Lettres de Privilege.

Regiftré sur le Livre de la Communauté des Marchands Libraires de cette ville de Paris, le 11. Iuin 1677. Signé, THIERRY, Sindic.

Achevé d'imprimer pour la premiere fois le 12. Octobre 1677.

LA FAUSSETÉ DES VERTUS HUMAINES.

CHAPITRE I.

La Prudence.

PARMY les ouvrages qui sont sortis des mains de Dieu, il n'en est point de plus grand & de plus digne d'admiration que l'homme; car lors qu'on conte ses qualitez & ses perfections differentes, il semble que l'art de la Sagesse divine qui se jouë dans l'Univers, ainsi que dit l'Ecriture, l'a voulu racourcir en luy, & que pour faire voir ses rares inventions il s'est plû à former une creature de l'assemblage de toutes les creatures. Que si l'on considere les principales parties qui le composent, l'on ne peut assez admirer l'union intime qu'on voit en luy de deux natures si opposées, & l'on ne peut concevoir comment la matiere terrestre & corporelle qui est si incapable d'obeïr aux ordres de la raison, les comprend si nettement & les execute si promptement dans l'homme. Enfin ceux qui le regardent par rapport au monde universel, voyent que Dieu l'a fait comme un

Ludens in orbe terrarū. Prov. 8. v. 3.

LA PRUDENCE.

neud qui joint le monde corporel & sensible au monde intelligent & spirituel, & comme un anneau qui ferme une chaîne afin qu'il alliât & unît tous les êtres.

Mais tous ces avantages singuliers n'égalent point le privilege de sa naissance, dans laquelle Dieu, pour le dire ainsi, le couronna de ses propres mains, luy donna un empire absolû sur tous les animaux, & destina à son service toutes les creatures. En effet les Cieux roulent-ils pas pour luy, &

L'air, la mer & la terre
N'entretiennent-ils pas
Une secrette loy de se faire la guerre
A qui de plus de mets fournira ses
repas.

Malherbe dans sa Paraf. sur le Pseaume 8.

A cette Royauté Dieu en joignit une autre beaucoup plus considerable & plus excellente; car il rendit l'homme l'arbitre de son sort, & le fit maître & souverain de toutes ses actions; de sorte que pendant que les bestes & le reste des creatures vont aveuglement à leurs fins, & que leurs inclinations sont déterminées, l'homme fait toutes ses actions avec cônoissance & par son propre choix, & dispose comme il luy plaît de luy-méme. Comme cette éminente prerogative de se gouverner soy-méme l'éleve si haut qu'elle l'associe à Dieu, & fait qu'il a part à la Providence avec laquelle Dieu le gouverne; l'on ne peut desavoüer que ce ne soit là le plus sublime & le plus rélevé de ses privileges; mais on est obligé de confesser aussi qu'il peut luy estre funeste & causer sa ruine de méme que sa felicité; car l'homme étant si prés de soy & si éloigné du bien souverain, il

D. Th. 1.2. q. 1. art. 2. in corp.

Rationalis ex naturâ fit providentiæ particeps sibi ipsi providens. Idem eadem parte. q. 91. art. 2. in corp.

luy est bien plus aisé de chercher son bonheur en luy-méme, & de joüir d'un bien qui luy est si proche & où son cœur est tourné naturellement, que de s'élever à la possession de Dieu dont il est separé par de si grands espaces. D'ailleurs son esprit est couvert du voile des sens, ce qui fait qu'il perd tres-souvent la vûë de ce vray bien, & qu'il prend les plaisirs, les richesses & les honneurs, c'est à dire les ombres de ce vray bien pour luy-méme. Dans ce pressant danger la Prudence vient, ce semble, s'offrir à luy pour addresser seurement ses pas, pour luy montrer incessamment le but unique où il doit tendre, & l'objet en qui seul il peut rencontrer son repos & l'accomplissement de tous ses souhaits. Cet office important, qui est le propre office de la Prudence, suffit pour la rélever infiniment au dessus des autres vertus, & fait qu'on la conçoit côme l'œil de l'ame. Car quoy que toutes les vertus soient pretieuses dans leur nature, excellentes dans leurs effets, & admirables dans la varieté de leurs fonctions, il faut neanmoins demeurer d'accord qu'elles seroient aveugles, errantes & incertaines si la Prudence n'estoit leur guide, si elle ne leur découvroit la fin veritable qu'elles doivent se proposer, & ne leur marquoit le chemin qu'elles doivent tenir pour y arriver. En effet la Prudence est comme un entendement étranger qui fortifie & perfectionne l'entendement naturel de l'homme ; c'est la raison de la raison; c'est la maîtresse de la vie; c'est à elle à qui tous les particuliers doivent la sagesse de leur conduite, toutes les familles leurs regles, & toutes les Villes leur police; c'est elle qui residant dans l'ame des Rois comme dans son trône, preside à tous leurs conseils, & y prononce ces oracles qui causent la durée, la gloire, & la felicité des Royaumes; c'est elle enfin qui passant dans leurs armées y rend les courages les plus farouches & les plus fougueux capables de discipline; c'est là qu'elle établit l'ordre dans le sein de la confusion, & qu'elle apprend à la vaillance le secret de se faire suivre par la victoire.

Ces effets merveilleux & innombrables de la Prudence luy ont attiré ces grands éloges que les Historiens, les Poëtes & les Philosophes luy donnent, & l'ont fait regarder par

les Sages de tous les siecles comme une Divinité. De sorte que comme les Perses adoroient le Soleil parce qu'ils voyoient qu'il est le sensible createur de tout ce qu'on voit naître dans la nature; les Sages de méme ont eu pour la Prudence une maniere de culte religieux, parce qu'elle leur a parû la cause visible de tous les bons évenemens de la vie.
„ C'est nôtre ignorance, dit un
„ Poëte, qui nous a fait ima-
„ giner qu'un aveugle hazard
„ gouvernoit toutes les affai-
„ res humaines; c'est nôtre er-
„ reur, ô fortune qui t'a placé
„ dans le Ciel, & qui nous a
„ fait croire que tes arrêts ca-
„ pricieux regloient toutes nos
„ avantures.

Juven. *Nullum numen abest si sit Pru-*
sat. 1. *dentia.*

„ La Prudence t'ôte ta puissan-

ce & détruit ta divinité; c'est «
elle seule qui a le pouvoir de «
nous rendre heureux, & ses «
loix suivies ou violées, font «
elles seules nôtre bon & nô- «
tre mauvais sort.

Rien ne nous montre tant le ridicule des hommes, que la complaisance avec laquelle ils se sçavent bon gré de s'être détrompez des opinions populaires, lors même qu'ils s'en sont détrompez pour se tromper d'une autre maniere, & qu'ils n'ont fait que substituer une erreur à une autre. C'en est une grande certainement de rapporter tout ce qui arrive à une cause aussi irreguliere, aussi bizarre, & aussi aveugle que la fortune; mais c'en est une tres-grande aussi de regarder la Prudence comme la source infaillible de nôtre bonheur, & de celuy des familles, des Republiques, & des Empires, comme nous l'allons montrer.

Pour être bien-tôt éclaircy que l'opinion avantageuse qu'on a conceuë de la Prudence est tres-mal fondée, l'on n'a qu'à examiner sa nature sans preocupation, & considerer qu'elle est toûjours pleine de deffiance, de timidité & d'incertitude; ce qui vient de l'obscurité & de l'inconstance de sa matiere; car elle a affaire aux hommes, dont le cœur est impenetrable, & qui changent incessamment, par la disposition de leur corps, par la legereté de leur humeur, par la succession de leurs passions, & par la diversité de leurs interêts; de sorte que comme Heraclite assûroit qu'il n'y pouvoit avoir de science naturelle, parce que l'objet des sciences

Laërt. de Placit. Heracl.lib. 9.

doit être constant, & que la nature est dans un perpetuel écoulement semblable à celuy des rivieres, dont on ne peut considerer les eaux, parce qu'elles s'enfuyent à mesure qu'on les regarde; l'on peut soûtenir de même que la Prudence ne peut s'assurer de rien, parce que l'homme, qui est le sujet qu'elle considere, n'est jamais dans une même assiete, & qu'il en prend de differentes en peu de temps par un nombre infiny de causes intérieures & étrangeres.

J'admire avec tout le monde les moyens qu'Aristote nous 2. Rheti a ouverts pour persuader les hommes en remuant en chacun d'eux leurs passions dominantes. En effet il arrive souvent que les soûmissions ont le pouvoir de flêchir les personnes fieres, qu'on vient à bout

A vj

des timides par des menaces, & qu'avec l'argent on obtient ce qu'on veut des interessées; mais je ne vois pas comment la Prudence peut employer seurement ces moyens; comment on peut conter sur la crainte naturelle d'un homme, qu'une femme, un proche & un amy peuvent affermir; sur la vanité d'un autre, qu'on peut avertir de ne pas se laisser duper aux soûmissions & aux prieres qu'on a resolu de luy faire pour le gagner; & sur l'avarice d'un troisiéme, en qui il se peut faire que l'envie de se vanger d'un ennemy se trouvera plus forte, dans le temps qu'on se prometra de le tenter & de le corrompre par l'offre qu'on luy fera d'une grande somme. Je laisse à part le caprice, la bizarrerie & l'opiniâtreté, qui ont part si souvent à nos actions & à nos secretes dispositions.

Mais un homme qui a de grandes lumieres naturelles qu'il a perfectionnées par de longues experiences, & qui d'ailleurs est savant & consommé dans l'Histoire n'agira-t'il pas avec seureté ? Oüy, s'il trouve des sujets & des occasions semblables de tout point aux exemples qu'il a vûs ou qu'il a remarquez dans l'Histoire ; mais il est aussi peu possible de trouver ce parfait rapport, que de rencontrer deux hommes qui ayent une méme complexion. Ce n'est pas une bonne consequence en Medecine qu'un remede qui a esté utile à un bilieux en doive guerir un autre. La bile, dit Galien, n'est pas seulement differente des autres humeurs, elle l'est encore d'elle-méme. C'est cette difficulté de trou-

« Lib. 3. de locis affectis, & lib. 4. de sanitate tuenda.

ver des sujets & des occasions tout à fait semblables, qui fait que la Prudence & la Medecine donnent necessairement beaucoup au hazard, & que les hommes prudens & les Medecins sages & avisez se conduisent avec tant de precautions, & ont tant de peine à se déterminer. En effet nous voïons que les Medecins les plus excellens sont tres-embarrassez dans le chois des remedes dont ils se doivent servir pour sauver un homme d'une maladie mortelle ; & qu'ils consultent long-temps, & examinent avec soin l'état d'un malade avant que de rien ordonner. Cet embarras se voit plus manifestement dans les grands Capitaines quand ils sont sur le point d'executer leurs plus importantes entreprises ; & tout le monde sait quelles furent les agitations de Cesar, lors qu'il se vit prés du Rubicon, & les longues irresolutions où il fut, s'il feroit marcher ses troupes vers Rome, & s'il tourneroit ses armes contre son païs ; personne n'ignore aussi que de pareilles incertitudes remplirent l'ame d'Alexandre de trouble & d'inquietude la veille du jour de la bataille d'Arbelles, & que la mer agitée ne fait point voir tant de flots & de vagues qui s'entrechoquent, qu'il s'éleva de mouvemens & de pensées contraires dans son cœur & dans son esprit.

Plut. in vita Cæsaris.

Plut. in Alex. & Q. Curt. lib. 4.

Il est donc clair que la Prudence humaine est incertaine & aveugle, & que par consequent l'on ne peut s'assûrer par elle d'aucun succez. Mais ce n'est pas assez d'avoir montré qu'elle est inutile, il faut faire remarquer encore qu'elle est nuisible. Nous serons convaincus de cette verité, si nous dépoüillant de toute preoccupation, nous considerons s'il n'est pas vray que la Prudence fait bien du mal la plufpart du tems avec ses circonspections, ses scrupules & ses mesures : Avoüons-le de bonne foy, combien de desseins a-t'elle embarrassez ? combien a-t'elle gâté d'affaires ? combien de familles a-t'elle ruinées ? Allons jusques au bout, combien de fortunes établies, combien de traitez avantageusement conclus, combien de Victoires remportées contre les regles de la Prudence ? Le combat qu'Alexandre gagna au passage & sur les bords du Granique, qui ouvrit si glorieusement sa carriere, n'eût-il pas esté regardé par les Romains comme

Plut. in Alex.

une temerité puniſſable, & ce fleuve qui fut pour le dire ainſi, le berceau de ſa gloire n'en eût-il pas eſté le tombeau? L'on ne peut avoir une autre perſuaſion, ſi l'on ſe ſouvient que l'entrepriſe de Lucullus contre Tygrane ſuivie de la victoire & de la deffaite de cent mille hommes, ne laiſſa pas d'eſtre blaſmée dans Rome; ſi l'on ſe ſouvient, dis-je, que l'équité de ces graves & judicieux Citoyens, ne crut pas devoir eſtimer l'audace d'un General d'armée, parce qu'elle avoit eſté heureuſe, & qu'elle n'approuva point un ſuccez qui avoit augmenté la gloire de l'Empire, parce qu'il avoit eſté produit par une cauſe qui la devoit ruiner. Que ſi l'on veut voir un exemple des batailles perduës par les conſeils de la Prudence militaire, & avec

Idem in vita Luculli.

toutes les seuretez qu'on peut prendre pour les gagner; l'on n'a qu'à jetter les yeux sur la bataille de Poitiers, & considerer le Roy Jean inexorable & refusant fierement au Prince de Gales la paix qu'il luy demandoit avec tant d'instance, & à des conditions si desavantageuses; l'on n'a qu'à se souvenir que ce fût avec une raisonnable assûrance de la victoire que ce Roy donna la bataille, puis qu'il estoit à la teste de cinquante mille hommes, accompagné de ses quatre fils, du Duc d'Orleans son frere, du Connétable, de deux Maréchaux de France, de vingt-cinq Ducs, Comtes & grands Seigneurs, & de toute la Noblesse de son Royaume, & qu'il fut neanmoins deffait & pris prisonnier par ce Prince, si foible qu'il n'avoit que huit ou dix mille hommes, si dépourvû de vivres qu'il n'en avoit que pour un jour, & engagé si avant dans les Etats du Roy qu'il n'avoit aucun moïen de se retirer. Ces batailles gagnées & perduës contre toute apparence nous donnent lieu de faire remarquer en passant que dans le jugement que les hommes font des actions humaines, ce n'est pas leur merite & leur poids qui fait pancher la balance; que c'est leur succez seul qui a la puissance de l'emporter. En effet un grand homme dans leur opinion n'est pas celuy qui en a toutes les qualitez, & qui fait dans toutes les occasions tout ce que doit faire un grand homme; ils attendent pour former le jugement qu'ils en doivent faire que la fortune se soit déclarée, & c'est alors qu'ils mettent un sage & vaillant Capitaine qui a esté battu au dessous des hommes communs, & que d'un temeraire heureux ils font un grand Capitaine.

Mais ce qui est digne d'admiration est que lors que toute la terre retentit du bruit des exploits des grands Capitaines, & que tout le monde éleve jusques au Ciel les miracles de leur valeur, & de leur Prudence, Dieu dit par l'un de ses Prophetes, apprenez où est la Prudence, apprenez où est la valeur, faisant entendre par là que c'est à sa sagesse & à son pouvoir souverain que tous leurs effets appartiennent, & que la force & l'industrie des hommes ne valent que ce qu'il les fait valoir ; de sorte qu'on pourroit dire à tous les Conquerans : Vous n'auriez pas

Scientes bellum. Baruch. 3.

Discite ubi est Prudentia, ubi est fortitudo. Ibid.

LA PRUDENCE. 21

la puissance de ranger l'Univers sous vos loix si elle ne vous estoit donnée d'enhaut: vous estes les ministres par qui Dieu execute les Arrêts severes de sa Justice, & les bras dont il se sert pour punir l'orgueilleuse rebellion des hommes : C'est luy, dit l'Ecriture, qui dispensant la frayeur de méme que la victoire, fait marcher devant vos pas cette terreur qui renverse tout ce qui s'oppose à vostre passage; c'est luy qui livre les peuples entre vos mains, & qui venge enfin le violement public de ses loix par leur dépoüille & par leur ruine.

Nullus stabit cōtra vos terrorem vestrum & fortitudinem dabit Dominus Deus vester super omnem terram quam calcaturi estis. Deut. 11. idem Exod. 13.

Rerum inclementia. Divûm Has evertit opes, sternitque à culmine Troïam.

Virg. 2. Æneid.

La perte de la bataille de Pharsale est une preuve convainquante de cette verité. Pompée avoit battu Cesar à Dirrachium ; il avoit deux grandes armées ; son armée navale estoit si puissante qu'on la croyoit invincible ; son armée de terre estoit beaucoup plus nombreuse que celle de Cesar ; la fleur & l'élite des Chevaliers estoient dans sa cavalerie, composée de sept mille chevaux, Cesar n'en avoit que mille. Son infanterie estoit de quarante cinq mille hommes, Cesar n'en avoit que vingt-deux. Pompée avoit abondance d'argent & de vivres, le voisinage de la mer, tous les ports, toutes les places fortes, le passage libre de toutes parts, & pour retraite toute la terre. Toutes les Villes fermoient leurs portes à Cesar, & il estoit reduit si fort à l'étroit, & si dépourvû de

Plut. in vita Pompei & Cæsaris. Et Coment. Cæs. de bel. civ.

toutes choses, qu'il estoit forcé de décamper tous les jours pour chercher à vivre. D'ailleurs l'armée de Pompée estoit animée de la grandeur de son party, si grand qu'on ne le sauroit representer ; car tous les Senateurs & tout ce qu'il y avoit de gens illustres par leur naissance, celebres par leur merite, & considerables par leur pouvoir dans Rome & dans toute l'Italie avoit suivy Pompée, de telle sorte que Rome estoit dans la plaine de Pharsale, & qu'on appelloit la tente de Pompée le Senat ; outre cela tous les Rois & Princes alliez du Peuple Romain s'étoient rendus auprés de luy. Cesar estoit si abandonné qu'il l'estoit méme de tous les Chefs & Officiers de l'armée qu'il avoit amenée d'Espagne, qui le quittoient les uns aprés les autres pour aller trouver Pompée. Enfin le party de Pompée estoit appuyé de la justice de sa cause qui luy donnoit sujet d'esperer la protection des Dieux, & luy attiroit les souhaits & les vœux des hommes. Cesar estoit l'objet de l'execration & de la haine de tout le monde, & on le regardoit comme un oppresseur odieux de la liberté publique; cependant Pompée perdit la bataille, & la perdit d'une maniere si honteuse que lors que l'on compare ce qu'il fit à ce qu'il devoit faire, à ce que font les grands Capitaines, & à ce qu'il avoit fait luy-même, on ne le reconnoît point, & l'on cherche en Pompée le grand Pompée; car si c'estoit le grand Pompée prendroit-il l'épouvante au premier échec que son armée reçoit, l'abandonneroit-il aussi-tôt si-tôt qu'il voit sa Cavalerie poussée, & au lieu de la soûtenir ou d'arrester les fuyards l'épée à la main comme avoit fait Cesar au combat de Dirrachium, se retireroit-il dans sa tente, & demeureroit-il là assis, sans parole comme s'il eût esté abêty, & immobile & étonné comme s'il eût esté frappé de la foudre? Pourquoy ne le voit-on pas au milieu de ses troupes comme Alexandre à la bataille d'Arbelles, lors que les chariots de Darius armez de fauls eurent rompu & si fort endomagé sa cavalerie, redonnant du cœur aux Chefs & aux Cavaliers, retablissant les rangs, allant le premier à la charge, réchauffant le combat par ses discours & par son exemple, & faisant le devoir de Soldat & de Capitaine? Pourquoy ne combat-il pas jusques au bout,

Q. Curt. lib. 3.

& pourquoy ne se fait-il pas percer de traits comme Epaminondas à la bataille de Mantinée, afin que si sa valeur ne peut vaincre & forcer son mauvais destin, elle luy serve au moins à sauver sa gloire? Il seroit sans doute tous ces exploits, & il les feroit d'une façon magnanime s'il estoit encore luy-même; mais ce n'est plus ce grand Pompée qui à l'âge de vingt-quatre ans deffit Domitius & luy tua vingt mille hommes, & qui en quarante jours reconquit l'Afrique; ce n'est plus ce vainqueur de Mitridate & de Tygrane; ce n'est plus enfin ce Capitaine fameux, sous qui les armes des Romains avoient esté durant une si longue suite d'années toûjours victorieuses, & qui par le nombre incroyable de ses exploits avoit étendu les bor-

L'Auteur des vies ajoûtées à celles de Plut.

nes de l'Empire en Afrique & en Europe jusques à l'Ocean, & en Asie jusques aux Provinces voisines de la Mer d'Hircanie & de la Mer Rouge; c'est un homme sans cœur, sans entendement, sans aucun soucy de sa gloire, c'est un spectateur oisif, & un témoin honteux de la déroute de son armée, qui voïant entrer les ennemis dans son camp, quitte sa cuirasse, prend une robe convenable à sa mauvaise fortune, & s'enfuit à pié.

Je say bien que Cesar blâma Pompée d'avoir commandé aux premiers rangs d'attendre les ennemis, & de soutenir leurs premiers efforts, & qu'il attribua en partie à ce commandement la perte de la bataille : Car, dit-il, un grand Capitaine ne se doit jamais priver des effets des premie- *Hoc nobis nulla ratione factū à Pompeio videtur, propterea quod est quadam animi incitatio atque a*

"res attaques qui sont ardentes & vigoureuses; mais on ne voit pas bien clair à la justice de cette accusation; car si c'est un avantage d'attaquer les premiers par la raison que Cesar alleguoit, ce n'en est pas un moindre d'essuyer les premiers coups & d'aller aux ennemis quand leur ardeur est passée. On donne encore d'autres blâmes à Pompée par cet aveuglement qui ne reconnoît pour cause des evenemens humains que les seules causes humaines. Mais le changement soudain de Pompée nous force de nous élever plus haut, & nous fait comprendre que la frayeur qui saisit son cœur, où la crainte n'estoit jamais entrée, étoit une frayeur divine; que c'estoit un coup de la main du tres-Haut, qui en fait de semblables de temps en temps pour

lacritas innata omnibus qua studio pugna inceditur, hac non reprimere sed augere debent Imperatores. Caes. Com̄ment. de bel. civ. lib. 3.

apprendre aux grands Capitaines & aux admirateurs aveugles de leurs exploits, qu'ils ne font heureux & ne gagnent les combats que par les couseils & le courage qu'il leur inspire ; que tenant leurs cœurs dans ses mains, il leur ôte la resolution & la force quand il luy plaist ; que pour les détruire & les livrer à leurs ennemis, il n'a qu'à retirer sa main ; & que la valeur, la puissance & l'industrie des hommes tombent d'elles-mêmes aussi-tôt qu'elles n'en sont plus soûtenuës. Un Roy, dit l'O- '' Pſalm. racle du S. Esprit, ne doit '' 32.v.16 pas s'appuyer sur sa puissan- '' ce, quelque grande qu'elle '' soit elle n'est pas capable de '' le sauver du moindre peril. '' Un Geant ne doit pas espe- '' rer plus de secours de la grā- '' deur de ses forces, & un che- ''

„ val de bataille en qui un
„ Guerrier met sa confiance,
„ aprés l'avoir souvent tiré de
„ fort mauvais pas, luy man-
„ quera dans son plus pressant
„ besoin : mais si le découragement qui arrive quelquefois aux plus vaillans Capitaines, montre que Dieu est l'arbitre & le maistre souverain du succés des armes; la confusion & le soudain éclipse de leurs lumieres en est une preuve bien plus sensible; car on voit qu'au milieu de tous les moyens qu'ils ont de rétablir leurs affaires, ils n'ont pas l'esprit & l'invention d'en employer aucun. Cet aveuglement parut dans toute la conduite de Pompée; car pouvant ruiner Cesar sans hazarder la bataille, & ayant tant de moyens d'en empécher la perte, & de la reparer quand il l'eut perduë, il n'eut pas l'en-

tendement de se servir d'aucun. Dieu est terrible, dit « l'Ecriture, principalement à « l'égard des Rois de la terre; « toutes les fois qu'il veut il « leur ôte l'entendement, & « lors qu'ils songent à se rendre formidables par la puissance de leurs armées, par le « nombre de leurs chariots, & « par la magnificence & la grãdeur de leurs équipages, il « rit de leurs projets, il se rend « plus formidable qu'eux, & avec une parole de son indignation il les casse comme « des pots de terre. Voilà l'image de la conduite que Dieu tint à l'égard de Darius : Ce Roy superbe se persuadoit que le nombre innombrable d'hõmes & les richesses immenses que la jonction de deux grands Empires luy fournissoit, rendoient sa puissance invincible:

Terribili & ei qui aufert spiritum principũ, terribili apud Reges terra, confregit potetias arcuũ, scutum, gladiũ & bellũ. Pf. 75. Cõfregit in die irę sua Reges. Pf. 105. Qui habitat in cœlis irridebit eos, & tãquam vas figuli confriget eos. Pf. 2.

Q. Curt. lib. 3. Il traitoit Alexandre de jeune étourdy & d'Avanturier, & il avoit donné ordre qu'on le luy amenât piés & poings liez; la perte de la bataille d'Issus n'avoit point diminüé sa fierté, & ne luy avoit pas fait changer de langage, ayant mieux aimé l'imputer à la faute qu'il avoit faite d'attaquer Alexandre dans les détroits des montagnes de la Cilicie, que de l'attribuer à sa valeur, & il s'assuroit de le vaincre pourvu qu'il eût moyen de l'attirer dans la plaine; mais il n'eut pas plûtôt couvert la plaine d'Arbelles de son armée qui étoit de huit-cens mille hommes, qu'Alexandre, dont Dieu se servit pour abbaisser l'orgueil de ce Monarque presomptueux, le défit avec une poignée de gens, luy tua cent-mille hommes, & ruina dans un jour le florissant

Empire des Perses. Ce seul exemple suffit pour convaincre tout le monde que l'avantage des campemens, l'ordre des batailles, la multitude des combatans, la resolution des soldats, & l'experience des Chefs, ne sont pas des moyens seurs pour obtenir la victoire; que c'est Dieu seul qui la dispense, & qui ayant en sa disposition les deux partis qui combattent, les livre l'un à l'autre comme il luy plaist. De peur que les vainqueurs, dit le Seigneur, ne soient assez aveuglez par leur vanité pour attribuer à la force de leurs bras & non pas à moy le gain des batailles, de peur qu'ils ne comprennent pas que lors qu'ils ont surmonté les ennemis c'est la force de mon glaive qui les a terrassez au dehors, & ma terreur qui les

Ne fortè superbirent & dicerët: manus nostra excelsa, & non Dominus fecit hac omnia. Cant. Mos. v. 27. *Quomo-*

do perse-
quatur
unus
mille &
duo fu-
gent de-
cem mil-
lia, non-
ne ideo
quia Dominus tradidit eos. Ibid. 30. Foris vastavit gladius & intus pavor. Ibid. 25.

« a découragez au dedans ; je
« donne l'assûrance à un hom-
« me seul d'en poursuivre mil-
« le, & la force à deux ou trois
« d'en mettre en fuite dix
« mille.

In lib.
Reg. &
in Pro-
phetis.

Le nom de Seigneur des armées que Dieu prend si souvent
dans l'Ecriture sainte, confir-
me merveilleusement cette verité ; car comme l'on ne peut
croire sans impieté qu'il en
prenne aucun avec injustice,
nous devons être fortement
persuadez que se declarant le
Seigneur des armées, il fait gagner les batailles & les combats à qui il luy plaît, & regle
les succez des armes selon les
loix de son équité & de sa sagesse ; de sorte qu'il est du sort
des armes, à qui l'on attribuë

tous les effets militaires, extraordinaires & surprenans, comme de la Fortune ; qu'on regarde comme la cause aveugle de tous les évenemens impreveus & inopinez ; l'un & l'autre sont de fausses divinitez que l'erreur des hommes a enfantées ; les avantures bizarres ne l'étant qu'à l'égard de nôtre ignorance & non pas à l'égard de la Providence de Dieu, qui les regle toutes, & qui bannit du monde tous les hazards. Le soin de la Providence, dit " Boëce, est si sage & si univer- " sel qu'il ne laisse rien au pou- " voir temeraire de la fortune. "

Lib. 4. de consol. Phil. Prof. 6.

Que si l'erreur publique a toûjours attribué les deffaites des armées & la prise des Villes à la Prudence militaire, les saines opinions les ont toûjours raportées uniquement au pouvoir de Dieu. C'est ce que Virgile nous fait entendre admirablement, lorsque faisant apparemment succomber Troye sous la puissance & l'artifice des Grecs, il la fait démolir en effet par le même Dieu qui l'avoit bâtie ; lors, dis-je, qu'il fait dire à Enée par sa Mere : « N'accuse point la beauté « d'Helene & l'amour de Pâris « de nos infortunes ; ne t'amu- « se point à repousser les Grecs « comme nos ennemis, nous « en avons de plus redouta- « bles : Voy Neptune qui s'ap- « pe luy-même les fondemens « des murs qu'autrefois il a é- « levés. La fuite d'Hector, dit « Homere, fut causée par une « effroyable peur que Jupiter « luy avoit secretement en- « voyée. Pompée, dit Plu- « tarque, voïant les gens de « cheval débandez & écartez, « ne se souvint plus d'être le

2. Æneid.

Hectori animo primo imbecillem animum Jupiter immisit. Illiad. lib. 16. Plut. in Cæsare. de la traduction d'Amiot.

Grand Pompée, & il étoit « si troublé qu'il ressembloit « proprement à un homme à « qui les Dieux ont ôté les « sens, & qui est étonné d'u- « ne rüine divinemẽt avenüe. «

Quant aux celebres negotiations qui enflent le cœur des Ministres d'état, & dont ils font le sujet de leur vanité & de leurs triomphes; outre que souvent quelque rencontre heureuse, ou quelque fraude, ou quelque autre moyen honteux qu'on employe, est la cause principale de leur succez; il est certain qu'il n'est jamais à proprement parler l'effet de leur lumiere & de leur conduite; mais de la Providence de Dieu qui tenant le cœur des hommes entre ses mains les accorde pour faire reüssir tout ce qu'il luy plaît. Il est vray qu'il est pardõnable à un homme qui négotie de se donner quelquefois la gloire du succez de sa négotiation ; parce que comme dans les négotiations on traite pour l'ordinaire avec une seule personne, il ne paroît pas impossible de prendre des mesures justes avec elle, par la connoissance qu'on a de la maniere de son esprit, de son humeur, de ses liaisons, de ses passions, de ses pretentions, & de ses interests; mais si l'on approfondit bien le naturel & la constitution de l'homme, l'on connoîtra qu'il est impossible de prendre des mesures infaillibles avec luy, & de conter sur les dispositions où on l'a mis, parce qu'il y a douze heures au jour, & que ce temps quelque court qu'il soit suffit pour trouver une personne changée, & même dans une situation contraire à celle où on l'a laissée. Ces changemens si soudains de l'homme, viennent de ce que quatre humeurs differentes regnent en luy, & luy communiquent leurs qualitez succesivement ; ce qui fait que le matin que le sang se trouve rafraichy & purifié par le sõmeil, il est bien plus doux & bien plus traitable ; qu'à midy la bile allumée le rend ardent, fier & resolu, & que la melancolie & la pituite le gouvernant à leur tour le remplissent de timidité, d'irresolution & de deffiance. A ces causes interieures des continuelles varietez de l'homme, il faut joindre les étrangeres, je veux dire les amis, les ennemis cachez, les indifferens, fins & artificieux, les proches & les domestiques qui gouvernent ; car quoy que nous persüade nôtre vanité, toutes ces sortes de gens ont d'ordinaire part aux conseils & aux resolutions que nous prenons dans toutes nos affaires; les valets mêmes en ont quelquefois dans les plus importantes, & il n'en est aucun, quelque grossier qu'il soit, qui ne frappe son coup dez qu'on luy en donne la liberté, & qu'il en trouve l'occasion.

Que si l'on ne peut s'assûrer d'un homme, parce que cette foule de causes interieures & étrangeres produit en luy de si grandes diversitez, qu'elle semble faire d'une seule personne plusieurs personnes; cóbien la Prudéce humaine doit-elle être embarrassée à la Cour, où elle a affaire à une infinité de gens, & par quelle industrie les pourra-t'elle tous accorder en faveur de ceux qu'elle veut élever. Certes il est si peu raisonnable de luy attribüer ce pouvoir; qu'il est au contraire certain par l'experience, que rien n'est souvent si nuisible à la Cour que les conseils que la Prudence nous inspire, & les maximes qu'elle nous fait suivre; car la fortune qui semble y disposer des emplois, des charges & des dignitez, est bien plus ordinairement favorable à la conduite étourdie & temeraire des jeunes gens, qu'à la politique consommée des vieillards; & si on l'observe bien on trouvera qu'elle paroît s'offenser & se joüer des rafinemens & des démarches concertées des Courtisans les plus prudens & les plus habiles. En verité rien n'est si juste que cét aveu de feu M. de Nogent, qui disoit tous les jours entrant au Louvre : Adieu Prudence.

C'est encore mal à propos que la Prudence œconomique se vante d'établir le bonheur & le repos des familles, & de changer l'état des plus obscures & des plus pauvres; c'est en vain, dis-je, qu'elle se glorifie d'enseigner aux hommes l'art d'acquerir des biens & des hôneurs, de les conserver & de les accroître; tous les chemins qu'elle leur montre conduisent également aux élevations & aux precipices, & les mêmes voyes par où les uns se sont enrichis ont souvent causé la chute & la ruïne des autres. En verité il y a plaisir à entendre les conseils que les prudens du siecle donnent à leurs amis avec tant de gravité & de confiance sur le choix de leurs confidens & de leurs domestiques, sur l'éducation de leurs enfans, sur l'agrandissement de leur mai-

LA PRUDENCE. 43
son, & sur la seureté de l'argent qu'ils veulent placer; car l'on voit que ces conseils sont la pluspart du temps ruïneux, & que la conduite que le hazard nous fait prendre, nous reüssit beaucoup mieux que celle que nous prenons par l'avis des hommes les plus experimentez & les plus judicieux; aussi voyons-nous que le mauvais succez des conseils que la Prudence inspire, fait qu'elle est forcée tous les jours d'en substituer de nouveaux, & de faire voir par leur nombre & par leur diversité l'incertitude & l'insuffisance de ses lumieres.

Mais que dirons-nous qui soit capable d'effacer l'éclat de la Prudence Royale? oserons-nous dire qu'une vertu qui est la cause visible de tant de biens particuliers & publics, est une vertu oisive? oserons-nous dire qu'une vertu qui étend ses vües & ses soins sur toutes les necessitez d'un Royaume, n'est pas extraordinairement secourable & éclairée, & ôterons-nous le nom de sage à tant de Rois & d'Empereurs, à qui les Historiens l'ont donné ? oüy, nous dirons hardiment que si l'on détache la Prudence humaine de la Providence de Dieu, c'est injustement qu'on la croit la cause de tous les effets grands & miraculeux qu'on luy attribuë; car par la certitude de ses lumieres & des maximes qu'elle apprend aux hommes, ils ne peuvent jamais s'assûrer de faire les effets même les plus petits & les plus ordinaires. Ce qui nous donne une contraire persuasion, est que nous regardons les grandes victoires, & les gouvernemens des états bien conduits

& bien policez, comme les miracles de la Prudence, & que generalement dans tous les bons & heureux succez nous ne démêlons point la part que la fortune y a, qui est tresgrande. Parlons chrêtiennement, & difons que nôtre erreur vient de ce que nous raisonnons de la Prudence comme si elle agissoit par elle-même, & que nous ne comprenons point qu'elle n'est utile que lorsque la Providence de Dieu dispose les choses de telle sorte que les moyens que nôtre Prudence employe, font infailliblemét efficaces. Quant au nom de sage & de Prudent que les Historiens donnent à quelques Princes Souverains, si l'on ne sçavoit avec combien de facilité on donne ces noms, & avec combien peu de connoissance ceux-mêmes qui loüent de bonne foy ont accoûtumé de loüer les hommes, on avoüeroit que dans tous les siecles & dans toutes les parties du monde il y a eu des Rois & des Empereurs dont il seroit juste de relever la Prudence par de grands éloges; mais comme il faut preferer la verité aux erreurs qui flattent la vanité des hommes, & qu'on les sert beaucoup mieux en leur montrant qu'il n'y a rien d'admirable en eux, qu'en leur laissant leurs deraisonnables admirations ; on prie toutes les personnes intelligentes de faire reflexion que la rencontre de ce nombre infiny de choses qui peut elle-seule rendre un Roy victorieux de ses ennemis & paisible dans son Royaume, dépend si peu de la Prudence de l'homme , que les Princes que l'Histoire nous represente

LA PRUDENCE. 47

comme les plus habiles & les plus sages, sont ceux dont l'administration a été la plus malheureuse, & que s'il se trouve des Rois, comme il s'en trouvera sans doute, dont la sage conduite ait causé le bonheur & la tranquillité de leurs états; c'est Dieu qui est l'Auteur de ce veritable miracle.

Quoy, dira quelqu'un, ne doit-on pas rapporter à la Prudence Royale le reglement & la conservation des Royaumes, & ne peut-on pas attendre avec certitude un regne équitable & sous lequel on joüira d'une profonde paix, d'un Roy qui ayant receu de la nature un esprit vaste, penetrant, judicieux & solide, a appris de bonne heure l'art de regner? Quoy ce Prince connoissant parfaitement le dedans de son Royaume, les qualitez des

Princes, des Grands de sa Cour, & generalement de tous ses sujets, ne peut-il pas tenir une conduite assez habile à l'égard des Princes & des personnes considerables par leur qualité & par leurs grands établissemens, pour les mettre en état de ne vouloir ou de ne pouvoir broüiller ? son discernement ne luy servira-t'il pas à choisir des hommes d'integrité pour exercer la justice, à établir des Gouverneurs sages dans les Provinces, & à donner à chacun un emploi qui réponde à sa capacité & à ses talens ? Enfin sera-t'il impossible à un Roy pleinement instruit des interêts & des forces des états voisins, des inclinations & des affaires des Princes qui les gouvernent, de faire alliance avec ceux qu'il juge les plus utiles, pour se rendre redoutable

LA PRUDENCE. 49
table à ceux dont il a sujet d'aprehender le pouvoir ?

Je répons qu'un Roy qui a tous ces avantages, ne sçauroit s'asfûrer qu'il maintiendra ses sujets en paix, & qu'il procurera leur felicité. Car outre qu'il est necessaire pour faire ces grands effets, qu'un nombre presque infini de ressors joüent tous ensemble, ce qui est tres-rare & tres-difficile; les révolutions & les vicissitudes humaines n'embarrassent pas seulement la Prudence de l'homme, mais rendent inutiles ses prévoyances & ses projets. J'entens par les révolutions humaines la décadence & la rüine des Souverainetez & des Monarchies, parce qu'elles ont toutes leur temps & leurs periodes, & qu'il est d'elles comme des plantes dont le cours, pour être d'une in-

I. Part.   C

égale durée, ne laisse pas d'être mesuré. Que l'on considere la Monarchie depuis son premier établissement ; elle commença dans l'Assirie, des Assiriens elle passa aux Medes, des Medes aux Perses, des Perses aux Grecs, des Grecs aux Romains, & s'achemina de cette sorte de l'Orient à l'Occident, puis elle retourna vers l'Orient, & se divisa ensuite en plusieurs Principautez, Royaumes & Empires.

J'apelle vicissitudes les mouvemens qui arrivent de temps en temps à tous les Etats, dont on voit fort peu de regnes exempts, & quoyque pour l'ordinaire ces mouvemens ne les détruisent pas, ils font neanmoins aux corps politiques ce que les grandes maladies font aux corps naturels; ils les agitent, ils épuisent leurs forces, & les menacent de leur fin & de leur ruine.

Aprés cette explication, je demande que fera le Roy du monde le plus prudent & le plus sensé, quand le temps arrivera où le même Dieu qui regle le cours du Soleil, a borné les années de son Empire ? Comment le dernier Roy de la race d'Alexandre sauvera-t-il la Macedoine que Dieu a resolu de perdre ? & où mettra-t-il à couvert ces tresors dont Alexandre avoit dépoüillé l'Asie, lorsque Dieu par un effet visible de sa justice, aura suscité les Romains pour les luy enlever ? En un mot, il est aussi peu possible d'empécher les revolutions des Royaumes, que d'empécher les révolutions des Astres & des saisons.

Il n'est pas moins difficile de remedier aux mouvemens des

Etats, parce que leurs causes en sont quelquefois si legeres & si soudaines qu'on ne les peut prévoir par aucune Prudence, ni les prévenir par aucune précaution; & d'autres fois si cachées, qu'il est impossible de les connoître, & d'y donner ordre. Il est souvent d'un état comme de la mer, lorsque sa face est la plus tranquille, il se forme peu à peu dans son sein des orages & des tempêtes qui s'élevant & éclatant tout d'un coup, rendent l'art des matelots inutile; les Etats ordonnez paisibles & florissans ressemblent encore à ces grandes santez fortes & vigoureuses, qu'on voit soudainement accablées par le secret débordement des humeurs; une fiévre aigüe & violente n'a besoin que de quelques heures pour abbatre & renverser un geant ; les Medecins s'efforcent vainement de soûtenir ses forces & de deffendre sa vie contre les efforts de sa maladie, ils n'en peuvent pas même découvrir la cause, & leur science étant à bout, ils l'attribuënt à la cause premiere & souveraine, & appellent les maladies qui leur sont inconnuës, des maux divins. Il y « a des maladies que les Dieux « envoyent, dit Hipocrate, & « dont on ne peut se procurer « la güerison qu'en les appai- « sant par des sacrifices. Fai- « sons un pareil aveu, & reconnoissant que les causes des revoltes & des guerres civiles sont si legeres, si soudaines, ou si cachées qu'elles ne peuvent être prévuës & connuës par les Rois les plus vigilans & les plus penetrans ; disons avec l'Ecriture, que les trou-

Non est malum

in civitate quod non fecerit Dominus, Amos 3.

bles & les divisions qui affligent & déchirent les Monarchies, sont des maux divins, c'est à dire, des maux ordonnez par les conseils éternels de Dieu, ausquels par consequent les conseils foibles & aveugles de la Prudence humaine ne sont pas capables de resister.

Il ne faut pas neanmoins conclure que les conseils & les soins des Rois sont donc entierement inutiles ; mais seulement qu'ils le sont toutes les fois que Dieu ne les fait pas réüssir, & qu'ils ne suffisent pas pour pourvoir à tous les évenemens, & pour détourner tous les malheurs dont leurs Royaumes sont menacez.

Ce qui fait que dés qu'on assure que les conseils que nous prenons de nous-mêmes ne nous servent de rien si Dieu ne les benit & ne leur donne un succez heureux; on en conclut qu'il est donc superflu de deliberer sur aucune affaire ; c'est qu'on ne prend pas garde que c'est par nos conseils, par nos resolutions & par nostre conduite que nos desseins reüssissent, quoique ce soit Dieu qui est autheur de nostre bonne conduite & de nos bons desseins.

Et ce qui est cause que de ce que l'homme delibere & choisit luy-méme les voyes par où il arrive au but qu'il s'est proposé, on en tire cette consequence, qu'il doit donc avoir la gloire du succez de ses entreprises ; c'est l'imagination qu'on a que lors qu'il est pourvû de grandes lumieres acquises & naturelles, il peut non seulement se bien conduire, mais répondre aussi des évenemens des affaires qu'il entreprend. Or cette imagination est tres-fausse, puisque l'experience nous apprend que les hommes les plus avisez & les plus prudens, qui examinent ce qu'ils doivent faire dans leurs affaires avec loisir & application, & qui en pesent jusques aux moindres circonstances, sont frustrez du succez qu'ils en attendent, non seulement lors qu'ils se sont trompez dans leurs vûes & dans les biais qu'ils ont pris; mais aussi lors qu'ils ont fait tout ce qu'il falloit faire pour reüssir. En un mot si nous voulons dissiper les nuages qui nous empêchent de voir clair en cette matiere, il nous faut considerer avec attention qu'il est de l'œil de l'ame comme de l'œil du corps, & que comme celuy-cy, quelque net & perçant qu'il soit, ne peut rien

LA PRUDENCE. 57

voir sans la lumiere sensible ; de même, l'œil de l'ame, quelque penetrant qu'il puisse être, ne peut rien apercevoir s'il n'est continuellement éclairé & fortifié de la lumiere de Dieu. C'est pourquoy les Sages & les peuples, c'est à dire, tous les hommes generalement sont d'acccord que nous devons implorer le secours de Dieu au commencement de toutes nos entreprises & de toutes nos affaires, afin qu'il nous assiste de ses lumieres, & qu'il nous mette dans l'esprit ce qu'il faut que nous y fassions.

*Non cominci mortale alcuna impreza
Senza scorta Divina.*

De sorte que tout le monde semble reconnoître par cet aveu, que nôtre prudence est fort peu de chose, & que toutes ses lumieres qu'on met à si bas prix, & dont les Sages du siecle se glorifient, ne sont que de petites lüeurs qui ne sont pas capables de nous conduire, & qui nous font souvent faire de mauvais pas.

Cet éclaircissement fait entendre ce que c'est que la Prudence humaine abandonnée à elle-même ; mais pour nous en former une idée juste, il nous faut considerer que la difference qu'il y a entre les hommes prudens & ceux qui n'ont ni sens ni experience, consiste en ce que ceux-cy n'ont aucune ouverture, & ne trouvent aucun expedient dans les affaires qui leur surviennent ; au lieu que lorsque les hommes prudens consultent, par exemple, sur les moyens dont ils se doivent servir pour remedier aux accidens qui leur sont arrivez tant de partis se presentent à leur esprit, qu'ils sont balancez & embarrassez, parce qu'ils voyent en tous quelque sujet de craindre, & que par consequent il n'y en a aucun qu'ils puissent embrasser avec assurance. C'est par cette raison que l'Ecriture dit que les pensées des Mortels sont timides, & que leurs providences sont incertaines ; & qu'elle dit ailleurs, que le chemin de l'homme n'est pas en son pouvoir : car elle nous enseigne par ces oracles, que dans la multitude des pensées qui naissent dans l'esprit des hommes sages & clairvoyans, ils ne savent à laquelle ils doivent s'arrêter, & que dans la diversité des chemins qu'ils voyent devant leurs yeux ils sont incertains quel est celuy qu'ils doivent prendre; & qu'ils

Cogitationes mortalium timidæ & incertæ providentia nostra. Sap. c. 9. v. 14.

Non est hominis via ejus. Jerem. c. 10. v. 23.

demeureroient dans cet état de suspension & de doute, si Dieu ne les éclairoit & ne les mettoit dans le chemin qu'ils doivent tenir.

Que si les vües de la Prudence humaine sont si peu assurées, que ceux qui en ont le plus sont toûjours en peine de quelle maniere ils se conduiront dans leurs affaires particulieres, comment suffiront-elles à un Souverain pour tenir les Princes & les Grands dans la crainte & l'impuissance de remüer, & pour contenir les peuples dans le respect & l'obeïssance ? Je veux que ce Souverain soit un Price capable, judicieux, & uniquement appliqué à gouverner son Royaume ; je veux qu'il ait pris toutes les précautions imaginables à l'égard des peuples & des Grands, pour empécher ceux-cy de faire des partis, & les autres de se revolter; & je dis que toutes ses applications & toutes ses precautiõs ne sont pas des moyens certains pour maintenir le calme dans ses Etats. Mais ce Prince sage a pourtant tenu quelque temps les peuples & les Princes assujetis : Il est vray, mais c'est parce qu'il a trouvé de favorables conjonctures; les Princes les plus considerables étoient en bas âge; les autres ne voyoient point de jour à faire la guerre, & manquoient de pretexte pour émouvoir les peuples; on n'avoit point d'argent pour lever des troupes, ou il n'y avoit point de Chef pour les commander, & qui fût capable de soûtenir une affaire contre le Roy: de sorte que comme ces favorables conjonctures ont causé la tranquillité publique; des conjonctures contraires pouvoient l'empêcher malgré tous les soins qu'on eût pris pour la procurer. Il est donc clair qu'à moins qu'un Roy n'ait pris des mesures avec l'ambition des Grands, & avec la credulité, la legereté & l'inconstance des peuples, (ce qui est impossible) il ne peut jamais s'assurer que son regne sera paisible.

Quelques grandes que soient les difficultez qu'il y a à prévenir la naissance des troubles dans un Royaume, elles sont pourtant fort au dessous de celles qu'un Roy doit surmonter pour le rétablir dans son premier état, lors qu'il est tombé dans la confusion d'une guerre civile. Car comment se démêler d'une guerre allumée par un Prince puissant & ambitieux, fomentée secretement par les Etrangers, & durant laquelle, dans toutes les Villes révoltées, des hommes seditieux se sont faits chefs de la populace ? Par quel secret & par quelle addresse détruire un parti où tous les mécôtens sont entrez, où l'on a engagé les Gouverneurs des Places les plus importantes & les plus fortes, & pour lequel les plus gens de bien, & même les Predicateurs se sont déclarez ? Le Prince qui a une telle guerre & tant d'affaires sur les bras, domine-t-il sur l'esprit de ses sujets, pour y pouvoir effacer les mauvaises impressions qu'on leur a données de son gouvernement ? Est-il maître de leurs cœurs pour en changer les dispositions ? Est-il en son pouvoir de faire revenir à luy un si grand nombre d'hommes alienez de sa sujetion & de son service par tant d'interêts & de passions ? & peut-il imposer silence aux Predicateurs, qui croyant signaler leur zele pour le bien public, blâment ses mœurs ouvertement, & prennent à tâche de rendre toutes ses actions suspectes?

Mais n'y a-t-il pas des Rois qui ont fait cesser les troubles de leurs Royaumes par leurs negotiations & par leur prudence; qui par l'assurance d'une amnistie generale, ont fait rentrer les peuples dans leur devoir, & gagné le chef du parti qui s'étoit formé contr'eux, par des sommes considerables qu'ils luy ont fait toucher, & par une place de seureté qu'ils luy ont promise? Je répons qu'il y en a plusieurs qui ont heureusement terminé des guerres civiles, & plusieurs qui y ont succombé ; & que ceux qui en sont sortis glorieusement, s'ils sont bien instruits, en doivent rendre graces à Dieu, parce que quelque fine & deliée que soit la politique d'un Prince, & quelque puissans que soient les moyens qu'il employe, il n'y en a aucun qui soit infaillible.

Ce qui le fait voir clairement, est que ces mêmes moyens font souvent des effets contraires ; car combien de fois a-t-on offert de l'argent, des charges & des gouvernemens à un Prince qui se trouve à la teste d'un grand party, qui au lieu de se laisser tenter en est devenu plus fier, & s'est servi habilement du refus des offres qu'on luy a faites, pour acquerir la confiance de son party ? Combien de fois est-il arrivé que lors qu'on a crû ramener les peuples en les déchargeant d'un impost qui a causé leur revolte, on les a rendus plus insolens & plus opiniâtres ? Il faut donc que les Rois confessent, que si Dieu ne touchoit le cœur des Grands & des Peuples qui ont secoüé leur joug, il ne seroit pas en leur puissance de les ranger à leur devoir; & que tout le monde reconnoisse que les biais & les moyens dont on admire la force, n'en ont aucune en eux-mêmes, qu'ils tirent toute celle qu'ils ont de la disposition favorable où l'on trouve ceux à qui l'on a affaire, & que c'est Dieu qui fait naître, & qui fait qu'on rencontre en eux cette favorable disposition.

Qui mutat cor Principum. Job. cap. 12. 24. abiit cū saule pars exercitus quorum tetigerat Deus corda. 1. Reg. c. 12. v. 27.

Il est encore presque impossible qu'un Roy engage, ou du moins qu'il retienne long-temps dans ſes interêts un Prince voiſin, de l'alliance duquel dépend ſouvent le ſuccez de tous ſes deſſeins, & quelquefois le ſalut méme de ſa couronne. La raiſon en eſt qu'un Souverain habile & prudent a toûjours la balance en main pour peſer les avantages qu'il peut prendre & les domages qu'il peut recevoir de toutes les conjonctures, & des états differens de force & de foibleſſe, où ſe trouvent tour à tour les autres Souverains par l'inconſtance des choſes humaines ; de ſorte que par quelque traitté qu'un Roy ait lié un Prince qu'il a mis dans ſes interêts, avec quelque ſoin qu'il le ménage, & quelque religieux qu'il ſoit à luy tenir ce qu'il luy a promis, ſi ce Prince qui s'eſt obligé de luy fournir des troupes & de l'argent, à condition qu'il partagera ses conquestes avec luy, voit qu'il les pousse trop loin; si la puissance du Roy commence à luy devenir supecte, le Souverain dont il aide à desoler les états, ne manque pas d'augmenter sa crainte & sa jalousie par ses secretes negotiations, de luy offrir des places importantes qui sont à sa bienseance & d'épuiser son épargne pour l'attirer; & ce Prince ne manque pas aussi de s'accommoder avec celuy qui fait sa condition meilleure. Delà vient qu'il ne faut qu'un fort petit espace de temps pour voir un même Roy pour & contre tous les autres Princes & Monarques; il prend leur party, & puis il leur fait la guerre; apres s'en être détaché il renoüe avec eux, & dans toutes ses liaisons &

LA PRUDENCE. 69
toutes ſes ruptures, il n'eſt dans la verité favorable ni contraire à aucun, il eſt ſeulement fidelle à luy-méme.

Rentrons dans le Royaume d'un Prince bien intentionné, & voyons quel ſecours la Prudence humaine luy peut donner pour le bien gouverner, pour en ôter tous les abus, mettre dans toutes les Villes des Juges incorruptibles, dans les Provinces des Gouverneurs qui ayent les mains nettes, & qui ne ſoient ni violens ni cruels, & ſatisfaire à tous les beſoins d'un Etat dont il eſt méme malaiſé de concevoir le nombre. A parler ſans flaterie & de bonne foy, pour s'acquiter d'une ſi grande varieté d'obligations il faudroit avoir non ſeulement l'eſprit d'un homme extraordinaire, mais l'étenduë, la penetration & l'activité de l'esprit d'un Ange.

Cherchons donc & demandons encore où est la Prudence ? reside-t-elle dans les particuliers ; mais comment peuvent-ils se bien gouverner puisqu'ils ne peuvent pas mémême se gouverner ? Comment un homme peut-il se conduire, luy, qui selon l'expression d'un Pere de l'Eglise, n'a pas en sa puissance son propre cœur qui est le principe de sa conduite ? Que fera-t-il pour arrêter l'inconstance de ses pensées, qui luy font estimer tantôt un bien & tantoft un autre ? Celle de sa volonté qui tourne incessamment au tour d'un milion d'objets ; le cours des humeurs qui regnent en luy, & qui font naistre en luy successivement tant d'affections

Non est in potestate nostra cor nostrū. Ambr.

LA PRUDENCE. 71

& de dispositions differentes?

Trouverons-nous la Prudence parmi ceux qui suivent la Cour, qui sont sur cette mer inconnuë, si inconstante & si orageuse, qu'elle met à bout l'art des plus habiles matelots?

Serons-nous forcez de la réconnoître dans ces fameuses negotiations de paix, où les Ministres d'état font parétre la grandeur de leur capacité & de leur jugement? Mais on a déja dit que la fortune a presque toûjours la meilleure part à leur bons succez, & l'on sait d'ailleurs que les Plenipotentiaires qui concluent un traitté avantageux pour leur Roy, le concluënt par la force des armées qu'il a sur pié & non par celle de leurs raisons.

Habite-t-elle dans ces maisons heureuses & abondantes? Mais n'est-ce pas à l'usure, à l'iniquité & à la violence qu'elles doivent le plus souvent leurs richesses & leur éclat; & n'est-il pas vray que quelquefois on s'y plaint que la Prudence a arresté le cours de leurs prosperitez, & qu'elles seroient bien plus grandes si l'on eût donné davantage au hazard & à la fortune.

Fortuna qua plurimū potest cùm in reliquis rebus tū precipuè in bello. Cæsar in com. de bel. civ. lib. 3.

Est-elle dans ces armées nombreuses & disciplinées qui portent l'effroy par tout & qui semblent être toûjours assûrées de la victoire? Non, répond Cesar, au contraire c'est dans la Guerre que paroît visiblement le regne de la Fortune.

Enfin croirons-nous qu'elle est dans les conseils des Rois où l'on résout de donner ces ordres sages & judicieux qui

qui reforment & reglent les Royaumes, & qui calment si soudainement leurs émotions; mais comment peut-on se persuader que la prudence humaine fasse ces effets si grands & si admirables; un Roy, quelque intelligent & prudent qu'il soit, connoît-il tous les dereglemens & tous les desordres de son Royaume? Peut-il remedier à tous, & empécher qu'ils n'arrivent? Peut-il guerir l'ambition des Grands, & fixer l'humeur volage des peuples qui les causent, & peut-il répondre que de tant de ressorts qui remüent la grande machine d'un Etat, pas un ne se démentira?

Mais où est donc la Prudence? Elle est, dit Salomon, assise sur le trône de Dieu, où elle regne avec Dieu même, & d'où elle verse ses lumie- *Sap. cap. 9.*

Illuminat omnem hominem venientem in hunc mundū. Joan. 1. 9. Psalm. 126.

» res sur tous les hommes, dit
» S. Jean, afin qu'ils puissent
» se conduire dans les tenebres
» de cette vie ; sur les Peres de
» famille, parce qu'ainsi que
» dit le Prophete David, si
» Dieu n'établit & ne conserve
» les maisons, c'est inutilement
» qu'on travaille à les établir,
» & à empécher leur ruine ;
» sur les Generaux d'armée,
» afin que la teste ne leur tour-
» ne point dans la chaleur des
» combats, & que leur esprit
» s'ouvre à tous les moyens
» qui peuvét leur servir à rem-
» porter la victoire; sur les Prin-
» ces & les Monarques, afin
» qu'ils ne soient pas trompez
» par les fausses lüeurs de la
» Prudence humaine, qui leur
» conseille de rapporter tout à
» eux & afin qu'ils tirent tou-
» tes les regles de leur con-
» duite de la Sagesse divine

qui leur fait connoître qu'ils «
font dévoüez par leur état, «
au service des peuples que «
Dieu leur a commis, qu'- «
ils en font les Anges visi- «
bles, établis pour veiller «
sur eux, pour les gouver- «
ner avec douceur & avec «
justice, & les faire vivre avec «
union. «

Si cette Sagesse divine, dit « Sap. c.
le Roy le plus sage qui ait re- « 9. 6.
gné sur la terre, manque à «
un Souverain, quand il se- «
roit l'homme du monde le «
plus éclairé & le plus conso- «
mé, il doit conter pour «
rien toutes ses lumieres. «
C'est pourquoy il la deman- «
doit à Dieu avec tant d'ar- «
deur, & avec une humilité «
si profonde : Seigneur, di- « Ibid.
soit-il, je suis si peu de cho- «
se, & j'ay si peu de lumiere, «
si je me consulte moy-mê- «

D ij

„ me, que je ne trouve en moy
„ que des doutes & des irreso-
„ lutions; & lors que je songe
„ aux maux & aux desordres
„ de mon Royaume, je ne sais
„ quels remedes y apporter;
„ c'est pourquoy, Seigneur,
„ envoyez-moy du trône de
„ vôtre Majesté, vôtre Sagesse
„ divine, afin qu'elle m'assiste
„ toûjours, que travaillant
„ avec moy, elle me soulage,
„ & qu'elle me donne moyen
„ de m'acquitter de la charge
„ qu'il vous a plû m'imposer.

Ibid.

„ C'est la lumiere de cette sa-
„ gesse, ajoûte ce grand Roy,
„ qui dans tous les siecles a
„ montré aux justes les voyes
„ droites, & qui a redressé tous
„ ceux qui étoient égarez. En
effet, c'est elle seule qui nous
donne le discernement des
faux biens & des veritables, &
qui nous fait choisir & cher-

cher Dieu, en quoy consiste la veritable Prudence, ainsi que nous l'enseigne S. Augustin. *De morib. Ecclef.*

Il ne faut donc pas s'étonner si Dieu, qui voit que la Prudence humaine n'étant rien qu'obscurité, s'attribuë neanmoins tout ce qui se fait de bien dans le monde, a voulu la décrier & la détruire de telle sorte dans l'opinion des hommes, qu'il semble que ce dessein ait été le but de la conduite qu'il a tenuë dans l'établissement du Christianisme, où il s'est servi de douze hommes pauvres, grossiers, sans science, sans éloquence, sans industrie, & dépourvus generalement de tous les moïens humains, pour changer la face du monde & porter tous les hommes à embrasser une foy qui renverse la raison, & qui détruit les sentimens les plus tendres de la nature; Dieu ayant voulu confondre la vanité des Prudens du siecle, & leur ôter la confiance ridicule qu'ils ont aux forces de leur esprit.

Accordons neanmoins qu'il y a des hommes prudens qui savent des moyens infaillibles pour arriver à leurs fins. Supposons qu'il y a des avares habiles qui tirent parti de tous leurs commerces, & des Courtisans qui ont des addresses seures pour supplanter tous ceux qui marchent dans leur chemin; joignons-nous à l'orgueil de Cesar, & croyons avec luy que son grand sens le rendit maître du monde. Qui peut soûtenir non seulement contre les loix de l'Evangile, mais contre les décisions de la saine Philosophie, que ce sont là les effets d'une veritable prudence ? Qui osera dire contre le sens commun, que ce fut par ses sages conseils que Pyrrhus se jetta dans la Macedoine, & qu'il prit le parti des peuples qui s'étoient revoltez contre les Romains ? Qui peut dire que ce fut par les ordres de la Prudence qu'Annibal ravagea toute l'Italie ? & qui osera dire que Cesar s'achemina sagement à la ruine de son païs, & qu'Alexandre desola prudément le monde? En verité rien n'est égal à l'aveuglemét des hommes. Si cette ouverure naturelle d'esprit qui fait, " dit Aristote, qu'on trouve " les moyens de parvenir à ce " que l'on souhaite, s'employe " à faire reüssir des desseins in- " justes & violens, c'est une fi- " nesse honteuse & une habile- " té criminelle. La Prudence, "

6. Ethic. c. 13.

Ibid. „ ajoûte ce Philosophe, est in-
„ separable de la vertu, elle se
„ propose toûjours une fin hon-
„ nête, & l'art militaire peut
„ bien apprendre à un homme
„ à forcer les Villes, à gagner
„ les batailles, & à faire un
„ Capitaine intelligent & ex-
„ perimenté ; mais s'il n'est
„ joint à l'art de bien vivre,
„ & si celuy-cy n'enseigne à ce
„ Capitaine que la justice doit
„ regler ses projets & ses en-
„ treprises, il ne sauroit faire
„ un grand Capitaine. Ces
„ gens fameux, dit l'Ecriture
„ parlant des Conquerans,
Baruch „ ont sû la discipline de la
cap. 3. „ guerre ; mais parce qu'ils
„ ont ignoré celle de la Pru-
„ dence, ils sont descendus
„ en enfer & ont peri misera-
„ blement.

Comme la Providence de Dieu n'est autre chose que l'étenduë de sa Sagesse infinie qui maintient l'ordre du monde, & qui regle toutes les avantures humaines; l'homme n'offense pas seulement cette Providence lorsque par son ignorance ou par sa vanité il attribuë à sa Prudence les heureux évenemens de sa vie; mais aussi lorsque pour se décharger du blâme qu'il peut recevoir de ce qu'il ne vient pas à bout de ses pretentions, il en charge la fatalité du destin, ou le caprice de la fortune. Car parmi les erreurs qui ont pris naissance du Paganisme, & qui se sont conservées dans nôtre esprit, il y en a deux principales, dont la premiere est, qu'on s'imagine qu'un aveugle destin gouverne le monde, & que tout s'y fait par l'inévitable force de ses arrêts: & l'autre que la fortune, selon qu'il plaît à ses inclinations bizarres, a le pouvoir d'abaisser & d'élever les hommes. Cette derniere erreur est entretenuë dans l'homme par son orgüeil, parce que, comme il a été dit, elle luy sauve la honte que luy feroient ses fautes, & qu'il s'en sert habilement pour les couvrir, en les rejettant sur une cause étrangere. De là vient que la fortune est ordinairement dans la bouche de ceux qui s'étant attachez depuis long-temps à la Cour, ne s'y sont point élevez, & qu'ils sont si soigneux de faire remarquer qu'elle les hait & les persecute ; il y en a même quelques-uns qui se font un merite de leurs malheurs, & qui s'embellissent de la mauvaise fortune. Ces manieres de parler & les opinions payennes dont elles tirent leur origine, devroient être bannies de la bouche & de l'esprit des Chrétiens, parce qu'elles ne s'accordent point avec la foy de la Providence qui nous oblige de croire qu'elle dispose si absolument de toutes nos avantures, que sans son ordre un seul de nos cheveux ne sauroit tomber.

Chapitre II.

L'Amour de la Verité.

JE ne vois rien qui prouve tant la force de l'interêt, & qui fasse si bien connoître le pouvoir qu'il a sur le cœur de l'homme, que la complaisance lâche avec laquelle on a toûjours loüé dans tous les siecles & dans tous les lieux du monde tous ceux qui étoient en puissance de faire du bien aux autres. Il est vray que cette complaisance basse n'en est pas une si forte preuve lors qu'elle se rencontre dans les peuples qui sont naturellement esclaves, qui sont grossiers, qui reçoivent facilement toutes les impressions qu'on leur donne, & qui en un mot sont portés par tout ce qui est en eux à estimer & à admirer les Grands qui les traitent bien, & de la protection desquels ils tirent quelque avantage ; mais que des hommes libres, qui ont un merite extraordinaire, & qui par les loix de l'equité devroient être les maîtres de ceux dont ils sont sujets ; donnent la gesne à leur esprit pour trouver & donner des loüanges exquises aux Princes dont ils esperent des graces & des bienfaits, c'est une preuve demonstrative qu'il n'est point d'homme qui ne soit gouverné par son interêt ; c'est ce qui est visible, & qu'on a tant de peine à souffrir dans la conduite des Romains les plus excellens & les plus celebres. En effet qui peut s'empécher de trouver étrange que Ciceron (qui étoit ennemy declaré de tous ceux qui l'étoient de la Republique) aprés avoir été au devant de Cesar, & s'être humilié devant un homme qui venoit de la ruiner, & qui étoit encore teint du sang de ses Concitoyens ; releve ensuite en plein Senat ses qualitez & ses vertus par de grans éloges : Que Virgile & Ovide placent Auguste parmi les Dieux; & que Seneque, qui ne pouvoit supporter les mœurs des autres hommes, trouve celles de Neron dignes d'admiration?

Mais l'homme n'eſt pas ſeulement maîtriſé, il eſt encore aveuglé par ſon interêt, puiſqu'il l'eſt juſques au point de croire qu'il y a des hommes dont le merite eſt ſi grand & ſi reconnu, qu'on ne peut leur refuſer des loüanges ſans injuſtice : car à parler ſans préocupation & ſans flaterie, l'on ne voit point par où l'on peut prêdre l'homme pour le loüer, parce qu'il eſt viſible qu'il a un milion de vices, & que ſon fond eſt ſi gâté qu'il corrompt toutes ſes vertus. Pour nous inſtruire de ce point important & auquel ſi peu de gens font reflexion, nous n'avons qu'à conſiderer de quelle maniere il eſt diſpoſé à l'égard de la verité ; car nous trouverons que ſi ceux qui la choquent doivent être blâmez, la diſpoſition de ceux qui l'aiment

& qui luy sont le plus attachez ne merite aucune loüange.

Que l'homme soit blâmable lorsqu'il blesse la verité par ses discours & par ses actions, cela est si évident, qu'on ne se mettroit pas en peine de le montrer s'il ne faisoit vanité de savoir l'art de tromper; s'il n'avoit erigé en habileté sa duplicité & sa fourberie, & si la corruption de l'ame, ainsi que dit S. Gregoire, n'étoit devenuë le talent rare d'un Courtisan. Aussi est-ce cette consideration qui oblige elle seule de representer icy quelque chose de ce qui se passe dans le cabinet, & de faire voir que la profession que font certaines gens à la Cour d'user de dissimulation, de mensonge & d'artifice, est tres-honteuse, quelque beau nom qu'on luy donne.

Corruptio mentis urbanitas vocatur. 1. Mor. cap. 16.

Quoy qu'il soit vray que le menſonge, l'artifice & la diſſimulation font toute l'induſtrie & l'art des hommes ambitieux; que ce ſont les reſſorts de la politique corrompüe & les moyens exquis dont ſe ſervent les Prudens du ſiecle; il y a neanmoins cette difference, qu'un habile Courtiſan n'uſe de menſonge que lors qu'il le peut en ſeureté, parce qu'il eſt deshonorant & qu'il ôte la creance; ni de diſſimulation envers ſes amis intimes, de peur de perdre l'utilité ou le plaiſir de leur amitié : mais il ſe ſert d'artifice envers tout le monde, parce que la preſomption de ſon eſprit luy fait eſperer qu'il mettra toûjours ſes artifices à couvert. Et en effet on peut être convaincu du menſonge, la diſſimulation ſe peut découvrir, mais l'artifice est impenetrable, & les tenebres d'Egypte n'étoient pas si épaisses que celles où il se cache; ce qui fait qu'on ne peut penetrer les gens artificieux, est qu'outre qu'ils ont un air le meilleur & le plus obligeant du monde, en sorte qu'ils paroissent devoüez aux interêts des autres, les propositions qu'ils font sont si plausibles & si évidemment utiles qu'il est impossible de ne les pas recevoir. C'est donc dans l'artifice qu'un Courtisan se retranche, & dans ceux que son esprit luy fournit, qu'il fait consister sa force & qu'il met toute sa confiance; son interieur, dit l'Ecclesiastique, est tout plein de ruses. *Interiora ejus plena sunt dolo. cap. 23.*

Deux Ministres amis intimes depuis long-temps, & qui sont parvenus à une fortune égale, font voir cette verité : car le plus ambitieux ne pouvant souffrir de compagnon, n'ose neanmoins luy faire une guerre ouverte, elle seroit suivie de l'infamie; ni le détruire sous main par ses confidens, il ne s'y fie pas assez, ou il a honte de se découvrir à eux, ou il a peur de les perdre en leur faisant voir sa trahison & sa fourberie; il ne luy reste donc que l'artifice, aussi est-ce à luy seul qu'il a recours : il a penetré dans l'esprit du Roy que celuy qui partage sa faveur avec luy en est consideré à cause de la liaison qu'il a avec un grand Prince pour qui le Roy a une estime extraordinaire; Que fait-il? il parle dans le dernier secret à son ami, & aprés l'avoir préparé par un preambule judicieux à estimer l'avis important qu'il luy va donner, il luy dit qu'il a vû dans l'esprit du Roy que la liaison qu'il a avec ce Prince luy fait ombrage & luy fait soupçonner sa fidelité; il ne dit pas que le Roy le luy ait dit, cela peut être éclaircy; il dit qu'il l'a vû dans l'esprit du Roy. Qui fera le procez à ses vuës? Mais l'artifice ne s'arrête pas là, dit un saint Roy qui avoit appris par sa propre experience tous ceux dont on a accoûtumé d'user à la Cour: ces hommes rusés, dit-il, ont toûjours des "fléches toutes prestes pour "les tirer dãs l'obscurité; c'est "dire qu'ils profitent habilement de toutes les occasions où ils peuvent détruire leurs concurrens par eux-mêmes; ce que nous ferons voir en reprenant l'exemple des deux Ministres dont nous venons de parler: car le moins éclairé ayant innocemment formé un

Paraverunt sagittas suas in Pharetra ut sagittët in obscuris. Ps. 10.

dessein qu'il croit luy être avãtageux; l'autre qui voit clairemét que ce dessein est propre à le ruiner, ne l'en détourne neãmoins que par maniere d'acquit, ne luy oppose que de legers inconveniens, & luy cache ceux qui sont irremediables, & lors qu'il le voit dans la fosse qu'il s'est luy-même creusée, il le fait souvenir qu'il a fait tout ce qu'il a pû pour l'empécher d'y tomber; quelque gré pourtant qu'il se sache de l'avoir fait donner dans le piege, quand des personnes fines découvrent sa mauvaise foy & sa fourberie, il en a une extréme honte, il s'offense de ce qu'on l'en croit capable, & il la desavoüe par tout, excepté lors qu'il se trouve dans un conclave secret avec ses semblables; car alors il s'en glorifie, & ils confrontent ensemble les tours de souplesse qu'ils ont faits pour devenir les seuls possesseurs de la faveur & du ministere.

C'est ce lâche artifice qui forme ces deux cœurs que le S. Esprit attribüe aux hommes dissimulez; car un homme souverainement ambitieux paroît avoir deux cœurs; l'un où il enferme le plan de la fortune qu'il pretend faire, & dont tous les sentimens ne sont touchez & occupez que de ce qui le regarde, & ce cœur est caché, farouche, cruel, implacable, incessamment agité de mille troubles secrets, déchiré de rages & de desespoirs & bouffi d'un invincible orgueil. L'autre est ouvert, sincere, doux, paisible, humble & toûjours disposé à servir les autres & c'est celuy-cy qui gouverne la langue, & qui a, s'il m'est permis de le dire ainsi, l'intendance du visage, de l'air, du maintien, & de toutes les actions exterieures. Il est vray qu'il reçoit secrettement direction du cœur ambitieux, & que c'est de là qu'il arrive que comme ceux qui n'ont jamais été sur mer croyent quand ils entrent dans un vaisseau, que celuy qui tient le gouvernail est le vrai maître de sa conduite, quoiqu'il ne le remüe que par les ordres du Pilote uniquement attentif à considerer la boussole : de même, ceux qui sont depuis peu de temps à la Cour se persuadent que le cœur qui regle les discours & les procedez de l'homme apparent est le principe de tout ce qu'il dit & de tout ce qu'il fait, quoiqu'il ne parle & qu'il n'agisse que par les mouvemens du cœur ambitieux qui gouverne & conduit l'homme veritable, & qui n'eſt appliqué qu'aux intereſts de ſon ambition. C'eſt ce que l'Ecriture nous fait entendre lors qu'elle dit que les gens artificieux " parlẽt en l'un & l'autre cœur; " c'eſt à dire que quoy qu'ils " déliberent & arrêtent dans " l'un en faveur d'autruy, ils " s'aſſurent dans l'autre que ce " n'eſt que pour rapporter tout " à leur avantage. "

" *Labia doloſa in corde & corde locuti ſunt.* Pſ. 11.

L'artifice eſt encore plus viſible dans les chefs de party; dans ces grands maîtres d'intrigues, qui conſument le " jour, dit David, & paſſent " une partie de la nuit à cher- " cher des inventions & des " ruſes; qui violent inceſſam- " ment ſans aucun ſcrupule " cette loy que Dieu a établie " ſi ſagement, que les paroles " ſoient les images de nos pen-

" *Dolos totâ die meditabantur.* Pſ. 37. *Iniquitatem meditatus eſt in cubili ſuo.* Pſ. 39.

fées, & qui semblent avoir a-
dopté les obscuritez, les équi-
voques & les ambiguitez du
langage, pour mettre à couvert
leurs finesses, leurs infidelitez
& leurs tromperies.

Voilà de quelle maniere la
verité est traittée à la Cour par
ces grands Politiques qui instruisent leurs langues à mentir avec industrie, ainsi que dit
l'Ecriture ; elle n'est gueres
mieux traittée ailleurs. Car outre qu'elle est bannie de la maison des Grands; dans tous les
arts, dans tous les métiers &
dans toutes les professions, la
plufpart des gens l'offensent
sans cesse pour s'établir & pour
amasser des richesses ; on l'affoiblit, on la dissimule & on la
déguise dans le Barreau; l'on
nie par tout pour un petit interêt , & souvent pour rien ,
les veritez les plus claires, &
l'on

Docue-
rūt lin-
guā suā
loqui
menda-
cium.
Hierem
9.

l'on ne fait aucun scrupule d'attaquer les plus importantes.

Je ne veux pas combatre icy ce que Machiavel ose avancer : Que regner & garder « la foy sont deux choses in-« compatibles; ni ce qu'An-« toine de Leve écrivit à Char-« les V. Que s'il vouloit tenir « sa parole, être veritable & « vivre avec probité, il quit-« tât l'Empire & tous ses « Royaumes, & qu'il se jet-« tât dans un cloître ; ni ce « que disoit un premier Mi-« nistre, Qu'il est impossible « de retenir les Grands dans « l'obeïssance du Roy & dans « son service, si l'on ne promet « à plusieurs ce qu'on ne peut « & qu'on ne veut donner qu'à « un seul; & si l'on ne dit con-« tre la verité, à un Prince, « qu'il est dangereux de deso-«

„ bliger, que le Roy a desti-
„ né depuis long-temps à un
„ autre le Gouvernement qu'il
„ demande. Toutes ces maximes étranges & toutes les mauvaises raisons qu'on allegue pour justifier les duplicités, les artifices & les finesses ne viennent pas seulement de la corruption de l'homme, mais aussi de l'ignorance où l'on est des maximes solides de la veritable politique. Si l'on en veut être convaincu, & savoir ce que l'on doit croire de l'utilité & de la necessité des finesses; l'on n'a qu'à conside- rer que S. Loüis n'en usa ja-

Sire Join- le.

mais, ni avec les Princes étrangers dans les traittez qu'il fit avec eux, ni avec les Grands de son Royaume, pour les contenir dans leur devoir, ou les ramener quand ils s'en étoient écartés; & que cependant il n'est point de regne qui ait été plus heureux & plus autorisé que le sien ; au lieu que celuy de Loüis XI. (dont toute la politique consistoit en negotiations obscures & en pratiques secrettes) fut un regne tres-malheureux. En verité la condition des Souverains seroit déplorable, s'il étoit impossible de regner avec probité, & s'ils ne pouvoient entretenir la liaison necessaire qu'ils ont avec leurs sujets & avec leurs alliés, sans avoir recours au mensonge & à l'artifice, & sans violer la foy qui est l'unique lien de tous les commerces. Ce qui est certain est que la bonne foy est une grande habileté, & qu'il n'est rien qui soit si utile aux Rois & aux Ministres que la persuasion qu'on a qu'elle est le principe & la regle de toutes leurs actions.

Philpp. de Comines, liv. 1. ch. 10.

Quant aux Courtisans, il est vrai que la droiture, la franchise & la verité ne sont pas d'ordinaire les qualités les plus propres pour les faire reüssir à la Cour; mais il n'est pas necessaire de s'agrandir, & il est necessaire d'être droit, veritable & fidele.

On a parlé jusqu'icy de ceux qui choquent si fort la verité qu'il semble qu'ils la haïssent; il est temps maintenant de faire voir quelles sont les dispositions de ceux qui l'aiment & qui sont si exacts & si religieux à la dire en toutes occasions.

Il n'est rien de si grand que la verité, & c'est avec beaucoup de sujet que sa recherche nous est marquée dans l'Ecriture comme le premier de tous nos devoirs, & sa possession comme la plus grande acquisition que nous pouvons faire. Mais il faut la chercher d'une maniere digne d'elle, & c'eſt pour l'amour d'elle & non par rapport à nous que nous devons l'aimer ; c'eſt pourtant en quoy manquent tous ceux qui la cherchent & qui l'aiment d'une affection humaine. Car ce n'eſt pas pour goûter la verité & pour en faire l'uſage qu'on en doit faire, qu'ils ſouhaittent ſi ardemment de la connoître, mais pour contenter leur curioſité, c'eſt à dire pour ſuivre les mouvemens d'une paſſion âpre & impatiente qui n'enviſage point la beauté & l'utilité de la verité, & qui n'a point d'autre but que de ſe ſatisfaire ; c'eſt cet eſprit de curioſité qui a empêché les Epicuriens & pluſieurs autres celebres Philoſophes de connoître Dieu par ſes ouvrages : car trouvant dans le monde de quoy nourrir leur curiosité, ils ne se sont étudiez qu'à sçavoir la situation, l'ordre & le nombre de ses parties, & à découvrir quelle est la matiere dont il est formé, & ils n'ont pas songé à celuy qui l'a fait, qui le soûtient & qui le gouverne. C'est encore par cette aveugle curiosité que les Payens ont consulté les Oracles des faux Dieux durant tant de siecles, & que tant d'hommes se font tous les jours disciples du Demon, & s'addressent à cet esprit de mensonge pour apprendre la verité. Voilà la premiere disposition de l'homme à l'égard de la verité.

La seconde est une disposition maligne. Telle est la disposition de la pluspart des gens qui s'informent incessamment de ce que les autres font de mauvais & de reprehensible, non pour les avertir & pour les corriger, mais pour s'en réjoüir & pour en médire.

La troisiéme est cette disposition orgueilleuse avec laquelle les Philosophes s'éleverent à la connoissance de Dieu pour s'en estimer davantage, & en moins estimer ceux qui n'avoient pas fait cette importante découverte; car au lieu que cette connoissance devoit les porter à glorifier Dieu, à se soûmettre à luy, & à vivre selon ses loix; elle ne servit qu'à leur enfler le cœur, & leur lumiere, dit S. Paul, ne fit que les aveugler.

1. aux Rom.

La quatriéme est une disposition d'amour propre avec laquelle certaines personnes prennent la deffense d'une verité dont ils sont persuadés; car ils la deffendent avec zele & avec courage apparemment pour empécher qu'on ne l'obscurcisse & qu'on ne la détruise; mais en effet par l'attachement secret qu'ils ont à leur opinion. C'est de ces sortes de gens que S. Augustin dit en parlant de Dieu : Ils deffendent leur verité & non pas la tienne ; c'est à dire qu'ils se l'approprient & qu'ils la deffendent, non pour soûtenir la cause de Dieu, mais par l'interêt qu'ils y ont, & comme un bien qui leur apartient.

La cinquiéme est une disposition vaine qui est commune à la plufpart des savans, par laquelle ils se condamnent au travail d'une longue êtude, & s'instruisent non seulement des verités curieuses, mais des plus hautes verités, dans la seule vüe de faire montre de leur science.

La disposition de ceux qui

font veritables dans leurs paroles est en quelques-uns une secrete ambition qu'ils ont que tout le monde ajoûte foy à tout ce qu'ils disent, afin de se mettre par là sur un pié non seulement honnête mais precieux. C'est en d'autres un desir de faire voir qu'ils ont l'ame belle, parce que ceux qui sont sujets à mentir ont ordinairement l'ame basse. C'est dans la plûpart des gés un éloignemét du mensonge, non parce qu'il est opposé à la verité, mais à cause qu'il est deshonorant, & que les menteurs sont bannis des societés honnêtes & méprisés dans les plus indulgentes.

La liberté de dire la verité à toute sorte de gens & en toutes occasions, se rencontre en certaines persones fieres qui se mettent au dessus de leurs interêts pour n'être obligés à aucune sorte d'égard. Cette disposition orgueilleuse est pourtant celle du Magnanime d'Aristote, c'est à dire d'un homme souverainement vertueux.

Magnanimus apertè & cum libertate loquitur, est enim cōtemptor. 4. Mor. cap. 8. L'Auteur des vies ajoûtées à celles de Plut.

» Le Magnanime, dit-il, parle » avec liberté, parce qu'il n'e- » stime personne, & qu'il ne » s'empêche jamais de dire la » verité par la consideration » de qui que ce soit. Telle étoit la disposition du Poëte Polixene que Denis le Tiran avoit fait mettre en prison parce qu'il ne vouloit pas approuver ses vers, & qui en étant sorti sur la parole que Platon avoit donnée au Tiran, que Polixene auroit à l'avenir plus de complaisance; dés qu'il eut oüi les derniers vers que le Tiran avoit faits, & qu'il se vit pressé de dire son sentiment: mon ami, dit-il en se tournant vers l'un de ses gardes, je te prie de me remener en prison.

Il n'y a que les seuls Chrétiens qui aiment & qui cherchent la verité d'une maniere pure, sincere & vertueuse; car ils ne desirent pas de la connoître, comme faisoient les Philosophes Payens, pour triompher de l'avoir trouvée, mais pour en profiter & se conduire par sa lumiere; ils font même profession de ne savoir qu'une verité qui n'est autre chose que Dieu, & de ne regarder toutes les creatures que comme les traces de cette verité eternelle & comme autant de paroles qui nous l'expliquent. C'est cette verité infaillible qui est la regle de leurs sentimens & de leurs actions, & qui aprés avoir été leur guide dans cette vie fera un jour leur félicité. C'est enfin cette verité dont ils suivent les loix, lors qu'ils font si soigneux de ne pervertir jamais l'usage de la parole, de la faire servir à leur mutuelle communication, & de n'en point proferer qui n'ayent un parfait raport avec leurs pensées.

Qui loquitur veritatem in corde suo.
Pf. 14.

Chapitre III.

La Sincerité.

IL n'y point de vertu qu'on soit tenté de croire veritable comme la sincerité; car il n'en est point qui ait une plus belle apparence. C'est la plus aimable & la plus utile de toutes les vertus qui servent à lier & entretenir la societé; c'est le fondement de la foy, c'est le repos & la seureté du commerce; sans elle nous craignons tous les entretiens particuliers comme autant de pieges; tous les desseins qu'on nous cômunique, comme des obstacles aux nôtres; & tous les hommes avec qui nous vivons, comme des ennemis qui peuvent nous surprendre; en un mot sans elle l'on converse & l'on traitte avec autant de frayeur qu'en ont ceux qui marchent la nuit prés des precipices.

La cause veritable de l'estime qu'on a pour les vertus humaines, est qu'on ne considere que leurs offices, c'est à dire cette varieté de devoirs dont les hommes s'acquittent, & qu'on n'examine point quelles sont les fins qu'ils se proposent lors qu'ils s'acquittent de ces devoirs, quoique sans la connoissance de ces fins il soit impossible de porter un jugement solide de leurs vertus. Lorsque nous voyons, dit

Lib. 4. contra Julianum, cap. 3.

« S. Augustin, un homme qui n'usurpe point les terres de son voisin, & qui a une attention continuelle à ne luy causer aucun prejudice; nous sommes tentez d'abord de le croire juste; mais nous changeons d'opinion aussi-tôt que nous apprenons que cet homme ne s'empéche d'enlever le bien de son voisin, que par la peur qu'il a qu'on le poursuive en justice, & qu'en deffendant le bien qu'il a pris il ne consume le sien.

Quomodo hoc factum poterit esse justitia cùm serviat avaritia; Ibid.

Il en est de même d'un homme sincere. On luy donne ce nom tandis que l'on considere qu'il est ouvert, franc, & que l'on peut conter sur tout ce qu'il dit, parce qu'il n'est pas en son pouvoir de déguiser ses pensées; mais dés qu'on l'approfondit & qu'on voit qu'il fait servir sa sincerité à ses desfeins, & que sa franchise est une voye par où il va à ses fins; l'on s'en forme une idée bien differente.

Mais quelles sont les fins où vise un homme sincere ? La premiere est d'obliger ses amis, & tous ceux avec qui il est en commerce, à luy parler sincerement & à n'avoir rien de caché pour luy, afin qu'il puisse connoître la verité de leurs sentimens, leurs inclinations, leurs goûts, leurs affaires, & qu'il puisse aussi savoir au vray tout ce qui se passe, c'est à dire les avantures & les histoires les plus secretes & les plus curieuses; de sorte que c'est la curiosité qui est la cause principale de la sincerité. Comme c'est la seconde passion qui prit naissance dans le cœur de l'homme, qu'elle y suivit de prés l'amour desordonné de soy-même, & qu'elle eût une part considerable à sa chûte; il est sans doute que c'est une passion extraordinairement violente, & quoique sa violence soit inconnuë parce qu'elle n'est pas sensible, il est neanmoins aisé de l'apercevoir par l'empressement avec lequel on court pour voir les spectacles, pour voir toutes les choses nouvelles & toutes les personnes qu'on n'a jamais vûes, sur tout si elles ont de la beauté, de l'esprit, ou quelque talent extraordinaire. Appliquons cecy à nôtre sujet, & disons qu'on peut connoître que la curiosité est une passion violente par laquelle on veut sçavoir toutes les avantures publiques & particulieres, & par le plaisir qu'on a de les écouter & de les apprendre; il est si grand que c'est l'occupation la plus agreable de nôtre vie, il paroît méme que ce plaisir n'est pas tant le divertissement de nôtre esprit que sa nourriture, en sorte qu'on tombe dans la langueur lors qu'on est dans un lieu sterile en avantures & en nouvelles, ou qu'étant retirés à la campagne, les amis que nous avons dans le grand monde nous negligent & ne prennent point le soin de nous en mander. Il ne faut donc pas s'étonner si les hommes qui ne vivent maintenant que de la vie des passions, travaillent avec tant d'application à contenter une passion aussi vive & aussi ardente qu'est la curiosité, & s'il y en a plusieurs qui se servent de la sincerité comme d'un attrait capable de porter leurs amis à leur ouvrir leur cœur, & à leur confier ce qui est le plus propre à la satisfaire. L'on comprendra beaucoup mieux qu'il y a des gens qui sont sinceres afin qu'on le soit à leur égard, & qu'ils puissent donner de la pâture à leur curiosité, si l'on fait reflexion que la pluspart des amitiés se rompent, & que ces frequentes ruptures (causées apparemment par le peu de correspondance que les personnes franches & ouvertes ont trouvé en leurs amis) viennent dans la verité de ce qu'elles n'ont pas retiré de leur commerce le profit qu'elles en esperoient; je veux dire que nous ne sommes pas blesés precisément de ce que nos amis n'ont pas une sincerité égale à la nôtre; mais de ce que leur manque de sincerité nous ôte la connoissance de leurs sentimens, de leurs desseins & de tout ce qu'ils ont appris en secret.

LA SINCERITE'. 115

La seconde pretention qu'ont les gens sinceres, est qu'on leur dise vray; ce qu'ils souhaitent non par l'amour de la verité, ni par aucune aversion qu'ils ayent pour l'erreur & la fausseté, mais par la crainte de la honte d'être dupés. Car l'homme dans sa premiere institution aimoit la verité par le respect qu'il avoit pour Dieu & pour demeurer dans son ordre, & il fuïoit l'erreur parce qu'elle l'en fait sortir : mais presentement il n'aime la verité que parce qu'elle est l'ornement de son esprit & par rapport à son excellence, & ne hait l'erreur & la tromperie qu'à cause qu'elle est honteuse ; or nous sommes particulierement sensibles à cette confusion lorsque croyant posseder depuis long-temps l'amitié & la confiance de quelques persones, nous venons à découvrir qu'elle nous a abusés, qu'elle s'est toûjours déguisée à nous & nous a caché ses principales affaires.

Les gens sinceres pretendent en troisiéme lieu éloigner d'eux tout soupçon de duplicité & de fourberie : car comme ils voyent que la fourberie rüine irreparablement la reputation, ils en conçoivent une aversion extréme, & ils regardent la sincerité comme une vertu propre à les faire estimer & à les mettre sur un pié honnête.

Ils esperent aussi acquerir la bienveillance de tout le monde par la franchise de leur procedé, & par la sincerité de leurs paroles, & ils ne sont pas trompés dans leur esperance : car par la même raison qu'on craint & qu'on fuit les hommes faux & diffimulés, l'on aime & l'on cherche ceux qui font finceres, l'on eft même favorable à leur avancement, & on les fert volontiers dans les occafions qui s'en offrent; auffi eft-ce encore une des vües des gens finceres: car ils ne fe contentent pas que leur fincerité leur attire l'eftime & l'amitié des hommes, ils veulent encore qu'elle leur foit utile à établir leurs affaires.

Enfin nous faifons profeffion de fincerité afin qu'on ait creãce en nous, & qu'on ajoûte foy à toutes nos paroles; car rien ne flatte tant nôtre vanité que cette autorité que nos paroles acquierent par l'opinion qu'on a de nôtre fincerité: auffi eft-ce la fin principale que fe propofent les gens finceres qui font defintereffés;& quand ils font delicatement ambitieux c'est leur fin unique.

L'on voit à la Cour, même parmi ceux qui sont le plus avant dans les intrigues, des gens qui prennent un air sincere, qu'ils s'efforcent de rendre le plus naturel qu'ils peuvent, & qui accommodent á cet air le ton de leur voix & leur action; ils affectent d'avoir un visage ouvert & des manieres naïves pour trouver creance parmi ceux à qui ils ont affaire. Cette sorte de sincerité concertée se trouve dans les premiers Ministres, dans les gens d'affaires, dans les negotiateurs, & generalement dans toutes les persones publiques; lors qu'ils sont habiles elle leur sert à cacher leurs desseins, à faire qu'on les croye & qu'on se repose en eux, & elle les met en liberté de faire ce qu'ils veulent par leur inclination &

par leur interêt contre les engagemens qu'ils ont pris, par la confiance qu'elle leur donne que tout ce qu'ils feront sera toûjours bien interpreté.

Il y a une sorte de sincerité qui vient de la force de l'amour propre. Elle se rencontre dans des personnes grossieres & naturelles qui font connoître en toutes occasions la verité de leurs sentimens, parce qu'elles n'ont ni le pouvoir ni l'adresse de les cacher. De sorte qu'au lieu que ceux qui sont habiles parlent & se conduisent de telle maniere qu'il semble que leur interêt ne leur est rien: Les personnes naïves font voir celuy qui les fait parler & agir, parce que la violence de leur amour propre les découvre & les trahit.

Outre toutes les especes de sincerité dont nous venons de

parler, il y en a une qui suit le temperament, qu'on peut « appeller la sincerité naturel- « le; car il y a, dit Aristote, des « vertus de temperament, c'est « à dire des dispositions & des « pentes à exercer certaines « vertus. Comme il y a donc des gens qui naissent courageux, d'autres chastes, il y a aussi des naturels sinceres & des gens qui se font une vraye violence quand ils sont contraints d'user de dissimulation : Il y en a d'autres tout-à-fait opposez à ceux-cy, qui ne peuvent jamais parler avec franchise, & à qui il est toûjours agreable de se déguiser; j'ay vû cette sorte de naturel en plusieurs personnes, & je l'ay particulierement remarqué en quelques femmes qui étant tres-fideles à leurs maris ne leur étoient pas sinceres.

6. Ethic. c. ult.

La

LA SINCERITÉ. 121

La sincerité est donc une ouverture de cœur qui tend à nous ouvrir celuy de nos amis; ou une franchise habile qui nous sert à gagner l'estime & l'amitié des honnêtes gens; ou une crainte de passer pour fourbe; ou une inclination naturelle à dire ce que l'on pense, ou une ambition exquise qu'on aît une defference aveugle pour nos paroles. Dans les faux sinceres la sincerité est une tromperie fine, & l'on peut dire qu'en eux l'air sincere est le moins sincere.

La Sincerité Chrêtienne & vertueuse n'est l'effet d'aucun interêt ni d'aucune passion, non pas même de celle d'être crû sincere, & ceux qui la pratiquêt n'ont d'autre vüe que d'obeïr à Dieu, qui deffend la dissimulation & la duplicité, pour maintenir l'union & l'intelligence parmi les hommes.

CHAPITRE IV.

L'Amitié.

L'AMITIE' est une inclination raisonnable qui s'arrête & se repose en la personne qui la fait naître. Elle est la fille du merite & de la vertu, & la source de toute la douceur qu'on peut goûter dans la vie. A qui la vie est-elle vivante, disoit un Poëte ancien, sans le doux commerce de l'Amitié ? Qui pourroit vivre sans amis, dit Aristote, quand méme il joüiroit de tous les autres biens ? Si quelque Dieu, dit Ciceron, nous mettoit dans une solitude abondante & delicieuse avec cette

Ennius apud Cic. in Lælio.

8. *Ethic. c. 1.*

de Amicitia.

dure côdition que nous n'au-«
rions communication avec «
qui que ce soit, ne nous se-«
roit-il pas impossible de sup-«
porter une vie aussi desagrea-«
ble & aussi ennuyeuse ? Ce-«
la vient de ce que l'homme
ayant une inclination invincible à se répandre au dehors, tombe dans l'ennuy & est à charge à luy-même quand il ne la peut satisfaire & se soulager avec les autres. Or dans ce desert il seroit privé de ce soulagement, il ne peut pas même le tirer précisement de la societé, & ceux qui vivent ensemble, & qui demeurent dans un même lieu seroient solitaires au milieu de la compagnie, si leurs cœurs n'étoient unis & s'il n'y avoit entr'eux une association & une liaison interieure ; c'est pourquoy l'amitié qui fait l'union

des cœurs est si estimée & recherchée de tout le monde.

Mais tout le prix de l'amitié ne consiste pas au seul agrément qu'on trouve dans la correspondance étroite qu'elle établit entre deux personnes ; "il la faut estimer encore, dit "Aristote, parce qu'elle est "extraordinairement utile : "car elle l'est, dit-il, à tous "les âges & à toutes les con- "ditions ; elle sert aux Prin- "ces & aux personnes puis- "santes à s'acquitter de l'o- "bligation principale de leur "état, qui est de faire du "bien, & les porte à faire part "de leurs richesses à ceux qu'- "ils honorent de leur estime ; "elle aide de ses sages conseils "ceux qui sont en prosperi- "té, & leur apprend le secret "de ne pas exciter l'envie ; la "pauvreté & toutes les ala-

loc. cit.

mités de la vie la regardent comme leur refuge ; elle modere les emportemens des jeunes gens par ses avis salutaires ; elle donne de grands secours aux vieillards ; enfin ceux qui sont dans la vigueur de l'âge en tirent des avantages considerables ; car un homme qui a des amis solides & vertueux se prévaut de leur lumiere & se fortifie par leur exemple en l'exercice de la vertu.

L'Amitié ne borne pas son utilité aux biens qu'elle fait aux personnes particulieres, elle s'attribuë aussi l'établissement & l'élevation des familles, & se vante même d'être la source de la splendeur & de la felicité des Empires. C'est pourquoy les plus sages Legislateurs, ainsi qu'Aristote l'a remarqué, ont eu beau-

Legislatores amicitia magis

quàm
juſtitiæ
ſtudent.
Ibid.

coup plus de ſoin d'enſeigner aux Citoyens les moyens d'entretenir l'amitié entr'eux, que de faire des loix ſeveres pour leur faire craindre de violer dans leurs actions & dans leur procedé celles de la juſtice; car ils ont bien vû que l'amitié ſe peut paſſer de la juſtice; mais qu'il eſt impoſſible que la juſtice ſe paſſe de l'amitié. En effet dans les lieux où regne la concorde (qui eſt l'amitié generale des Citoyens) on n'a pas beſoin de leur faire craindre les peines pour les empêcher de s'entrefaire aucun prejudice, puiſqu'ils ne veulent s'en faire aucun, & qu'ils ne ſongent qu'à ſe procurer mutuellement tous leurs avantages. On n'a que faire, dis-je, d'appréhender qu'un Citoyen uſurpe les terres de ſes voiſins que l'amitié a rendües siennes, ni qu'il blesse leur honneur qui luy est commun. En un mot l'amour que les Citoyens ont entr'eux est un doux & puissant lien qui ne souffre point qu'aucun interêt les divise, & la plus rigoureuse justice n'est point un moyen si seur pour maintenir l'ordre que la volonté mutüelle de le garder.

Il n'en est pas de même de la Justice qui, n'ayant aucun pouvoir sur le cœur de l'homme, ne peut par consequent le disposer de sorte qu'il ne veüille jamais faire aucune injustice; elle ne peut pas même, quelque autorisée qu'elle soit, punir les crimes de toute sorte de gens; c'est pourquoy Anacharsis se moqua du projet de Solon lors qu'il luy communiqua les loix qu'il faisoit pour l'Etat d'Athenes. Pre-

» tens-tu, luy dit-il, retenir » avec un si foible frein la ma- » lice & la violence des hom- » mes? ne sais-tu pas qu'il est » des loix comme des toiles » d'Aragnée, elles arrêtent » les mouches, & les frelons » les rompent? ainsi les supplices qui sont reglés pour la punition des crimes sont pour les personnes qui sont sans appuy & pour les miserables; mais les puissans échappent pour l'ordinaire à la rigueur des loix. Cette verité est si fort appuyée de la raison & de l'experience de tout le monde, qu'on ne sauroit asses loüer » ce qu'Aristote a dit : Que » la justice n'a été introduite » dans les Republiques que » pour suppléer & reparer les » deffauts & les manquemens » d'amitié.

Parlons maintenant des inclinations de l'amitié, & faisons considerer combien elles sont contraires à celles de la flaterie. Celle-cy lâche, basse & interessée, suit toûjours la faveur; l'autre toute noble & toute genereuse aime les malheureux & se signale dans les disgraces; elle court aux personnes abandonnées, elle essuye leurs larmes, elle soulage leur cœur presé de soucis & de chagrins secrets; & comme elle fait voir sa foy dans leurs malheurs, elle fait éclater sa constance dans l'obstination de leur mauvaise fortune. Enfin l'amitié est douce, civile, complaisante, officieuse, liberale, desinteressée, & il semble qu'on auroit tort de ne pas mettre au rang des vertus une qualité qui les comprend toutes; il ne faut pas aussi oublier que c'est elle qui a fait ces miracles dont l'Antiquité a consacré la memoire ; qui a fait voir dans la Grece deux hommes opiniâtrés à mourir l'un pour l'autre, & dans Rome des femmes abandonnant leur vie pour être inseparablement unies à leurs maris.

Il faut avoüer de bonne foy que rien n'est si beau que ce qu'on dit & ce qu'on pense de l'amitié ; il seroit seulement à souhaiter que cela fût veritable : ce qui est vray au contraire est que comme il y a des Philosophes qui soûtiennent que tous les mouvemens de la nature sont circulaires, ceux qui ont observé la maniere d'agir de l'homme assurent qu'il en est de même des mouvemens de sa volonté, & qu'il est si attaché & si dévoüé à luy-même, que toutes les fois qu'il en sort pour assister ses amis dans leurs plus preſſans beſoins, il revient à luy par quelque ſecrete voye. Quoy qu'on croye donc & qu'on s'imagine, il faut tenir pour certain qu'on ſert pour être ſervi, qu'on prête de l'argent pour en trouver, qu'on procure l'établiſſement des autres pour ſe maintenir dans le ſien, ou tout au moins pour recüeillir une grande gloire de ſes divers offices. Toutes les ami-« tiés, dit Ariſtote, ſont com-« me autant de ruiſſeaux qui « viennent de la ſource de l'a-« mour propre. Il faut ſemer « dans les hommes, dit Epi-« cure, comme l'on ſeme dans « les champs qu'on ne culti-« ve que pour moiſſonner. « De ſorte que l'amitié qui nous paroît la plus pure, eſt la recherche de quelques biens qu'on ſouhaite & qu'on eſpere

9. Ethic.

Inter effata de ſapiente, Laërt. lib. 10.

obtenir par celuy que l'on fait aux autres : Il est vray que c'est une recherche fine & habile, & que de tous les pretextes de l'amour propre, l'amitié est le plus honnête & celuy qui couvre le mieux ses intentions. Car parmi tous les divers personnages que l'homme fait pour reüssir dans le monde, il n'en est point de si honorable & de si utile que celuy qu'il fait lors qu'il se pique & qu'il s'efforce de paroître un ami ardent & fidelle; c'est pourquoy il ne faut pas s'étonner si c'est principalement à la Cour que l'amitié affecte de s'étaler, si c'est là qu'elle dresse son grand theatre, & qu'elle le pare de ses plus belles decorations; & si c'est là enfin qu'elle joüe ses meilleures pieces & qu'elle recite ses plus doux & ses plus

L'AMITIE'. 133

tendres rôles ; puisque c'est là que ceux qui prennent cette voye pour parvenir, font les plus grands profits & acquierent les plus grands honneurs.

S'il n'y a point de vrayes amitiés, pourquoy est-ce donc que les Ministres & les Favoris des Rois & des Princes servent avec tant d'ardeur leurs amis absens & disgraciés? Cette objection naît dans l'esprit de tout le monde, & il est d'autant plus necessaire d'y répondre, qu'en y répondant on donne l'intelligence d'une espece de mystere. Je dis donc que les offices qu'on rend aux absens, & les soins avec lesquels on profite des conjonctures qui leur sont favorables, sont si peu desinteresés qu'ils sont produits au contraire par de fort grands interêts. Un Ministre a témoigné son zele jusques au bout pour son ami éloigné de la Cour, & n'a cessé de parler pour luy qu'il n'ait été rappellé. 1. parce que son ami l'ayant servi à parvenir au ministere, ce Ministre se fût perdu de reputatiō s'il ne luy eût donné cette marque publique de sa reconnoissance. 2. Il en a usé ainsi par la crainte qu'il a euë que le Roy ne fist un mauvais jugement de luy, & parce qu'il s'est dit souvent à luy-même: Quelle opinion le Roy auroit-il de moy si j'étois muet, & si je ne faisois aucun pas pour celuy qui en a tant fait pour moy ? 3. Il a eu dessein d'obliger son amy à être encore plus fortement attaché à ses interêts. 4. Il a eu peur de l'avoir contraire s'il revenoit sans sa participation. 5. Il a songé que s'il se montroit fidelle à ses amis, il

en trouveroit qui s'employe-
roient pour luy s'il arrivoit
qu'il tombât en disgrace. La
preuve de ce que je dis est que
les Courtisans habiles ne s'em-
pressent pour les absens que
lors qu'ils croyent qu'ils ont
encore quelque part aux bonnes graces du Roy & à son
estime, & qu'ils ne s'en mettent gueres en peine lors qu'ils
les voyent détruits dans son
esprit & qu'il n'y a plus de retour pour eux ; ce sont ces
sortes d'absens absolument
ruinés dans l'esprit des Princes, qui portent eux seuls proprement ce nom ; ce sont ces
sortes d'absens avec qui on a
bien-tôt rompu tout commerce, qui sont en peu de temps
effacés entierement du souvenir du monde, & qui sont plus
malheureux que les morts que
bien des gens regrettent quel-

quefois si fort qu'ils souhaiteroient qu'ils fussent encore en vie, afin de leur pouvoir donner des charges & des emplois qui sont en leur disposition; les hommes étant si bons, si humains & si genereux qu'ils veulent toûjours faire du bien à ceux qui ne peuvent en recevoir.

Aprés ce qui a été dit, personne ne trouvera déraisonnable l'étonnement qu'on a qu'un esprit aussi grand que celuy de Ciceron ait suivi toutes les opinions vulgaires sur le sujet de l'amitié, & que touchant les vrayes raisons qui prouvent qu'il n'y en a point de pure & de desinteressée, elles n'ayent pas été capbles de luy ouvrir les yeux. Il est étran- "ge, dit Ciceron, qu'y ayant "un million d'hommes tous "étroitement liés par une mê-

De A-micitia.

me nature, l'on trouve à pei-«
ne dans toute l'étenduë de «
la terre deux vrais amis. «
Cela ne parêtra pas étrange à
ceux qui comprennent que
l'homme eſt priſonnier de luy-
même, & que l'amour-propre
eſt une maniere de garde qui
l'accompagne toutes les fois
qu'il ſort, & qui le ramene
toûjours chez luy, parce qu'il
eſt clair que l'homme étant en
cet état n'eſt pas capable d'a-
mitié, puiſque par l'amitié il
doit paſſer & s'arrêter en celuy
qu'il aime. C'eſt une choſe «
honteuſe, ajoûte Ciceron, « *loc. cit.*
qu'une charge, un employ, «
l'argent, la reputation ayent «
le pouvoir de ruïner les ami- «
tiés les mieux établies, & «
que deux hommes forte- «
ment & veritablement unis «
deviennent ſi facilement ri- «
vaux. En effet il n'eſt pas «

convenable qu'un homme qui souhaite sincerement à son ami autant ou plus de bien qu'à luy-même, puisse s'affliger de l'accroissement de ses richesses ou de sa gloire. Il en conçoit pourtant des jalousies qui luy déchirent le cœur, & qui malgré toutes les violences qu'il se fait, paroissent sur son visage : il est donc faux qu'il souhaitte les avantages de son ami par aucun sentiment pur & qui le dévoüe à luy ; car on n'est jamais fâché du succez de ce qu'on souhaitte. Cette seule raison devroit dissiper les tenebres du monde aveuglé, & luy faire reconnoître que l'homme n'est amoureux que

Ibidem. » de luy-même. Je ne puis
» souffrir, dit encore cet Au-
» teur, qu'on fasse naître l'a-
» mitié du besoin & de l'inte-
» rêt, & qu'on donne à une

qualité si relevée une naissan-« ce si basse : car, dit-il, quel« besoin ay-je de Scipion, &« à quoy luy suis-je necessai-« re ? Je répons à son interrogation par une autre. Je demande si l'homme n'a qu'une sorte de besoins, s'il ne se sent pas aussi presé d'acquerir de l'honneur que d'amasser des richesses, & si toutes les choses qu'il n'a pas & qui sont propres à contenter ses inclinations naturelles, ne sont pas autant de besoins. Mais quels sont ces besoins & ces interêts qui corrompent les amitiés qui nous paroissent si pures ? Nous les verrons cy-aprés, cependant Ciceron nous permettra d'assurer avec Platon que l'amitié naît de l'indigence.

In Lisi.

Ajoûtons à ce que nous avons dit, que la plus grande de toutes les erreurs que Ciceron a eües sur le sujet de l'amitié, est celle qui luy fait assurer qu'elle n'égale pas seulement les fortunes en rendant les biens des amis communs ; mais qu'elle égale encore les sentimens que nous avons pour ceux que nous aimons à ceux que nous avons pour nous-mêmes ; en sorte,

<small>1. de legib. & 3. Tusc.</small>

« dit-il, que le nom d'amitié
« perit si l'affection qu'on a
« pour un amy n'est aussi sincere, aussi grande, aussi forte & aussi tendre que celle
« que l'on se porte à soy-même ; d'où vient, dit-il, que
« nous appellons un amy un
« autre nous-mêmes, & que
« nous disons que deux personnes liées d'amitié n'ont
« qu'un cœur & qu'une volonté.

<small>Quisquis amicus</small>

« Quoy que signifient tous
« ces Proverbes, il est certain,

dit Aristote, que rien n'a-proche de l'amitié que nous avons pour nous-mêmes, & qu'elle est le principe & la fin de celle que nous avons pour les autres. En effet qu'un homme partage son bien avec son ami, qu'il luy cede une charge qu'il possede, qu'il luy donne toute la part à la gloire qu'ils ont acquise ensemble dans une même occasion, qu'il se retire & luy laisse l'honneur entier d'une action illustre, ces actions prouvent, dit ce Philosophe, que l'homme est le premier amy de luy-même; car il les fait toutes avec un veritable retour vers soy, puisqu'elles reviennent toutes à sa satisfaction & à son honneur. Mais d'où vient que tant de personnes croyent servir leurs amis purement

" *maximè sibi ipsi, & omnia quæ ad amicitiam pertinët à seipso ad alios perveniunt.*
" 9. Ethic. c. 8.

pour l'amour d'eux, & qu'ils ne voyent point qu'ils se recherchent eux-mêmes dans les services qu'ils leur rendent? Je répons que nous ne voyons point ce que nous faisons pour nous dans ce que nous faisons pour les autres, parceque la plûpart du temps les motifs qui nous font agir se cachent dans nôtre cœur, & que nous aimons beaucoup mieux nous persuader que nous faisons des actions belles & genereuses que nous appliquer à nous connoître & à nous instruire de ce qui se passe en nous. Si nous étions touchés & occupés de ce soin, & si nous interrogions souvét nôtre cœur, il nous apprendroit les pretentions secretes que nous avons lorsque nous faisons des actions qui paroissent tout-à-fait desinteressées, & il nous feroit entendre qu'il n'est rien qui nous soit si utile ou si agreable, ou qui flate tant nôtre vanité que ce que nous cherchons lors qu'il nous semble que nous ne cherchons rien.

Il faut pourtant avoüer que *loc. cit.* Ciceron a eu la vraye idée de l'amitié, & qu'il l'a fort proprement deffinie lors qu'il a dit : Que c'est la parfaite union « de deux personnes vertueu- « ses, & que c'est une affection « reciproque, constante, sin- « cere & desinteressée. On « souscriroit même volontiers à son opinion, si au lieu de dire : Voilà quelle est l'amitié, il disoit : voilà ce qu'elle devroit être. Il a dit aussi beaucoup mieux qu'il ne pense lorsqu'il a assuré que l'amitié est une vertu divine, puisqu'elle ne se trouve que parmy les hommes divins, je veux dire parmy les seuls Chrêtiens; car l'amitié qu'ils ont les uns pour les autres ayant sa source en Dieu, qui agit toûjours purement pour le bien de ses creatures, les porte à procurer les avantages de leurs amis sans aucun égard à eux-mêmes. Quant aux preuves qu'il apporte pour montrer que les hommes sont capables d'une veritable amitié, elles sont toutes foibles.

Ibid. ,, Voicy la plus forte. Nous
,, trouvons, dit-il, la vertu
,, aimable par nos inclina-
,, tions naturelles; car si la
,, vigueur de la santé nous
,, plaît, & si les richesses & la
,, gloire ont des attraits pour
,, nous, comment pourrions-
,, nous n'être pas touchés de
,, la beauté & des charmes de
,, la vertu ? C'est elle seule qui
,, fait naître l'amitié, & qui
,, la rend forte & indissoluble;

&

L'AMITIE'. 145
« & deux hommes sages ne
« l'apperçoivent pas plutôt
« l'un dans l'autre, qu'ils con-
« çoivent une affection reci-
« proque, de sorte que leur
« amitié n'a point d'autre cau-
« se que leur merite, & que le
« plaisir & l'utilité qui n'ont eu
« aucune part à sa production,
« en naissent comme des fruits
« agreables. Ce raisonnement
est specieux & éblouït ceux
qui ne l'examinent qu'avec
une application legere ; mais
ceux qui le considerent de prés
en découvrent facilement la
fausseté ; car tout le monde est
capable de voir que s'il n'est
point de vraye amitié que celle qui est fondée sur la vertu,
il est impossible que l'amitié
subsiste si on luy ôte son fondement, c'est à dire s'il n'y a
point de vertu sincere : Or c'est
ce que nous faisons voir dans

I. Part.   G

tout cet ouvrage. D'ailleurs quand même nous supposerions qu'il y a des vertus pures & veritables, il ne s'ensuivroit pas qu'elles fussent aimées pour elles-mêmes, parce que l'homme n'aime la vertu que par son seul interêt : & à dire le vray, ce n'est pas la droiture de la justice qui luy fait aimer les personnes justes; ce qui fait qu'ils sont à son gré, c'est qu'ils ne touchent point à son bien & à son honneur. Outre cela il faut prendre garde que les vertus les plus excellentes & les plus propres à nous donner de l'estime & de l'amitié pour ceux qui les possedent, au lieu de faire naître en nous ces sentimens raisonnables, n'y excitent que l'envie & la jalousie.

Nous verrons que Seneque n'est pas moins admirable que

Cicéron, si nous avons la patience d'entendre toutes les merveilles qu'il conte de l'amitié. L'amitié, dit-il, est si « *Epist. 6.*
pure qu'aucune esperance «
de fortune, ni la recherche «
d'aucun honneur, ni la vûe «
d'aucune sorte d'interêt ne «
contribuë à la faire naître. «
Mais pourquoy donc faire «
des amis ? Je feray des amis « *Epist. 9.*
pour leur faire part de mon «
bien, pour les suivre dans «
leur exil, & pour souffrir «
avec eux la rigueur de leur «
mauvaise fortune, je feray «
des amis pour mourir pour «
eux. Je supplie toutes les «
personnes qui ont tant soit peu
de connoissance du cœur humain de me dire si jamais une
amitié de cette nature y a pris
naissance, & s'il est possible
qu'un homme fasse le plan d'une amitié qui luy fait ardem-

ment souhaiter de se dépouiller de son bien, de sacrifier sa vie & de se charger des malheurs d'autruy : sans mentir il faut bien aimer à se tromper pour recevoir cette vision pour une verité solide; ce qui nous convaincra que cette sorte d'amitié n'a jamais été en nature, & qu'elle ne subsiste que dans l'imagination, c'est que si l'on demande à Seneque où l'on trouve & où l'on ne trouve pas

Ibid. " des amis, il répondra, qu'ils
" suivent en foule ceux qui
" sont en prosperité; & qu'on
" n'en voit aucun auprés des
" personnes disgraciées.

Cette verité (qui étoit capable elle seule d'ôter à Seneque toutes ces belles idées qu'il s'étoit faites de la pureté & de l'excellence de l'amitié) merite bien qu'on la considere & qu'on l'appuye de quelques exemples. Celuy de la Reine Marguerite est tres-remarquable : elle dit dans ses memoires, qu'ayant été arrêtée dans son apartement, comme on luy fit traverser la cour du Louvre, ceux qui le jour auparavant se fussent trouvés heureux d'être regardés d'elle, ne l'eurent pas plûtôt aperçüe qu'ils luy tournerent le dos. Ce que Strada raconte de Charles V. ne l'est pas moins : Il dit que ce Prince fut bien étonné lors qu'entrant en Espagne aprés s'être dépoüillé de tous ses Etats, il aperçut, par le peu de personnes de condition qui vinrent au devant de luy, que quelque aimable que soit la personne des Princes, ce n'est pas à elle, mais à l'état florissant de leur fortune que s'attachent les Courtisans. Ce fut alors, dit cet Historien, " Solus nempe incomi-

atufque ,, que Charles comp
itulis ,, c'est qu'un Princ
ius, fen- ,, ni souveraineté ni
it tum ,, qu'il se vit comm
rimùm ,, me nû.
nditamem fuã.

trada Nous avons vû l
le bel- de Seneque & de Ci
o belg. chant l'amitié, nous
lec. 1. que quelque grande
ib. 1. soient, elles ne sont
moins comparables
de Montagne, & qu
teur qui a tant de s
solidité, a raisonné
l'amitié comme un
re. Ce qui est cause
égaré dans cette ma
l'amour qu'il a pour
nations belles, gran
traordinaires : sur

qu'on voit entre plusieurs personnes, ausquelles, dit-il, on donne si legerement le nom d'amitié; il soûtient qu'il y a non seulement de vrayes amitiés, mais aussi des amitiés où l'on s'oublie entierement pour n'avoir d'attention que pour celuy qu'on aime, & où l'on se donne si absolument, qu'on ne se reserve pas même la disposition de sa volonté. Voicy ses paroles.

Entre nos hommes il ne " *liv. 1.*
se voit aucune trace d'ami- " *ch. 27.*
tié. Toutes celles que le pro- "
fit, le plaisir, le besoin pu- "
blic ou privé forge & nourrit "
sont d'autant moins amitiés "
qu'elles mêlent autre but, "
cause & fruit en l'amitié qu'- "
elles-mêmes. La parfaite a- "
mitié est indivisible, cha- "
cun s'y donne si entier à son "
amy, qu'il ne luy reste rien "

» à départir ailleurs. Au de-
» meurant il est fâché qu'il
» n'ait plusieurs ames & plu-
» sieurs volontés pour les don-
» ner toutes à son amy. Cette
» amitié possede l'ame & la re-
» gente en toute souveraine-
» té ; cette amitié qui ne peut
» être qu'unique decoût tou-
» tes autres obligations. Le
» secret que j'ay juré ne de-
» clarer à un autre, je puis
» sans parjure le communi-
» quer à celuy qui n'est pas
» un autre, c'est moy. L'ami-
» tié que j'eus avec Etienne
» de la Boëtie n'a point d'au-
» tre idée qu'elle-même, &
» ne peut se rapporter qu'à
» soy ; elle emmena toute ma
» volonté se plonger & se per-
» dre dans la sienne ; elle saisit
» toute sa volonté & l'emme-
» na se plonger & se perdre
» dans la mienne d'une faim

& d'une concurrence pareille; je dis perdre, ne nous
reservant rien qui nous fût
propre. Dans cette sorte d'a-
mitié tout est commun, volontés, pensemens, femmes,
enfans, honneurs & biens.
Parlant en ce même endroit
de Blosius ami de Gracchus,
qui dit qu'il eût mis le feu au
Temple si son ami l'eût voulu : Ceux, dit-il, qui condamnent les paroles de Blosius côme seditieuses, n'en-
tendent pas bien le mystere
de l'amitié ; car ils étoient
plus amis que Citoyens &
qu'amis de leur païs.

Peut-on trouver assez étrange un aveuglement qui confond l'amitié avec l'amour, &
qui attribuë à une inclination
vertueuse les injustices & les
emportemens des passions les
plus violentes; car il n'appar-

tient qu'à l'amour de dévoüer entierement l'homme à la personne qu'il aime, & de luy faire oublier ce qu'il doit à Dieu, à son Roy, à ses parens & à ses amis; parceque la fureur de cette passion renverse la raison, dont le propre office est de luy marquer & de luy faire observer avec exactitude tous ses devoirs. Aussi est-ce à ce seul employ que la raison s'occupe, tandis qu'elle regne dans l'homme; elle est même si soigneuse de luy faire garder l'ordre de ses devoirs, qu'elle ne luy permet jamais de le violer, & ne souffre en aucune rencontre qu'il manque à Dieu pour s'acquiter de ce qu'il doit au meilleur & au plus fidelle de ses amis, & à qui il auroit obligation de la vie; c'est pourquoy ce que dit Montagne: (Que l'amitié a le privilege de nous dispenser de toutes les loix, & de nous rendre innocemment impies, sacrileges & infidelles) choque également la raison & la religion. Ce qui le fait voir encore plus clairement est que la Theologie Payenne, toute aveugle qu'elle est, n'enseigne rien de semblable, & qu'elle enseigne au contraire qu'il ne faut jamais blesser la pieté sous pretexte de satisfaire aux obligations les plus étroites de l'amitié.

Quant à ce que dit Montagne, que le secret qu'il a juré ne point deceler à un autre, il le peut sans parjure communiquer à son ami, qui n'est point un autre, mais une même chose que luy; l'on n'a pas la force de luy répondre; car que peut-on dire à un homme qui par une subtilité *Au mesme endroit.*

puerile & par une pauvre équivoque, pretend justifier le parjure & le violement de la foy donnée.

Liv. 2. ch. 25. des trois bonnes femmes. Il n'est gueres moins honteux à cet Auteur d'élever jusques au ciel ces Dames Romaines à qui il fut plus doux de s'ôter la vie & de mourir avec leurs maris, que de les survivre; sur tout la femme du Consul Cecinna Pœtus, qui pour sauver son mari des cruels supplices dont il étoit menacé, & le resoudre à se donner la mort, s'étant percé le sein d'un poignard, le luy presenta tout sanglant, luy disant : Tiens, Pœtus, il ne m'a point fait de mal. Il n'est pas, dis-je, honorable à Montagne d'attribuer les effets de l'ambition à l'amitié conjugale, & de n'avoir pas aperçu dans la courageuse resolution que la femme de Pœtus & celle de Seneque prirét le deſſein de finir leur vie avec leurs maris, de ce deſir immoderé de loüanges dont les Romains étoient embraſés, & que Virgile a marqué comme leur caractere,

―――Laudumque immenſa cupido. *Æneid. 6.*

Il devoit juger de l'action d'Aria comme en a jugé le jeune Pline de qui il a tiré cette hiſtoire. Arria, dit-il, femme de Cecinna Pœtus, prenant le poignard pour ſe tuer, & ſe donnant le coup, avoit devant ſes yeux l'eternité de ſa gloire. C'étoit là la cauſe generale de ces étranges morts qu'on appelle illuſtres, à laquelle il s'en joignoit toûjours de particulieres; celle qui ſe joignoit d'ordinaire à la vanité de ces femmes ambitieuſes qui vouloient s'im- *Liv. 3, Epiſt. 16.*

mortaliser par leur mort, étoit l'apprehension de demeurer exposées aux traittemens indignes d'un Tyran inhumain & abandonné à ses plaisirs. Cette crainte eut beaucoup de part à la mort d'Arria; car elle craignit avec sujet que l'Empereur Claudius (si outré contre ceux qui avoient suivi le party de Scribonianus, qu'il assistoit luy-même à leur jugement) ne les fist mourir elle & son mary d'une mort cruelle, & que ce Prince décrié par ses débauches n'atentât sur son honneur. Il est visible que Pauline eût la même crainte; car Seneque son mary n'eut pas plûtôt receu ordre de mourir qu'elle s'offrit à être compagne de sa mort, & se fit couper les veines en même temps que luy: & cependant dés que Neron luy eut fait donner assu-

Coeffeteau en la vie de Neron.

rance qu'il n'avoit aucune haine contre elle, & méme qu'il la consideroit par sa vertu & par la grandeur de la maison dont elle étoit sortie, elle souffrit qu'on luy bādât ses playes, & l'amitié conjugale la laissa vivre. L'opinion du monde " fut, dit Tacite, que Pauli- " ne voulut partager avec son " mary la gloire d'une mort " magnanimement soufferte, " tandis qu'elle crut que le res- " sentiment de Neron passe- " roit jusqu'à elle, mais qu'aus- " si-tôt que ce Tyran l'eut " rassurée & luy eut fait espe- " rer un meilleur traittement " qu'elle n'attendoit, elle se " rendit sans peine aux per- " suasions de ceux qui l'exor- " toient à vivre. "

Annal. lib. 15.

Mais ce qui couvre Montagne de confusion, c'est l'ignorance hardie avec laquelle il reprend ceux qui condamnent les paroles de Blosius, qui dit qu'il brûleroit le Capitole si son ami Gracchus le souhaittoit. Ces paroles qui luy semblent admirables sont pourtant blâmées par Ciceron comme les paroles d'un scelerat; & afin qu'on voye que c'est avec justice, je veux leur opposer celles que Brutus dit » aux Romains : Tarquinius » Collatinus mon collegue au » Consulat est, leur dit-il, » mon amy intime, mais puis-» que le nom de Tarquin est » en horreur parmy vous, & » qu'il pourroit donner de » l'ombrage, je suis d'avis qu'-» on luy ôte le Consulat, & » je trouve juste que mes in-» clinations particulieres ce-» dent au bien public. Que si l'on est obligé de sacrifier les interêts particuliers au bien

in Lælio

T. Liv. d. c. 1. lib. 1.

public, parceque le bien public est un bien divin, ainsi que dit Aristote, que n'est-on pas obligé de faire pour Dieu, & comment peut-on croire qu'- une consideration humaine puisse l'emporter sur le respect qu'on doit avoir pour ses Temples ? En verité l'on a de la peine à comprendre qu'un homme sensé ait pû se figurer que la parfaite amitié est un engagement à tout faire, & qu'elle justifie tous les forfaits. L'amitié, dit Ciceron, est la " mauvaise excuse des crimes ; " car la premiere loy qu'elle " impose à ceux qu'elle unit, " est qu'ils ne pourront rien " exiger ni executer qui blesse " l'equité des loix. Le sens comun eût appris à Montagne cette doctrine saine, s'il n'eût affecté d'en avoir une particuliere, ou plûtôt si son bon sens n'eût

1. E-
thic. 6.
1.

loc. cit.

été perverti par sa vanité. Il paroît en effet que tout ce qu'il dit de l'amitié n'est si excessif & si outré, que parce qu'il a eu envie de faire entendre qu'il avoit des qualités rares, & qu'il étoit capable d'une sorte d'amitié dont il n'y a point d'exemple.

Il est vray qu'encore qu'il ne soit pas possible que l'amitié qu'il eut avec Etienne de la Boëtie fût telle qu'il la represente; l'on voit neanmoins & l'on doit demeurer d'accord que ce n'étoit pas une amitié commune, & que pour luy faire justice il faut la mettre au rang de celle de Pline le jeune & de Corellius, de Ciceron & de Scipion, c'est à dire au rang des amitiés qu'on fait sans dessein d'en augmenter sa fortune, & qu'on ne trouve que parmy des gens de merite & que le vulgaire croit parfaitement desinteresés ; ils ne le sont pas pourtant, & il n'est point de profit plus grand, & que ceux qui sont delicatement interesés souhaitent plus ardemment que celuy que ces hommes excellens qui se lient d'amitié attendent & retirent de ce commerce ; car ce qui les engage dans cette sorte d'amitié c'est la passion qu'on a d'être singulierement estimé d'un homme qui l'est de tout le monde, & de trouver dans un amy un Juge capable de connoître ce que l'on vaut. "J'ay "perdu Corellius, dit Pline "le jeune, & j'avoüe que je "le plains pour l'amour de "moy, car j'ay perdu un digne "témoin de ma vie. Scipion, "dit Ciceron, étoit touché "de l'amour que j'ay pour la "vertu, & moy j'étois admira-

Lib. 1. Epist. 12.

in Lælio.

« teur de la sienne; de sorte que l'amitié de deux hommes qui ont des qualités extraordinaires, à la definir comme il faut, est une maniere de traitté qu'ils font par lequel ils se promettent d'observer en eux reciproquement tout ce qu'il y a d'estimable, & de s'entr'estimer autant qu'ils croyent le meriter.

Les amitiés ordinaires sont des trafics honnêtes où nous esperons faire plusieurs sortes de gains qui répondent aux pretentions differentes que nous avons, ou pour mieux dire, à nos passions differentes. De sorte que ce sont nos passions qui sont les causes visibles de toutes les amitiés que nous contractons; comme celle d'acquerir du bien est vive & impatiente, & qu'il y a une infinité de gens qui n'en ont point du tout, ou qui n'en ont pas assez pour vivre selon leur condition : de là vient que l'interêt fait presque toutes nos amitiés & nos liaisons ; de là vient qu'on s'attache aux Rois, à leurs favoris & à leurs Ministres, & que ceux qui leur font la cour profitent de toutes sortes d'occasions, & prennent toutes sortes de figures pour leur persuader qu'ils leur sont entierement dévoüés. De là vient que tout le monde va en foule chez eux comme l'on va aux sources publiques, parce qu'ainsi que dit Euripide, quand la terre est seche, c'est « alors qu'elle souhaite ardem- « ment la pluye. «

Apud Arist. 8. Ethic. 1.

La passion du plaisir associe & lie les jeunes gens, & comme ils ne le trouvent pas toûjours en un même endroit par les obstacles qu'ils y rencontrent, & qu'ils en changent souvent par dégoût & par lassitude, ils changent souvent d'amis, ainsi qu'Aristote l'a remarqué.

Ibidem.

Il y a une ambition cachée qui est la troisiéme cause de l'amitié. Elle se rencontre dans une espece de gens qui donnent tout leur temps & tous leurs soins à quelque personne dont la condition est infiniment relevée, & dont l'approbation les met en consideration.

Il y a une autre sorte d'ambition plus aisée à connoître & plus ordinaire ; par laquelle certaines gens cherchent à se signaler dans toutes les affaires de leurs amis pour faire bruit dans le monde & se rendre recommandables par l'amitié.

Mais les hommes ne sont pas

seulement trompés par leurs passions, qui font qu'ils se considerent & se recherchent euxmêmes secretement lors qu'ils croyent servir leurs amis d'une maniere tout-à-fait desinteressée, ils sont encore abuzés par les dispositions & les qualités de leur temperament que plusieurs prennent pour les inclinations & les qualités véritables de l'amitié. Car les Coleres, qui font tout avec violence, s'imaginent, lors qu'ils deffendent leurs amis avec tant de chaleur, que c'est par le zele de l'amitié qu'ils s'allument; cependant c'est par leur ardeur & leur fougue naturelle qu'ils s'échauffent & qu'ils s'emportent. Les Melancoliques croïent aimer ceux à qui ils ne s'atachent que par un choix capricieux & opiniâtre. Les femmes prennent la mollesse de leur complexion pour la tendresse de l'amitié. Enfin les Sanguins se persuadent qu'ils ont de l'amitié, parce qu'ils ont l'humeur caressante, & une certaine gayeté naturelle qui les dispose à faire toûjours bon accüeil à ceux avec qui ils vivent en societé, & à bien recevoir toutes leurs prieres. De là vient qu'on ne s'accorde point sur le sujet de l'amitié, & qu'on s'en forme des idées si differentes : car comme la plufpart des gens la tirent de leur temperament, & qu'elle tient de l'humeur particuliere qui prédomine en eux; il n'est pas possible qu'ils sentent & qu'ils conçoivent l'amitié d'une maniere semblable. C'est par cette raison que les Bilieux qui ont une amitié ardente & emportée se tourmentent, crient & font du bruit

bruit dans les fâcheuses avantures de leurs amis, pendant que ceux qui ont le naturel doux ne prennent dans la Comedie de l'amitié que le rôle des lamentations & des plaintes, & se contentent même quelquefois de témoigner leur déplaisir par leur air triste & par leur silence. C'est par cette même raison que ces deux especes d'amis se desapprouvent & s'entr'accusent, les amis doux & paisibles ne pouvant comprendre que l'amitié consiste à faire du bruit, & les impetueux ne pouvant approuver une amitié tranquille.

Il y a des amitiés qu'on n'entretient que pour parvenir à d'autres plus grandes & plus utiles, ou pour les conserver, ou pour les r'allumer quand elles sont refroidies ; car le monde est si solide & se gouverne si fort par raison, que ceux qui veulent reüssir sont contraints de s'y élever par des machines & de s'y maintenir par toutes sortes d'artifices; celuy où les plus honnétes gens sont forcés de recourir, est de s'établir auprés des uns par les autres, & de faire adroitement entendre qu'ils ont la confiance d'une Princesse, ou de l'accez auprés de plusieurs personnes de qualité, pour avoir entrée chez un Ministre.

Il faut ajoûter à ce qui a été dit, que les hommes ne sont pas seulement faux lors qu'ils assurent qu'ils aiment leurs amis d'une amitié sincere, ou qu'ils feignent d'aimer ceux qu'ils n'aiment pas; ils le sont encore quand ils veulent faire croire qu'ils ont quantité d'amis : ce que je dis parce qu'il y a une espece de gens qui étant soufferts dans le grand monde, & n'y étant ni aimés ni confiderés, se vantent pourtant d'avoir un fort grand nombre d'amis; de sorte que toutes les fois qu'il meurt des personnes de la premiere qualité, ils ne manquent jamais de se montrer sensiblement touchés de leur mort, & de dire qu'ils ont fait une grande perte.

Avant que d'achever ce discours, il faut répondre à une objection qui paroît tres-considérable. J'entens par là la preuve d'amitié que se donnerent Pylade & Oreste, Phythias & Damon lors qu'ils voulurent opiniâtrement mourir l'un pour l'autre.

On ne veut pas affoiblir cette preuve, comme l'on pourroit, par l'incertitude de ces exemples, dont le premier n'est appuyé du témoignage d'aucun

Historien; ni par leur rareté qui est si grande, qu'on ne rapporte que ces deux là; parce qu'on peut accorder qu'un homme s'est offert à mourir pour sauver son ami, & même qu'il est mort effectivement pour luy sans se départir de la creance qu'on a qu'il n'est point d'amitié pure & veritable; car l'on soûtient que quoy qu'il paroisse qu'il donne sa vie pour conserver celle de son ami, il est certain pourtant qu'il meurt pour sa propre gloire, c'est à dire pour acquerir une sorte de gloire qu'il trouve d'autant plus charmante qu'elle est tres-rare & tres-singulie-

9. E-
thic. c.
8.

»re. Il y a des gens, dit Aristo-
»te, qui aiment mieux faire
»une belle & grande action,
»que de faire une infinité d'a-
»ctions ordinaires, tels que
»sont ceux qui meurent pour

leurs amis. Que si l'on a de la peine à concevoir comment un homme peut souffrir la mort & consentir à sa propre destruction par l'amour de soy-même, l'on n'a qu'à songer à ceux qui se sont tuez afin de passer dans la posterité pour des hommes forts & capables d'une grande resolution : l'on n'a aussi qu'à faire reflexion que la difficulté que nous avons d'entendre cela, vient de ce que nous raisonnons d'un homme malade de même que s'il étoit sain : car l'ambition étant une des plus violentes maladies de l'homme, nous devons comprendre qu'elle peut changer assez son état & dépraver assez son goût pour luy faire mieux aimer la gloire immortelle qui suit une grande action, que de joüir d'une longue vie. C'est par cette même regle que nous devons juger de cette preuve d'amitié si grande & si peu commune que Socrate donna à Alcibiade, lors qu'il luy ceda l'honneur de la victoire qu'il remporta dans la Macedoine ; & l'on peut croire avec fondement que Socrate vit fort bien que la gloire à laquelle il renonçoit pour la laisser à Alcibiade, revenoit à luy avec plus d'éclat, & que son cœur delicatement ambitieux goûteroit bié mieux celle que merite une belle action qui n'a point d'exemple, que celle qu'on acquiert par le gain d'un combat & d'une bataille.

Reconnoissons donc avec Aristote que toutes nos amitiés doivent être rapportées à nôtre amour propre comme à leur vray principe, qu'il entre dans toutes, & que toute la difference qu'il y a entre les amitiés ordinaires & celles des honnêtes gens, c'est qu'il est délié & caché dans celles-cy, au lieu qu'il est visible & grossier dans les autres. Reconnoissons encore & avoüons de bonne foy que lors même que nous nous resolvons à rendre quelque service à nôtre meilleur ami, il nous vient dans la pensée, que dans une occasion que nous prévoyons, nous aurons affaire de luy, ou qu'il aura encore plus de soin de nous desennuyer & de nous tenir compagnie. Confessons, dis-je, que ces motifs & beaucoup d'autres semblables se presentent à nôtre esprit, & qu'il en entre toûjours quelqu'un dans tous les projets & toutes les resolutions que nous faisons d'obliger ceux que nous aimons.

Que si aprés qu'on a tâché d'éclaircir cette matiere, comme on a fait, il se trouve des personnes qui se flattent assez pour croire que leurs sentimens sont plus purs que ceux des autres hommes, & que leurs amitiés sont exemptes de toutes sortes de pretentions; on les supplie de faire reflexion sur les accidens qui arrivent à la pluspart des gens dans le cours de la vie humaine, & de considerer qu'ils ne prouvent que trop qu'il n'y a point d'amis sinceres & veritables; nos disgraces & nos besoins ne les rendent pas infidelles, ils ne font que nous découvrir ce qu'ils sont, & nous apprenons par nos fâcheuses experiences, avec combien de raison Socra-
»te disoit, qu'un homme n'est
»jamais si empéché que lors
»qu'il faut qu'il fasse le conte
»de ses amis.

Laërt. in vita Socr.

La seule amitié veritable, solide & infaillible n'est autre chose que la charité par laquelle deux personnes s'unissent pour s'entr'aider à servir Dieu, & à procurer sa gloire. Il est vray que si Ciceron croit qu'il est fort peu d'amitiés humaines pures de tout interêt, on peut dire avec beaucoup plus de raison, qu'il y a encore moins d'amitiés Chrétiennes, & que dans la verité elles sont si rares qu'à peine en voit-on une en chaque siecle. Je dis dans la verité, parceque dans l'imagination de ceux qui font profession de pieté, elles sont assez ordinaires, la plufpart d'entr'eux se persuadant trop facilement que leurs amitiés sont fondées sur la vertù, lors qu'elles ne le sont que sur la nature, & qu'elles naissent de certains rapports ou agrémens humains. A dire les choses comme elles sont, nous serons bien étonnés lorsque le jour du Seigneur viendra, & que sa lumiere perçant la nuit & les tenebres des cœurs, ainsi que parle S. Paul, découvrira les secrettes racines des amitiés que l'on croit si saintes, dont on est si peu en scrupule, & qu'on entretient dans un si profond repos. Les Cieux, ″dit l'Ecriture, qui nous pa- ″roissent si nets & si lumineux, ″ne sont pas purs aux yeux ″de Dieu, & il trouve des ″taches dans les étoiles. Ce qui doit faire craindre que dans les amitiés les plus vertueuses on ne cherche des consolations & des satisfactions humaines, c'est que ceux qui sont regardés en ce temps-icy par tout le monde comme des Saints, ont fort peu d'amis,

1. Cor. 4.

Job.

de correspondances & de commerces, & qu'ils ne peuvent approuver dans les plus gens de bien les liaisons particulieres qu'ils ont avec les femmes; croyant qu'un homme qui s'attache à une femme & qui luy dévoüe ses soins, quelque reglé qu'il soit dans ses mœurs, doit justement craindre que son attachement ne soit quelque secrette ambition ; si elle est bien faite, que ce ne soit un amour inconnu du nombre de ceux qui se nourrissent de soins & de confiance. Si l'on voyoit ce qui est caché dans les replis du cœur, on trouveroit dans celuy des plus sages & des plus pieux des sentimens bien plus surprenans. On y verroit un grand nombre d'amours tournés en amitié; d'autres en zele du bien des ames ; d'autres couverts du pretexte de parenté ; on y verroit des amours mêlés d'ambition, & beaucoup d'autres sortes d'amours, qu'on feroit connoître, s'il étoit séant de traiter & d'approfondir ce sujet.

CHAPITRE V.

La Confiance.

QUI ôteroit à l'homme tous les biens que luy fait son imagination, & ne luy laisseroit que ceux dont il joüit effectivement, le rendroit la plufpart du temps miferable, ou du moins il diminüeroit confiderablement sa felicité. Si l'on doute de cette verité, l'on n'a qu'à le suivre dans tout le cours de sa vie ; car l'on trouvera qu'il est souvent chagrin au milieu des richesses & des grandeurs, qui sont les biens qu'il souhaite avec tant de passion, & qu'il se procure avec tant de peine; & que ce sont ses opinions & ses visions qui font son bonheur & causent toutes ses joyes.

Quelle plus grande preuve en peut-on desirer que celle qu'on tire d'une espece de gens qu'on voit à la Cour, qui se glorifient de ce qu'ils ont la confiance des Princes, des Ministres & de tous ceux qui font figure dans le grand monde, & qui sont ravis toutes les fois qu'ils pensent que des personnes de ce rang & de cette importance les ont démêlés parmi une infinité d'autres, & choisis pour être dépositaires de leurs secrets & de tout ce qu'ils ont de plus precieux : car cette confiance ne leur plaît & ne leur enfle le cœur que parce qu'ils la regardent comme une preuve incontestable de leur merite, & comme une marque de l'amitié & de l'estime qu'on a pour eux. Cependant il est certain que les Grands qui se confient à eux n'ont aucun dessein de les obliger par leur confiance, & que la foiblesse, le plaisir, la vanité & la necessité sont les causes veritables de la confiance qu'on prend en eux.

La necessité est la cause visible des grandes confiances dont ceux à qui l'on se fie se sentent si honorés. Ainsi c'est avec bien peu de sujet qu'un homme se tient heureux & se vante de ce qu'une Princesse qui étoit sur le point d'être arrêtée, s'est refugiée en sa maison de campagne, & luy a confié sa vie & sa liberté, & de ce que sortant du Royaume elle luy a donné en garde ses pierreries, puisqu'il est clair qu'en tout cela elle n'a rien fait par le dessein de luy plaire ou de luy faire honneur; qu'elle n'est allée chez luy que parce qu'elle ne s'est pas crüe en seureté dans la maison d'un autre; qu'elle ne luy a laissé ses pierreries que par la crainte d'être volée en chemin; & que tout ce qu'elle a fait n'a été que pour son propre interêt & par pure necessité.

La vanité est la seconde cause de la confiance. Un Ministre fait chercher par tout son principal confident, dés qu'il est arrivé il s'enferme avec luy pour luy apprendre les nouveaux progrez qu'il a faits dans l'esprit du Roy, & la grande mortification qu'un de ses concurrens a receüe: celuy-cy sent une joye qui luy penetre le cœur, parce qu'il croit que l'amitié que le Ministre a pour luy a causé l'impatience qu'il a eüe de luy faire cette confidence privilegiée. Cependant le Ministre n'a témoigné de l'empressement que par la hâte qu'il a eüe de se vanter qu'il étoit bien en Cour, & il ne s'en est vanté en particulier que parce qu'il a vû que sa reputation & ses affaires en souffriroient s'il s'en vantoit en public. Il en est de même des confidences des intrigues secrettes du cabinet; car ceux à qui on les fait s'en relevent & se regardent comme des hommes introduits aux mysteres de la Cour, pendant que le Ministre qui les leur fait savoir ne songe qu'à leur faire admirer son habileté.

Le plaisir est la cause des confidences qu'on fait des avantures agreables; car ceux qui les font ne les rappellent dans leur memoire & ne les racontent à leurs amis que pour regoûter le plaisir qu'elles leur ont donné ; l'attrait de ce plaisir est même si grand que les femmes, qui craignent si fort qu'on découvre leurs secrets commerces, cherchent avec soin quelque personne fidelle à qui elles puissent se confier, afin de pouvoir leur rendre conte de tout ce qui se passe dans le cours de leurs galanteries, & de sentir plus d'une fois ce qu'elles trouvent de satisfaisant dans cette frivole occupation.

La foiblesse est la cause la plus ordinaire de la confiance; car à l'exception de quelques personnes qui ont la force de garder les secrets qu'on leur a déposés, tous les autres ressemblent à ces vaisseaux felés qui s'enfuyent à mesure qu'on les remplit.

Voilà les causes particulieres de la confiance ; les generales sont la crainte de s'ennuyer, l'attrait de la nouveauté, & la pente naturelle qu'on a à se communiquer. Ces causes disposent tellement les hommes à s'ouvrir & à se confier ; que les plus petites occasions qu'ils en ont sont des pieges presque inévitables à ceux mêmes qui sont les plus sages & les plus retenus : De telle sorte qu'un voyage de peu de jours, un petit séjour à la campagne avec des personnes qu'ils y ont rencontrées, ont le pouvoir de les faire parler, & un si grand pouvoir, qu'ils paroissent n'avoir plus celuy de gouverner leur langue ; c'est pourquoy l'homme du monde le plus froid & le plus fermé n'est pas à l'épreuve d'un long voyage lors qu'il le fait avec des gens raisonnables & qui montrent avoir de la discretion. Car quel moyen que deux hommes de merite fassent deux cens lieües ensemble sans parler d'autre chose que du temps & du déreglement des saisons, & sans qu'ils essayent d'abreger la longueur du chemin par des entretiens agreables, & en est-il qui le soient davantage que ceux dont les affaires les plus importantes & les avantures les plus secrettes font le sujet.

Il faut même prendre garde que dans les voyages il y a quelques causes étrangeres qui se joignent à l'inclination que nous avons à nous répandre au dehors, & que le grand air & l'exercice qu'on fait en faisant chemin, éveillent les esprits & nous disposent à la communication.

L'attrait de la nouveauté dont le pouvoir n'est pas concevable, fait que les personnes qui ne se sont jamais vûes s'ouvrent bien-tôt l'une à l'autre, & se parlent avec confiance, sur tout quand elles se rencontrent dans un lieu où elles sont inutiles. Que s'il se trouve qu'elles avoient fort souhaitté de se connoître sur la reputation de leurs bonnes qualités; l'ambition d'acquerir reciproquement leur estime, fait que leur confiance s'établit alors avec beaucoup plus de facilité & de promptitude, & qu'elle va aussi loin qu'elle peut aller.

Il y a des avantures qui font croître la confiance, & l'on éprouve que lorsque le hazard assemble dans un lieu éloigné de celuy de leur séjour ordinaire des gens qui avoient été long-temps separés, ils se parlent beaucoup plus confidemment que s'ils avoient toûjours demeuré ensemble.

Il y a une sorte de confiance dont la cause est purement étrangere, & à laquelle ceux mêmes qui se confient n'ont point de part; mais pour en donner l'idée, il faut faire observer qu'il y a une espece de gens qui ont le talent de faire parler les autres; ce talent est singulier, & il suffit pour introduire un homme à la Cour & le mettre bien avec les personnes les plus qualifiées. Mais ceux qui l'ont & qui se trouvent dépourvûs de tous les autres ont bien des peines & des fatigues, & sont exposés à bien des rebuts; car comme ils n'ont point les qualités agreables, & qu'ils ne peuvent pas meriter l'estime & gagner la bienveillance des personnes de condition à qui ils font la cour, ils sont forcés d'avoir de grandes assiduités & d'user de toute sorte de biais, d'adresses & d'artifices pour s'insinuer dans leur confiance. C'est pourquoy au lieu que les personnes qui plaisent se contentent de temps en temps de visiter les Grands; ceux-cy sont toûjours chez eux, les suivent & les observent, & ils attendent souvent toute la journée pour profiter de tous les momens où ils les trouvent seuls; c'est en ce temps-là qu'ils se presentent & qu'ils font tout ce qu'ils peuvent par leurs contenances & par leurs mines pour obliger les Grands à parler à eux; & c'est en cela que consiste le premier acte de la comedie qu'ils joüent, aprés lequel ils commencent divers discours generaux pour les mettre en train de parler. Que si les Grands n'entrent en pas un de ces discours, c'est alors qu'ils entament les sujets où ils savent que ces Grands prennent interêt; c'est alors que s'approchant d'eux ils leur disent d'une voix basse, qu'ils ont appris par une voye tres-secrette qu'un Ministre qui ne leur est pas favorable, n'est pas si bien à la Cour; qu'un Maréchal de France, leur ennemi declaré, ne commandera point d'armée; ou quelqu'autre semblable nouvelle qui touche & qui pique leurs sentimens; ce qui fait qu'enfin ils rompent le silence, qu'ils s'oûvrent peu à peu & disent plus qu'ils ne veulent dire.

On a cherché soigneusement

toutes les causes des confiances dont le monde fait ses mysteres, pour faire voir le peu de sujet qu'on a de les estimer, & que ceux qui ont celle des grands Seigneurs & des personnes qui sont le plus avant dans la Cour & dans les affaires, n'en ont aucun d'en prendre un air grave, de se redresser & de se regarder comme des gens importans ; car, ainsi qu'on a dit, ce n'est pas pour faire quelque chose qui leur soit agreable, ou pour rendre justice à leur merite, que les Grands leur découvrent leurs plus secrettes pensées & qu'ils n'ont rien de reservé pour eux ; mais pour se décharger le cœur des chagrins & des joyes qu'ils ont, qu'il leur est impossible de retenir : de sorte qu'ils ne font cas de la fidelité que par le besoin

besoin qu'ils en ont, & qu'ils sont bien aises de trouver des personnes en qui il y ait une entiere seureté, comme ils sont aises d'avoir des coffres forts où ils puissent enfermer leur argent.

Il est si certain qu'on traitte bien ceux en la fidelité desquels on se repose par le besoin qu'on en a, que l'on n'a jamais plus de consideration pour eux que lors qu'on a plus d'interêt de s'assurer de leur fidelité. C'est pourquoy il n'est point de confidens que les hommes ménagent avec tant de soin, que ceux qui peuvent devenir leurs accusateurs & nuire à leur reputation & à leurs affaires. Cela se voit en ce que les mauvais sujets qui ont conspiré contre l'Etat, ont toute leur vie de grands égards pour ceux à qui ils ont été forcés de découvrir leurs desseins, & qu'ils en traittent beaucoup mieux les domestiques dont ils se sont servis pour donner des rendez-vous, & qui ont été témoins de leurs conferences secrettes.

Quis nunc diligitur nisi conscius & cui fervens
Iuven. Sat. 3. *Æstuat occultis animus semperque tacendis;*
Carus erit Verri, qui Verrem tempore quo vult
Accusare potest.

Que si les causes des confidences les font mesestimer, ce qui leur sert de sujet les rend encore plus méprisables. Car qu'est-ce qu'on dit avec tant de precautions, & aprés avoir recommandé le secret, que des choses vaines, que le monde appelle des affaires ? Qu'est-ce que les gens les mieux in-

formés ont tant d'impatience de faire savoir à leurs intimes amis? Qu'il y a eu depuis peu une nouvelle broüillerie entre deux Ministres qui ont été toûjours opposés; Qu'un homme de la Cour qui s'attend à avoir une belle Charge dans la maison du Roy, sera bien surpris quand il saura que le Roy s'est expliqué en faveur d'un autre; Qu'on a découvert une intrigue d'une femme qu'on croyoit precieuse & extrémement reservée. Est-il rien de si frivole que ces nouvelles, & qui soit si peu propre à contenter l'esprit, je ne dis pas d'un Chrétien, mais d'un homme tant soit peu solide. Les « *Pf.* 118.
hommes pervers, disoit Da- «
vid, m'ont raconté leurs fa- «
bles; mais, Seigneur, le plai- «
sir qu'on prend à les écou- «
ter n'égale point celuy qu'il «

„y a à mediter en ta loy.

Mais si les confidences qu'on fait ordinairement doivent être blâmées, parce qu'elles sont vaines & dangereuses; que doit-on penser & que doit-on dire des fausses côfidences que se font ceux qui sont dans les intrigues de la Cour, pour découvrir reciproquement leurs desseins, ou pour les cacher; pour se donner les uns aux autres des déffiances de leurs plus fideles amis, & dans lesquelles ils n'ont point d'autre but que de se tromper.

Les seules confidences loüables sont celles où rejettant toutes les bagatelles, nous nous entretenons de ce qui est utile à nôtre salut ; & où au lieu de nous moquer & de nous réjoüir des fautes & des deffauts des autres, nous reconnoissons humblement les nôtres, & cherchôs les moyens de nous corriger.

CHAPITRE VI.

La Complaisance.

Ceux qui considerent les personnes complaisantes, comme elles semblent s'oublier elles-mêmes afin de s'appliquer & de se tourner incessamment à ce que veulent les autres; employent la complaisance comme un puissant argument qui fait voir la fausseté de cette maxime, que l'amour-propre est l'auteur de toutes les vertus purement humaines; car disent-ils, comment la complaisance peut-elle être produite par l'amour-propre, elle qui naît de sa destruction, & qui est, pour le dire ainsi, bâtie de ses ruines?

Mais si on veut la considerer attentivement, on trouvera qu'encore que la complaisance paroisse si opposée aux inclinations de l'amour-propre, qu'il semble qu'elle le sacrifie à toute heure; elle le sert neanmoins tres-fidelement, & luy est beaucoup plus utile que les plus grands talens & les qualités les plus excellentes. Il est vray que c'est une qualité tres-commune & tres-mediocre, mais qui est tres-propre à faire reüssir les desseins des plus ambitieux; que c'est une tromperie tres-souvent grossiere, mais qui est toûjours agreable; & que c'est un piege que tout le monde aperçoit, dans lequel pourtant les gens les plus fins & les plus déliés ne laissent pas de donner de sorte que l'on pourroit dire à la complaisance ce que le Marêchal d'Ancre difoit à un de fes flatteurs: *Tu m'aduli, ma tu mi piaci.*

La complaifance qu'on témoigne aux Grands en ne s'oppofant jamais à leurs volontés, & en les fuivant fans aucune peine eſt une flaterie d'actions bien plus delicate & plus agreable que celle des paroles: car ceux qui fe conforment à tout ce qu'ils veulent, femblent leur dire fans ceffe qu'ils ont raifon en tout ce qu'ils font. Cette forte de complaifance fait avec le temps de fort grands effets; ce qui vient de ce qu'elle femble être d'intelligence avec l'amour-propre, & comprendre mieux que les autres fes veritables intentions, qui font qu'on luy plaife en tout & inceffamment.

Il y a une complaifance habile & anticipée; je l'appelle

ainsi, parceque par elle l'on approuve le sentiment de ceux à qui l'on veut plaire avant qu'ils l'ayent declaré. Elle ne se rencontre que dans des personnes qui ont vieilli à la Cour & qui ont l'esprit penetrant & juste; car la penetration & la justesse de leur esprit, jointes à leur experience, leur font connoître pour l'ordinaire à quoy incline un Prince, un Favori, un premier Ministre dans les occasions & les affaires qui se presentent, & leur font prévoir & deviner le parti auquel il s'arrêtera. Ce qu'ils n'ont pas plûtôt penetré qu'ils proposent adroitement au Ministre qui leur demande conseil, le parti qu'ils voyent bien qu'il va prendre; ce qui luy plaît incomparablement plus que toutes les loüanges qu'on luy donne aprés qu'il a dit son avis. Cette complaisance éclairée est d'un si grand prix & d'une si grande utilité, que lors qu'elle est dans sa derniere perfection, elle suffit elle seule pour faire un Courtisan parfait & pour porter sa fortune plus haut que ses esperances & ses souhaits.

Il y a une complaisance generale fort déplaisante, qui fait que ceux qui l'ont approuvent toutes sortes de gens, & excusent les procedés & les actions les moins excusables. Ces sortes de complaisans se signalent quand ils parlent de leurs amis ; car ils ne veulent jamais demeurer d'accord qu'ils ayent aucun deffaut, & les deffendent opiniâtrement lors qu'ils ont un tort visible. Quelques-uns d'entr'eux portent même leur complaisance jusques à cet excez qu'ils ne peuvent souffrir qu'un Ministre ou un grand Seigneur qu'ils estiment, manque d'aucune qualité, non pas même de celles qui ne sont pas necessaires à un grand homme, & qui quelquefois ne sont pas seantes. L'on a vû autrefois à la Cour un de ces complaisans tres-honnête homme, mais qui étoit si plein d'admiration pour un Prince dont la valeur égale celle des plus anciens & des plus fameux Capitaines, qu'il ne pouvoit souffrir qu'on dît que ce Prince n'avoit pas une belle voix, qualité fort peu propre à relever un Prince & un grand Capitaine, & qui est du nombre de celles qui peuvent luy faire tort, sur tout quand il les

vita- „fait trop valoir. N'es-tu
lip. „point honteux de chanter

si bien, disoit Philippe à Alexandre ? »

Il y a une complaisance lâche & criminelle, par laquelle certains hommes corrompus sont tellement dévoüés à leurs amis & aux personnes de qui ils dépendent, qu'ils trouvent bon tout ce qu'ils font, & sont toûjours disposés à faire tout ce qu'ils veulent, avec cette difference neanmoins que quelques-uns d'eux excusent les volontés injustes de leurs amis, de leurs maîtres & de leurs superieurs, parce qu'ils n'ont point la force de leur resister ; au lieu que les autres s'efforcent d'eux-mêmes à faire toute sorte de vexations, de violences & d'injustices, & sacrifient leur honneur & leur conscience aux passions de ceux qui leur peuvent faire du bien, & de qui ils esperent en recevoir.

Il y a une complaisance génante & importune qu'on voit en certaines gens qui s'étant attachés à un grand Seigneur, le suivent comme leur ombre, & l'épient sans cesse pour savoir ce qu'il veut faire, afin de le faire & de ne luy laisser la liberté de faire quoy que ce soit, non pas même de prendre un livre qui est sous sa main, & d'y chercher un endroit qu'il a phantaisie de chercher & de trouver luy-même. C'est à dire qu'ils veulent que les objets de leur complaisance soient sans action & sans mouvement de même que des idoles, & qu'ils comprennent que pour se rendre agreable il n'est point de meilleur moyen que d'incommoder.

Il y a une honnête espece

de complaifans qui gardent leur dignité & qui n'ont pas toujours de la complaifance; ce qui vient quelquefois de ce que leur cœur n'étant pas entierement affervi, ne peut confentir qu'ils fe rabaiffent, & qu'en toutes occafions ils fe contraignent & trahiffent leurs fentimens ; mais cela vient beaucoup plus fouvent de ce que leur habileté leur fait voir que la complaifance perd d'ordinaire tout fon merite, ou ne fait plus de fi grands effets auffi-tôt qu'elle eft découverte, & qu'il eft impoffible qu'elle ne le foit fi elle paroît toûjours.

Il y a une autre efpece de complaifans tout-à-fait oppofés à ceux qu'on vient de reprefenter, qui font mille baffeffes pour faire leur cour, qui fe chargent des plus petites commissions que les Ministres leur donnent, & font souvent chez eux l'office des valets & des domestiques. Cette complaisance qui ne devroit attirer que du mépris à ceux qu'elle avillit de la sorte, ne leur est pas neanmoins toûjours inutile; car quoy qu'ils soient mesestimés des Ministres & des Favoris, ils ne laissent pas d'en recevoir des graces; elles sont pourtant moindres que celles qu'ils en obtiendroient, si les Ministres & les Favoris n'étoient assurés que quelque conduite qu'ils tiennent à leur égard & quelque traittement qu'ils leur fassent, ils ne les sauroient perdre.

Il est aisé de voir par tout ce qui a été dit, que l'interêt est l'ame de la complaisance, & qu'il dispose de l'homme si absolument, que quelque fier & orgueilleux qu'il soit, il en fait quand il luy plaît un adorateur & un vil esclave de tous ceux qui sont en fortune. Il est vray qu'il est la cause la plus ordinaire de la complaisance, mais qu'il n'est pas l'unique; car il y a des gens complaisans qui n'ont point d'autre pretention que d'être soufferts ou d'être aimés dans la societé dont ils sont, & d'autres qui ne le font que pour suivre leur pente & leur inclination naturelle. Cette derniere espece de complaisance est la plus seure & la plus égale; les autres changent par le changement qui arrive dans leur objet, ou parce qu'on change d'inclination. Celuy qui fléchissoit le genoü devant un Favory, dés qu'il le voit disgracié n'en fait plus de cas & le traitte comme un autre homme. Celle qui s'étudioit à plaire aux perſonnes qui compoſoient la ſocieté dont elle étoit, les laiſſe là, & ne les connoît plus dés que l'attrait de la nouveauté la fait paſſer à un autre. Il n'y a que ceux qui ont l'humeur complaiſante qui ſont toûjours complaiſans.

Toutes les complaiſances humaines ſont ſans merite, ou vitieuſes dans leur principe; il n'y a que la complaiſance Chrétienne qui ſoit vertueuſe & qui ſerve à l'égard de Dieu; en premier lieu parceque c'eſt par le mouvement de la charité que les Chrêtiens s'oppoſent à la pente preſque invincible qu'ils ont à faire leur volonté, pour agir ſelon le ſens & ſelon le goût des autres. En ſecond lieu, parceque dans toutes les marques qu'ils se donnent mutuellement de leur complaisance, il n'y en a jamais aucune qui soit tant soit peu contraire à la loy de Dieu.

Chapitre VII.

La Civilité.

La jurisdiction de la justice est tellement bornée, que quoy qu'elle soit souveraine & qu'elle se fasse redouter par les supplices qu'elle prepare à ceux qui osent violer ses loix; il s'en faut bien neanmoins qu'elle intimide tous les méchans, & qu'elle empêche tous les dereglemens des hommes; puisque les crimes qui se cachent dans le cœur, & ceux qui ne viennent point à sa connoissance échapent à ses rigueurs, & qu'il y a un milion des fautes que l'on cōmet tous les jours, dont les loix ne sont point blessées. La vertu a une jurisdiction bien plus étenduë ; car outre que les mauvais desseins ne sont pas plutôt conçus dans l'ame, qu'elle les punit par les remors de la conscience ; elle regle generalement toutes les actions exterieures de l'homme, en sorte qu'elle n'en souffre aucune qui soit tant-soit-peu contraire aux ordres de la raison.

Ni tibi concessit ratio, digitum exere, peccas.

Aussi voyons-nous que la vertu parfaite ne se contente pas de donner à l'homme la connoissance & le sentiment de ce qu'il est obligé de faire pour vivre regulierement en particulier, qu'elle luy apprend aussi ce qu'il doit faire à l'égard des autres; elle luy fait même connoître non seulement les obligations principales qu'il a contractées par le lien de la societé, comme sont celles de garder les regles de la justice dans les commerces; mais encore celles qu'on croit le moins importantes, telles que sont les obligations qu'ont ceux qui vivent ensemble de s'honorer les uns les autres, & de se donner mutuellement des marques de leur estime.

C'est à la pratique de ces devoirs que nous porte la vertu sous le nom de civilité; il est vray que la vertu Chrétienne nous y porte par des motifs bien plus solides & plus relevés que ne sont ceux que la vertu humaine nous propose; car elle nous fait considerer que puisque Dieu a destiné les hommes à vivre en societé, & qu'il les a assemblés luy-même ; il veut qu'ils respectent le lien qui les unit par son ordre, & qu'ils évitent avec un extréme soin tous les sujets qui ont accoûtumé de le rompre ; c'est pourquoy il recommande à tous les hommes si expressément en tant d'endroits de son Ecriture, de conserver la paix entr'eux, de ne se faire aucune peine les uns aux autres, de se souffrir, de s'aimer, & d'être toûjours prêts à se faire des honneurs & des civilités sans attendre qu'on leur en ait fait ; car les manquemens qu'ils font contre ces preceptes sont les sources les plus ordinaires des refroidissemens, des éloignemens, des haines & des querelles. La raison de cela est que les hom-

Honore invicem prævenientes. Rom. 12.

mes par leur amour-propre veulent qu'on les aime & qu'on ne les choque jamais, & qu'ils trouvent insuportable par leur orgueil qu'on les méprise ou qu'on les neglige; de sorte que lors qu'on ne les visite point, qu'on a peine à les salüer, & qu'on parle d'eux avec peu d'estime, ils s'aigrissent contre ceux qui ne les ménagent point & qui les traittent avec mépris ou indifference. Or cette aigreur se changeant ordinairement en aversion, les éloigne & les desunit.

Quant aux motifs qu'ont ceux qui s'acquittent des devoirs de la civilité par des vûes purement humaines; celuy de la plufpart des gens de condition, n'est qu'une envie qu'ils ont de passer pour des personnes qui ont receu une education honnête, qui ont du monde & qui font polies. C'est pourquoy ils s'informent avec tant de curiosité de la naissance & des qualités de tous ceux qui sont tant soit peu connus, afin de ne se pas méprendre & de leur faire à tous des honnêtetés proportionnées à leur condition & à leur merite.

Dans le reste des hommes la civilité est quelquefois une crainte qu'ils ont d'être regardés comme des hommes sauvages ou grossiers & incapables de discipline ; mais c'est beaucoup plus souvent la crainte du prejudice que causent les incivilités; car comme on gagne le cœur de ceux avec qui l'on vit, en leur témoignant qu'on les considere ; on les offense aussi & on les irrite par le peu de cas qu'on en fait. De là vient que l'on voit tant d'hommes déreglés dans leurs mœurs, injustes & infidelles, qui sont pourtant tres-exacts à pratiquer la civilité, parce qu'ils voyent bien qu'on peche contr'elle moins impunément que lors qu'on fait quelque chose de contraire à la temperance, à la fidelité & à la justice. Car comme de toutes les offences qu'on fait à l'homme le mépris est celle qu'il sent le plus vivement, il conçoit, ainsi qu'il a été dit, une si forte aversion contre ceux qui ne luy rendent point les honneurs que la coûtume veut qu'on rende à tout le monde, qu'il ne luy est pas possible d'avoir pour eux des sentimens favorables; de sorte que lors qu'ils sont forcés de leur donner des loüanges que personne ne leur refuse, ils y joignent toûjours la marque maligne de leurs deffauts.

cette vehemence ne manque jamais de faire impression & de persuader. La seconde emporte l'Orateur, le trouble, l'égare, déregle son geste & son action, & faisant passer son desordre dans l'esprit de ses Auditeurs, le brouille & le confond; elle a même un desagrément qui n'est pas propre à les rendre favorables.

Que si l'on veut voir l'écüeil où Aristote a fait un si grand naufrage, il nous le découvre luy-même lors qu'il » dit : Qu'il faut regarder les » passions comme les armes » de la vertu; & lors qu'il dit » encore : que nous nous de- » vons servir de la colere com- » me d'un soldat, & ne ja- » mais souffrir qu'elle com- » mande en nous & qu'elle y « fasse l'office d'un Capitaine. Car il est visible que ce Philo-

Apud Cic. 4. Tuscul. de passionibus in universum. Idem Arist. 3. Ethic. cap. 11. & 4. Ethic. c. ult. Vtendū irâ non ut duce sed ut

chant que faire, ils sont bien aises d'avoir des visites à rendre pour passer quelques heures sans s'ennuyer. La coûtume, parce qu'elle entraîne presque tout le monde, & qu'une infinité de gens vont où leur devoir les appelle, non pour faire ce que la raison leur ordonne ; mais pour aller où les autres vont.

Il est aisé de conclure de ce discours, que ces personnes civiles, honnêtes & soigneuses, qu'on trouve si obligeantes, qu'on aime, qu'on loüe, & dont tout le monde est si satisfait, ne songent qu'à elles-mêmes dans tout ce qu'il semble qu'elles font pour obliger les autres, & qu'ainsi la civilité qui n'a point d'autres principes que ceux qui font agir les hommes du monde, est une vertu trompeuse.

I. Part. K

CHAPITRE VIII.

La Vertu officieuse.

<small>Apud Plu. tract. de virtute.</small>

« JE ne puis souffrir, dit Zenon, ces Philosophes qui mettent un essein de vertus dans l'ame; car puisqu'on ne partage point la bonne disposition du corps pour en faire plusieurs santés, pourquoy faire plusieurs vertus de la bonne disposition de l'ame.

Ce Philosophe eût donc été bien plus offensé, s'il eût connu toutes les vertus que l'interêt a faites, & s'il eût observé que dans toutes les familles nombreuses, & sur tout dans celles des grands Seigneurs, il y a de certaines personnes qui pratiquent une vertu d'une espece toute particuliere, qu'on peut appeller la Vertu officieuse : car ils ne se soucient apparemment d'avoir part à leur confiance, & semblent n'être auprés d'eux que pour rendre de bons offices à tous leurs domestiques, que pour excuser leurs fautes, couvrir leurs deffauts, & faire valoir leurs services & leurs bonnes qualités.

Quoique ces personnes qui possedent les bonnes graces des Grands, paroissent ne vouloir faire autre usage de leur faveur que de la rendre utile à leurs domestiques ; ils ont neanmoins trois grandes & secrettes pretentions. La premiere est d'étouffer l'envie qui s'attache toûjours à ceux qui sont en prosperité, ce qui est un projet fort vain & fort peu solide : car rien n'est si difficile que de guerir ceux qui font tourmentés de cette passion, & tout ce qu'on peut faire est de les empêcher de murmurer & de nuire ouvertement. La raison de cela est que toutes les élevations font naître, allument & irritent l'envie, & que quand elle est irritée, quelque prudente, modeste & obligeante que soit la conduite des Favoris, elle n'est pas capable de l'appaiser.

Leur seconde pretention est qu'on leur rende ce qu'ils prêtent aux autres, & que tous les domestiques s'accordent à dire du bien d'eux comme ils en disent de tous les domestiques : ce qui est encore une pretention fort peu judicieuse, & qui vient manifestement du peu de connoissance qu'ils ont des inclinations de l'homme; car il a une malignité naturelle qu'on ne sauroit luy arracher du cœur, qui fait qu'on ne le peut jamais disposer à être veritablement favorable à ceux qui le traittent bien. Que si les hommes sont si opposés les uns aux autres, que c'est inutilement que nous nous efforçons d'en engager un à entrer sincerement dans nos interêts! par quel art un homme qui est bien dans l'esprit d'un Prince, peut-il mettre tous ses domestiques en cette situation, qu'ils conspirent tous à l'y maintenir? Ils parleront à son avantage en presence du monde & en sa presence; mais comme ils sont secrettement offensés de la preferance que le Prince luy donne dans son estime, luy seront-ils toûjours fidelles, sur tout lors qu'ils verront jour à s'y établir eux-mêmes à son prejudice? c'est de quoy il n'est pas possible de s'assurer.

Mais la principale & la plus ordinaire pretention de ces hommes officieux est d'obliger les domestiques (à qui ils ne se sont point lassés de procurer des graces) à les servir avec une ardeur égale dans les occasions où il s'agira de leur établissement; car ceux qui ont l'oreille & la faveur des Princes & des grands Seigneurs, leur font le plus souvent proposer par d'autres ce qu'ils souhaitent, pour les faire sonder & découvrir quelles sont leurs dispositions, ou parceque la pudeur fait qu'on parle pour ses propres interêts avec timidité : or cette derniere pretention est aussi frivole que les autres, & ils n'éprouvent que trop qu'ils se sont abusés lors qu'ils ont conté sur la reconnoissance des hommes; car lors qu'il se presente une occasion où ils esperent tirer recompense de tous leurs bons offices, ils voyent qu'on les dessert, qu'on ne les sert point du tout, ou qu'on les sert par maniere d'acquit & avec mollesse. C'est alors qu'ils font des plaintes ameres, & des reproches outrageux à ceux qui leur ont manqué si honteusement; mais pendant qu'ils leur reprochent leur ingratitude & leur infidelité, ils ne prennent pas garde qu'ils se trahissent eux-mêmes, & qu'ils font voir qu'ils n'ont pas l'inclination bien-faisante; car ceux qui ont l'inclination veritablement bien-faisante trouvent leur recompense & leur satisfaction dans les soins qu'ils prennent des autres, & ne songent jamais à profiter de tous les biens qu'ils font.

Il n'y a que les vrais Chrétiens qui souhaittent sincerement les avantages de leur prochain, & qui embrassent purement pour l'amour de luy les occasions de luy rendre service dans ses affaires, parceque la charité qui regne dans leur cœur leur ôte les mauvaises inclinations que nous avons heritées d'Adam, & que Dieu crée en eux un cœur nouveau & leur donne des inclinations nouvelles, qui les portent à faire tous les plaisirs qu'ils peuvent aux autres sans retour vers eux-mêmes.

CHAPITRE IX.

La Débonnaireté.

SI l'on veut être convaincu qu'il n'est point d'invention si admirable que celle de la parole, l'on n'a qu'à penser que nos ames étant dans nos corps comme dans des prisons où elles sont enfermées separément; elles seroient eternellement condamnées à n'avoir entre elles aucun commerce, si Dieu n'avoit fait la langue & la bouche propres à former la parole, & ne leur avoit donné le moyen d'avoir cõmunication ensemble. Car la parole est une image sensible des sentimens & des mouvemens spirituels de l'ame, & elle n'a pas plûtôt frappé nos oreilles qu'elle fait sortir, pour ainsi dire, de nôtre esprit nos pensées, nos desirs & nos intentions, & les fait passer dans l'esprit des autres ; de sorte que nôtre langue est nôtre commun interprete, & que nos corps qui devroient empécher le commerce de nos

K v

ames, contribüent eux-mêmes à l'établir & à l'entretenir.

Il est vray que les hommes ont beaucoup contribué à perfectionner cette invention merveilleuse; car ils ont sû diversifier & articuler leur voix en tant de manieres, que de ses divers sons & de ses divers accens ils en ont fait une infinité de mots propres à exprimer les conceptions de nôtre esprit & ses dispositions differentes; ce qu'on trouvera digne d'admiration, si l'on considere combien il y a de langues vivantes, & combien il y en a qu'on ne parle plus, & dont on n'a connoissance que par les livres, qui toutes ont leurs mots particuliers & leurs particulieres expressions.

Mais outre que cette grande varieté de mots que les

hommes ont inventés ne leur
suffit pas pour se faire entendre; puisque nous sommes si
souvent empéchés à faire connoître ce que nous pensons &
ce que nous sentons; l'on voit
que dans le soin qu'ils ont pris
d'attacher chaque mot à une
seule idée, ils en ont laissé
beaucoup qui presentent tout
à la fois plusieurs idées à nôtre esprit, & qui les marquent
même confusément.

Le mot de débonnaire est
de ce nombre; car au lieu de
nous donner l'idée d'une qualité particuliere, & de nous
faire comprendre que c'est une
bonne ou une mauvaise qualité; elle nous fait concevoir
en même temps un homme
doux & clement toûjours porté à faire du bien & incapable
de faire du mal à qui que ce
soit au monde, & un homme

K vj

facile, foible & si endurant que sa patience excessive donne l'audace à ses ennemis de luy ôter son bien, de le mépriser & de luy faire toutes sortes d'injures; de sorte que lors qu'on appelle quelqu'un debonnaire, l'on ne sait si l'on luy donne ce nom pour le loüer ou pour le blâmer.

Pour donner donc une connoissance exacte de la débonnaireté, il nous faut, selon l'avis & le langage d'un Prophete, séparer ce qu'elle a de precieux de ce qu'elle a de vil & de méprisable, & examiner l'un & l'autre à part. C'est ce que nous allons faire presentement.

Si separaveris pretiosum à vili. Jerem. c. 15. v. 19.

Nous honorons les Chrétiens qui se sont dépoüillés de leurs biens & qui ont souffert les plus grands outrages plûtôt que d'abandonner la foy ; & nous avons au contraire une idée basse des gens débonnaires qui endurent qu'on leur retienne ou qu'on leur usurpe une terre qui leur appartient, qu'on ne fasse aucun cas d'eux & qu'on les foule aux piés. Pourquoy cela ? si ce n'est parceque nous considerons ceux-cy comme des personnes foibles & pusillanimes qui n'ont ni la force ni l'industrie de se deffendre & de se faire faire raison ; au lieu que nous regardons les autres comme des athletes & comme des hommes que la vertu du Saint Esprit animoit.

Il faut donc reconnoître qu'encore que les gens debonnaires imitent les mœurs des plus parfaits Chrétiens, & que de même qu'eux ils ne trouvent pas mauvais qu'on leur fasse des affrons & qu'on leur ôte ce qu'ils possedent, ils sont neanmoins mésestimés avec justice, & que par consequent il y a une partie de la debonnaireté qui est vile & méprisable.

C'est aussi ce manque de vigueur & cette espece d'insensibilité que nos historiens blâment d'un commun accord en Loüis le Débonnaire, & qu'ils marquent comme la cause de ce grand nombre de guerres qu'il eut à soûtenir durant le cours de son regne : car on n'eut pas plûtôt aperçu que cet Empereur se laisoit mesurer, & qu'on l'offensoit impunément, que les Princes du sang exciterent mille troubles dans ses Etats, & que les Rois & Princes voisins firent des projets & des entreprises contre luy, dont les succez furent bien étranges, puisqu'ils le firent dégrader solemnellement & enfermer dans un Monastere.

Voilà ce que la debonnaireté a de mauvais. Voyons maintenant si ce qu'elle a de bon est veritablement bon, & si la bonté qui fait que les hommes débonnaires ne sauroient donner du chagrin à personne, & qu'ils sont toûjours disposés à faire tous les plaisirs & à accorder toutes les graces qu'on leur demande, est une bonté qui merite d'estre estimée.

Il faut avoüer d'abord que la pluspart des débonnaires agissent naturellement, & que leur débonnaireté est sincere: car comme les debonnaires doivent l'être toûjours; s'ils ne l'étoient effectivement, & s'il leur falloit joüer la comedie pour le paroître, personne ne se voudroit condamner à faire toute sa vie ce personnage. En effet il n'est pas de ceux qui pratiquent la débonnaireté comme de ceux qui se piquent d'amitié, de gravité & de beaucoup d'autres vertus; ce n'est que quand les hommes graves se montrent en public, qu'ils se redressent & qu'ils composent leurs visages; dés qu'ils sont en leur particulier ils ne se donnent plus cette gesne. Les amis les plus parfaits ne sont pas amis de tout le monde, & ne sont pas obligés à donner des témoignages d'amitié à ceux qui les payent d'ingratitude; mais il n'y a ni temps ni raison, ni pretexte ni dispense de la débonnaireté, & on ne l'exerce jamais plus à propos que lorsqu'on a de justes sujets de ne la point exercer

La seconde preuve que la

débonnaireté dont nous parlons n'est pas feinte & étudiée, se tire du naturel de l'homme qui est si sensible, si impatient & si vindicatif, qu'il se fait violence toutes les fois qu'étant maltraitté il prend le party de la bonté, de la douceur & de la souffrance. Or comme son naturel est roide & rebelle, il est impossible qu'on puisse toûjours le plier & le tourner où l'on veut; c'est pourquoy il est visible que ceux qui ont une bonté, une douceur & une patience à toute épreuve, ne sont pas des gens contraints & qui affectent d'être débonnaires.

La débonnaireté est donc presque toûjours sincere, mais il ne s'ensuit pas qu'elle soit vertueuse; car, ainsi que dit Aristote, pour être vertueux il faut faire le bien

6. E-thic. c. 13.

» par choix, & ne le pas faire
» seulement parce qu'on y est
» entraîné par ses inclinations
» naturelles. D'ailleurs ce sont les vices du temperament qui en font souvent les vertus; de sorte que comme la froideur excessive du temperament est quelquefois la cause principale, pour ne pas dire l'unique, de l'honnêteté des femmes; de méme, la mollesse de la complexion des personnes débonnaires fait elle seule leur debonnaireté.

J'ay dit que la débonnaireté est ordinairement sincere, parce qu'elle ne l'est pas toûjours, & qu'il y a des personnes en qui elle est concertée; car il y a des gens qui voyant qu'ils ont tant de deffauts & de choses desagreables, qu'on a peine à les supporter & qu'on les tourmente sans cesse, font profession d'être débonnaires, pour se délivrer des tourmens & des persecutions qu'on leur fait.

Il y en a d'autres qui sont d'une espece un peu plus relevée, qui n'ont point de deffauts qui attirent le mépris ; mais qui n'ayant aucun talent qui puisse les faire considerer, prennent la debonnaireté comme un office qui leur donne quelque rang dans la société où ils sont.

Les Rois qui ne se sentent pas assez vaillans pour acquerir de la reputation par les armes, ni assez habiles pour être estimés par le gouvernement de leurs Etats ; s'étudient à se montrer débonnaires, pour se faire approuver au moins par une qualité estimée par le vulgaire ; quelques-uns d'entr'eux usent de douceur & d'indulgence envers leurs sujets, par le seul dessein de leur être agreables & de gagner leur affection. Enfin ceux qui succedent à des Princes durs & cruels, sont doux & débonnaires, afin que les peuples se trouvent heureux d'être sous leur domination, & qu'ils benissent leur regne.

La débonnaireté humaine est donc une fausse vertu, ou une pauvre qualité qui ne se rencontre que dans des sujets aussi pauvres & aussi méprisables qu'elle ; mais elle change bien de nature dans les Chretiens ; puisque c'est en eux une vertu éminente, & qu'elle n'est autre chose que la charité parfaite, qui renferme, dit S. Paul, la bonté, la douceur & la patience. Aussi voyons-nous que ceux qui sont remplis de cette vertu celeste, sont

2. Cor. c. 13.

toûjours prêts à rendre tous les offices qu'on leur demande, qu'ils répondent avec douceur à ceux qui leur parlent avec colere, & que quelque traittement qu'on leur fasse, ils ne se piquent & ne s'aigrissent jamais.

CHAPITRE X.

La Clemence.

LA mort, dit Aristote, « est le plus terrible de « tous les maux, parce qu'elle « détruit la vie, & qu'en la dé-« truisant elle sappe le fon-« dement de tous les biens de « l'homme, & ruine entiere-« ment sa felicité. Les Stoï-« ques & les Epicuriens trouvent ce sentiment pitoyable, & ils ne peuvent comprendre comment l'on peut mettre au rang

3. Ethic. c. 9.

Apud Laërt. lib. 7. & 10.

des maux ce qui les fait tous cesser & ce qui est le port & l'azile des miserables. Platon "encherit sur eux : La mort, "dit-il, n'a garde d'être un "mal ; car l'homme (c'est "ainsi qu'il appelle l'ame) "étant dans le corps comme "un Pilote dans un vaisseau, "quel dommage luy arrive-"t-il quand il s'en separe ? "D'ailleurs comment la mort "peut-elle être funeste à l'hô-"me, elle qui est la source "unique de son bonheur, puis-"qu'il n'en peut joüir tandis "qu'il est retenu dans les biens "du corps ? Que si l'on veut savoir de luy quel est le mal qu'on doit le plus redouter, il répond qu'il n'en est point de plus redoutable que l'i-"gnorance : car, dit-il, l'i-"gnorance est un mal qui fait "que l'homme abuse de tous

In Alcibiade 1.

In Phœdone.

Ibidem expressè & in Alcibiade. 1. sub finë. In Hippia min. & in Protagora sub finem.

ses biens, non seulement des « étrangers, tels que sont les « honneurs, les richesses & la « puissance ; mais aussi des « biens interieurs, c'est à dire « de son industrie, de sa force « de sa douceur ; en sorte que « par elle son industrie devient « un lâche artifice, sa douceur « une mollesse, & sa force une « ferocité. L'ignorance étant « donc, ajoûte ce Philosophe, « la corruption de toutes ses « bonnes qualités, l'on peut « l'appeller avec justice la mort « de l'ame. Car comme la vie « de l'ame consiste à agir avec lumiere & intelligence, il est visible que quand l'ignorance l'aveugle, elle la met dans l'impuissance de se conduire & de regler ses propres mouvemens & les actions exterieures de l'homme selon les ordres de la raison ; c'est à dire

In Memnone circa mediū, & in Lachete sic ait : Quilibet bonus est in quibus est sapiens, malus in quibus est inscius.

qu'elle empêche l'homme de vivre raisonnablement, & de vivre par consequent de la vie qui luy est propre.

Que si l'ignorance est si prejudiciable aux hommes privés qui ne sont chargés que de leur conduite particuliere, quels domages épouvantables doit-elle causer lorsqu'elle se rencontre en la personne des Souverains ? & à quel desordre, à quelle confusion & à quelle visible ruine sont exposés les Royaumes & les Empires lorsqu'ils sont gouvernés par des Rois privés d'entendement & incapables de se conduire eux-mêmes ? Malheur, dit le S. Esprit, au Royaume qui a un enfant pour Roy, c'est à dire, de qui le Roy, de même qu'un enfant, est dépourvû de sens & de connoissance. Et à vray dire, l'audace du jeune Phaëton

Eccles. 10. v. 16.

Phaëton qui entreprit de conduire le chariot du Soleil par des routes élevées & inconnües, est une image fidelle de celle d'un Prince qui n'étant point instruit des maximes d'un gouvernement legitime, ose prendre les resnes d'une grande Monarchie : car quel but se peut-il proposer s'il ignore que l'eminence de son rang n'empéche pas qu'il ne soit obligé de travailler de tout son pouvoir à rendre heureux les peuples assujettis à sa domination, & que l'accomplissement de ce devoir est la principale fonction de la dignité Royale ? Que s'il connoît cette obligation importante, par quels moyens procurera-t-il à ses sujets la felicité, s'il ne sait pas qu'elle naît necessairement de la tranquillité publique, & s'il n'ajoûte à ces connoissances cette solide persuasion, que la justice qui établit & maintient l'ordre par tout, peut elle seule causer cette tranquillité publique. Que si un Prince se trouve privé de ces lumieres, ne sera-t-il pas toûjours errant & incertain, & n'est-il pas indubitable qu'il prendra les regles de sa conduite du hazard ou de l'inspiration d'autruy, ou (ce qui est plus vraisemblable) de ses inclinations naturelles? De sorte que si son naturel est severe, il exercera sur ses sujets en tout temps & en tous lieux une justice rigoureuse; & s'il est doux, il voudra toûjours pardonner & ne pourra se resoudre à punir aucune sorte de crime. Ce dernier inconvenient est d'autant plus considerable qu'il est aperçu de fort peu de gens; car d'un côté un Prince qui est doux naturellement, se persuade aisément que sa douceur est une veritable & vertueuse clemence, & il est confirmé dans son opinion par les loüanges empoisonnées de ses flatteurs; & de l'autre, tous ceux à qui le Prince a sauvé la vie, tous leurs proches & tous leurs amis ne manquent jamais à prendre pour une grande vertu la bonté qui l'a disposé à la leur accorder, & ils ne se soucient gueres si l'impunité des crimes est contraire à la justice, & si elle blesse le bien public.

C'est donc la reconnoissance, ou pour mieux dire, la joye qu'on a d'avoir reçû du Prince un si grand bienfait, qui est la principale cause de l'estime qu'on a conçüe de la clemence. Car quel moyen qu'un homme qui étant proche de la mort, s'en voit soudainement garanti par une grace inesperée, puisse regarder comme une vertu ordinaire la clemence, qui a été la source de la grace qu'il a reçüe.

L'horreur qu'on a de la cruauté contribuë encore beaucoup à nous faire aimer la clemence & à nous en donner une grande idée ; car comme on ne peut s'empêcher d'avoir de l'aversion pour Sylla & pour Neron toutes les fois qu'on se souviét de toutes les horribles inhumanités que le premier fit dans Rome, & que l'autre fit mourir sa mere, sa femme & son Precepteur ; de même il est malaisé de ne pas concevoir de l'amour pour Titus quand on rappelle dans sa memoire la protestation qu'il faisoit aux Dieux dans Jerusalem, qu'il étoit innocent de tout le sang

Plut. in Sylla & in Nerone.

Joseph. de bel.

qui avoit été répandu à la prise de cette ville; & lors qu'on pense à la clemence dont ce Prince usa envers son frere: car après avoir découvert qu'il avoit conjuré contre sa vie, il luy continua les mêmes honneurs, luy laissa la même part qu'il luy avoit donnée à l'administration de l'Empire, & le pria, la larme à l'œil, de luy accorder son amitié. Mais pour bien connoître la clemence il ne faut pas considerer le lustre que luy donne la cruauté, ni la regarder comme elle est dans la pensée & dans le sentiment de ceux à qui elle est favorable, ni en juger par ce qu'elle paroît : car elle est du nombre des vertus brillantes ; il faut voir ce qu'elle est en elle-même, & bien peser les raisons qui font justement douter que ce soit une vertu veritable.

Jud. lib. 6. cap. 44. & Suet. in Tit.

Suet. lib. 8.

La premiere raison est que les Princes, dont les Historiens relevent la clemence par leurs éloges, ne l'ont pratiquée qu'en certaines occasions, ou tout au plus durant quelque temps de leur regne. Or la vraye vertu est égale, son regne dans l'homme n'est pas un regne de peu de jours & moins encore de quelques heures, &

Ver enim nec una facit hirundo, nec unus dies, similiter & virtuosum & beatum nec unus dies, nec breve ullum efficit têpus. 1. Mor. cap. 9.

,, côme cinq ou six beaux jours ,, ne font pas le Printemps, & ,, qu'il en faut un nombre consi- ,, derable; de même, dit Ari- ,, stote, il faut une longue suite ,, d'actions de vertu pour faire ,, un homme vertueux. C'est cette égalité qui est le caractere de la vertu veritable, & c'est pourtant cette égalité qu'on ne voit point dans la clemence de Jules Cesar, d'Auguste & d'Alexandre, pas un d'eux n'ayant été clement avec perseverance, c'est à dire dans toutes les occasions où la raison veut qu'on le soit; c'est ce qui est visible dans la conduite d'Alexandre: car lorsqu'il soumit la Province des Cosséens, pourquoy ne se pas contenter de punir ceux qui luy avoient fait quelque resistance, & pourquoy ne par pardonner aux femmes & aux enfans, & les passer tous au fil de l'épée? Il en est de même de Jules Cesar & d'Auguste, l'un & l'autre ayant été cruels en plusieurs rencontres où ils devoient user de clemence.

La seconde preuve qui fait voir encore plus clairement la fausseté de la clemence humaine, se tire de ce qu'on la trouve jointe à la cruauté dans les mêmes personnes que nous avons alleguées; ce qui est un argument invincible, que faisant des actions de clemence ils n'en avoient point les inclinations & les sentimens; & qu'ils n'avoient pas dans l'ame cette bonté qui fait qu'on penche toûjours à la douceur & à l'indulgence; car cette sorte de bonté n'est pas compatible avec la severité & la rigueur de la cruauté. Celle de Cesar paroît par le meurtre d'un grand nombre de Preteurs & de Consuls Romains qu'il fit mourir en Afrique, & par celuy de Cosconius & de Galba que ses soldats assassinerent au milieu de Rome par son ordre ou de son consentement. Celle d'Auguste, par l'horrible boucherie qu'il fit de prés de trois cens Senateurs & de deux mille Chevaliers. Celle d'Alexandre par la mort de Clite, de Calisthene, de Philothas, de Phradate,

Plut. in Cæsare.

L'Auteur des vies ajoûtées à celles de Plut.

Plut. in Alexãdro &

d'Orsine & de Parmenion, & par le massacre indigne de ces fidelles & braves Indiens qu'on appelloit à la deffense des Villes libres, & qui sur la foy d'un Traitté, sortant d'une Ville qu'ils avoient deffenduë, furent assassinés par luy & par ses troupes. Quel moyen donc d'imaginer la vraye & vertueuse clemence dans ces ames cruelles & sanguinaires?

Q. Curt. lib. 9.

Quoy, dira quelqu'un, les actes inhumains que firent ces hommes si renommés sont-ils des preuves infaillibles qu'ils n'avoient jamais été clemens? Ne pouvoient-ils pas l'avoir été, & être devenus cruels? Ce langage est celuy de Plutarque, de Quinte-Curce & de la plufpart des Historiens, qui aprés avoir attribué certaines vertus à ceux dont ils décrivent l'histoire, sur quel-

Loc. cit. Q. Curt. lib. 10.

ques actions aparément vertueuses, lorsqu'ils les trouvent ensuite sujets aux vices opposés aux vertus dont ils les ont loüés, se persuadent & disent que ces vices venoiēt du changement de leurs mœurs, & qu'ils ne leur étoient pas naturels. Si je contois mon sentiment pour quelque chose, je dirois que c'est une erreur de croire qu'il y ait des hómes qui étant naturellement doux, deviennent cruels; & d'autres qui étant nés cruels, deviénent doux & humains; parceque nos inclinations sont si attachées à la constitution de nôtre être, qu'il est aussi peu possible de les changer que de changer de constitution : il est vray que nôtre temperament change en quelque maniere, & que quand le sang est refroidi l'on n'est pas pour l'ordinaire aussi boüillant qu'on l'étoit dans l'ardeur & la fougue de la jeunesse; mais que ce changement en apporte assez à nos inclinations pour les détruire entierement, & que la froideur du sang éteigne nos passions dominantes, c'est ce que je n'ay jamais vû; & j'ay vû au contraire plusieurs personnes qui à l'âge de quatre-vingts ans étoient les uns coleres & violens, les autres menteurs, artificieux & malins comme ils l'étoient à vingt-cinq & à trente; j'ay même observé qu'encore que la crainte d'être tourné en ridicule soit si puissante sur tous les hommes qui ont du sens & du sentiment, on ne laisse pas neanmoins de voir des gens d'esprit qui dans un âge fort avancé & où l'on se trouve dépourvû de tous les moyens de plaire, ne peuvent s'empêcher de faire galanterie. En un mot, il me semble qu'il n'y a ni âge, ni exhortation, ni promesses, ni menaces, ni châtiment qui puissent corriger nos mauvaises inclinations, quand elles sont naturelles; & elles resistent à tout, excepté au Maître de la nature.

Ce qui donne une persuasion contraire est que l'on croit que les inclinations, qui sont lasseés, ou suspenduës, ou rebutées, sont des inclinations détruites. C'est par cette erreur qu'il y en a qui prennent la lassitude de la cruauté pour "une vraye clemence. Augu-"ste, dit Seneque, après tant "de proscriptions & de meur-"tres, donna la vie à Cinna, " fit cette action de clemen-"ce afin qu'on le crût cle-"ment; pour moy je ne sau-

1. de Clementia cap. 11.

rois appeller clement un « homme qui se lasse d'être « cruel. D'autres s'imaginent « qu'un homme qui quitte la Cour est gueri de l'ambition, quoiqu'il ne la quitte que parce qu'il a reçû mille rebuts & qu'il n'a point vû de jour pour s'y avancer. D'autres enfin loüent de liberalité un homme qui fait de grandes dépenses, parce qu'ils ne savent pas que son avarice est retenüe & suspendüe en luy par sa vanité.

Ce qui trompe encore bien des gens est qu'ils se persuadent qu'un homme n'a plus la même inclination dés qu'ils voyent que son inclination n'a plus le même objet ; ce qui vient de ce qu'ils ne prennent pas garde que c'est, par exemple, la passion du plaisir qui fait qu'un certain temps on n'en prend qu'aux jeux d'exercice ; qu'enfuite on aime le jeu, & qu'aprés cela l'on ne trouve de divertiffement qu'à la chaffe ; il arrive même fouvent qu'une même paffion fait des effets contraires, puifque l'avarice fait qu'on s'adonne au jeu & qu'on s'en retire.

Outre ces caufes de la fauffe opinion qu'on a que les hommes changent, & que de doux ils deviennent cruels ; il y en a une beaucoup plus confiderable, qui eft que la plufpart des gens ne reconnoiffent pour cruauté que cette cruauté naturelle qui fait ces monftres toûjours alterés du fang humain, tels qu'étoient Herodes, Neron & Domitien, & qu'ils ne s'aperçoivent pas que l'ambition eft fiere & cruelle, & que les hommes qui font poffedés de cette furie font toûjours prêts à commettre toutes sortes d'excez & de violences contre tous ceux qu'ils regardent comme des obstacles à leurs desseins ; de sorte que quelque doux que soit le naturel d'un Ambitieux, dés qu'il a conçu le desir de rendre son nom celebre à jamais, quoy que coûte la gloire immortelle qu'il se propose, & qu'il faille pour l'acquerir mettre tout à feu & à sang, & exterminer des nations entieres, il fait toutes ces inhumanités sans aucune peine.

C'est pourquoy les Conquerans, & ceux même qui sont doüés d'une bonté singuliere, comme l'étoient Alexandre & Jules Cesar, ne font pas difficulté d'employer le fer & le poison pour faire perir les gens de merite ou de qualité qui leur font ombrage. Les Historiens n'ont pas neanmoins droit de dire, comme ils font, que puisqu'Alexandre & Cesar faisoient des actions si cruelles & si opposées à la douceur de leur naturel, c'étoit une preuve que leurs mœurs & leurs inclinations naturelles étoient changées, parceque dans le temps même qu'ils se montroient les plus cruels, ils faisoient des actions de clemence, & que d'ailleurs celles qu'Auguste fit sur la fin de son regne ne prouvent pas, comme on l'a dit, que son humeur qui avoit été jusques là cruelle, fût veritablement adoucie.

Si l'on veut juger d'eux raisonnablement & savoir à quel principe on doit rapporter la difference de leur conduite, il faut rassembler toutes les actions de leur vie ; car elles nous feront voir que c'étoient des gens qui brûloient d'ambition d'acquerir une reputation extraordinaire, ou de parvenir à la domination ; & qu'ils étoient tellement maîtrisés par l'interêt de leur ambition, qu'ils faisoient tout ce qu'il exigeoit d'eux : De sorte que quand il vouloit qu'ils pardonnassent à leurs plus grāds ennemis, quelque cruels qu'ils fussent naturellement, ils leur pardonnoient sans peine ; & quand il vouloit qu'ils égorgeassent leurs meilleurs amis, quelque doux & humain que fût leur naturel, ils les égorgeoient avec une égale facilité. Ainsi ils étoient cruels dans le même temps qu'ils faisoient grace, parce qu'ils étoient prêts de faire mourir ceux à qui ils la faisoient, si le bien de leurs affaires l'eût demandé. D'où il est aisé de conclure que la clemence d'Alexandre, d'Auguste & de Cesar, qu'on loüe si extraordinairement, n'étoit qu'une politique. L'on n'en peut pas douter, si l'on considere que les premieres démarches qu'Alexandre fit en Asie étoient humaines & genereuses, parce qu'alors il avoit besoin de cette addresse pour se faire aimer des principaux Officiers de son armée & des personnes de condition qui l'avoient suivi, & que c'étoit en même tems un piege qu'il tendoit aux peuples dõt il vouloit se rendre le maître ; & qu'au contraire, les dernieres furent rigoureuses & inhumaines, par la deffiãce & la jalousie qu'il eut de ses plus fidelles serviteurs & de ses meilleurs amis, qu'il fit mourir avec tant d'ingratitude & de cruauté. Auguste &

Cesar eurent une conduite toute semblable: car Auguste ne se montra clement les dernieres années de sa vie, que pour essayer si la clemence luy reüssiroit mieux que la cruauté, & si elle seroit capable d'adoucir la haine qu'on avoit de sa tyrannie. Pour Cesar, chacun sait qu'au même temps qu'il recevoit avec tant de bonté & d'honnêteté Ciceron & les autres personnes considerables qui donnoient du lustre à son parti, il releguoit ou faisoit mourir tous ceux qui ne fléchissoient pas le genoü devant luy, & n'imploroient pas sa misericorde avec des soûmissions basses & messeantes. Plutarque rapporte que Sylla en usoit de même, & que lorsqu'il fit massacrer sept mille Citoyens Romains, il conserva soigneusement tous ceux

Plut. in Sylla.

qui luy étoient dévoüés. Cet Auteur ajoûte que cet homme inhumain n'avoit aucun égard à la qualité des crimes, & qu'il pardonnoit les forfaits à ceux qui luy étoient favorables, ou qu'il esperoit de gagner, & punissoit de mort les fautes les plus legeres de ceux qui n'étoient pas dans ses interêts.

Telle étoit la disposition des Conquerans, des Usurpateurs & generalement de tous les Tyrans; il étoient tantôt doux, tantôt cruels, quelquefois doux & cruels; ils employoient les vices & les vertus, & mettoient en usage tout ce qui pouvoit servir à l'établissement de leur tyrannie.

La clemence dont Neron donna tant de marques à son avenement à l'Empire, fut l'effet d'une politique tres-fine & tres-singuliere; car il fut si parfaitement l'art de contraindre & de cacher son naturel farouche & barbare, & de paroître doux & clement, que durant les cinq premieres années de son regne ses sujets ne pouvoient se lasser de loüer sa douceur & son indulgence, & qu'il se glorifioit justement que dans tout ce temps-là il n'avoit pas été répandu une seule goutte de sang dans toute l'étenduë de son Empire. Domitien l'imita dans sa clemence, pour se déborder ensuite comme luy dans toutes sortes de cruautés : c'est pourquoy un excellent Auteur l'appelle une portion de Neron. En effet, la clemence de ces deux Tyrans fut feinte & concertée, & même artificieuse & maligne, & l'on peut dire que c'étoit une ruse semblable à celle de ces méchantes bêtes

Trajanum solitū dicere procul distare cunctos Principes à Neronis quinquēnio. Sex. Aurel. Vic. de vita & morte Imp. Rom. in Nerone. Idem in Dom.

qui souffrent qu'on les approche & qu'on les manie, pour pouvoir plus facilement devorer les gens.

La clemence des Rois dont le gouvernement n'est pas tyrannique, est aussi quelquefois une politique & un moyen dont ils se servent pour gagner les cœurs de leurs sujets, & sur tout celuy des grands Seigneurs qui ont des qualités à se faire craindre; car ils esperent de les empécher par ce moyen de faire à la Cour des cabales contre leur service, de troubler leurs Etats par des partis & des ligues, & de conspirer contre leur personne; ce qu'ils esperent avec assez d'apparence de raison, puisqu'on ne conçoit pas ordinairement des desseins si perfides & si noirs contre un Roy qu'on aime.

LA CLEMENCE. 263

La bonne humeur où l'on trouve les Souverains est assez souvent cause de leur clemence, soit que leur bonne humeur vienne de la disposition de leur corps, ou des bonnes nouvelles qu'ils ont reçües, ou de quelque secrette satisfaction de leurs desirs & de leurs passions : car toutes les fois qu'on est tout-à-fait content on a inclination à contenter les autres & à leur accorder ce qu'ils souhaitent & ce qu'ils demandent avec ardeur.

Il y a des occasions où la clemence des Rois n'est qu'une vaine ostentation de leur puissance souveraine ; car comme rien ne flatte tant l'orgüeil de l'homme que l'élevation, rien aussi ne plaît tant à sa vanité que ce qui la luy rend presente & qui la fait voir aux autres. Or la clemence montre que les Souverains font au dessus des loix, & qu'ils ont le pouvoir non seulement d'ôter, mais aussi de donner la vie.

Lorsque la clemence est ordinaire à un Prince, bien loin d'être une vertu, elle est en luy l'extinction de toutes les vertus royales ; c'est même une qualité si dommageable aux Etats, qu'elle est presque toûjours cause de leur ruine. C'est une ignorance de l'utilité & de la necessité de la justice, sans laquelle, dit S. Augustin, les Republiques & les Empires sont de grandes societés de brigans. C'est une bonté fausse & mal entenduë, c'est une douceur cruelle & une vicieuse indifference pour l'ordre & pour le repos public. Telle étoit la clemence que Titus affecta de faire paroître après

Remotâ justitiâ, quid sūt regna, nisi magna latrocinia?

Suet. lib. 8.

après qu'il eut obtenu l'Empire, & la connoissance qu'on a qu'il fut nommé l'amour & les délices du genre humain, ne nous doit pas empêcher de blâmer le serment qu'il fit de ne jamais faire mourir personne, comme un serment par lequel il s'engagea à la face des Dieux à être le protecteur des voleurs & des homicides, à autoriser toutes sortes d'entreprises & d'attentats, & à laisser renverser & perir l'Empire. Quant à celuy que Nerva fit au milieu du Senat lors qu'il y fut reçu, qu'il ne souffriroit jamais que l'on condamnât à mort aucun Senateur de quelque crime dont il fût trouvé coupable ; ce ne fut qu'un lâche compliment qu'il fit aux Senateurs, qu'ils desapprouverent eux-mêmes, & qui donna occasion à un Consul

Coëffeteau.

Romain de dire ces excellen-
"tes paroles : C'est un grand
"malheur de vivre sous un
"Prince qui foule ses sujets
"& qui les traitte comme des
"esclaves ; mais c'en est un
"plus grand sans comparai-
"son, de vivre sous un Prin-
"ce qui leur donne une plei-
"ne licence & qui laisse tou-
"tes choses à l'abandon. Que
si nous voulons rechercher la
veritable cause de la clemence
de ces deux Empereurs, nous
trouverons que ce n'étoit qu'-
une crainte secrette qu'ils a-
voient d'être détruits par les
factions des Grands, ou mas-
sacrés par le peuple, comme
l'avoient été presque tous leurs
predecesseurs. Car Vitellius,
Othon, Galba, Neron & Ca-
ligula, qui avoient precedé
Titus, avoient peri de cette
maniere, & Nerva montant

Fronto apud eundem Coëffeteau.

sur le Trône l'avoit trouvé en-sanglâté du meurtre de Domitien. L'on en demeurera d'accord, principalement à l'égard de Titus, si l'on fait reflexion que sa douceur ne luy étoit pas naturelle, & que son Consulat fut si cruel, qu'on disoit publiquement que s'il succedoit à l'Empire, ce seroit un second Neron.

Suet. lib. 8.

Il y a plusieurs causes étrangeres de la clemence des Souverains. La premiere est le pouvoir qu'on a sur leur esprit; car l'on n'en voit presque point qui ne s'attachent d'inclination à quelque personne qui leur agrée, ou qui ne trouvent quelqu'un qui ait de l'ascendant sur eux; de sorte que par l'envie de favoriser ceux qu'ils aiment, ils sont toûjours disposés à ne leur rien refuser.

L'addreſſe eſt une ſeconde cauſe de la clemence des Souverains, qui n'eſt gueres moins puiſſante que la premiere ; ce qui vient de ce que parmi les grands privileges qui font envier leur condition, ils ont ce malheur, qu'encore que dans la diſtribution des graces, des charges & des emplois, ils paroiſſent être les maîtres, il s'en faut bien qu'ils le ſoient toûjours. La raiſon en eſt, que dés qu'il s'agit de donner un Gouvernement ou de faire grace, un Roy eſt attaqué & preſsé par tous ceux qui ont part à ſa faveur & à ſa confiance, & qu'il n'a que luy pour ſe deffendre ; ainſi comment peut-il reſiſter à tant de perſonnes habiles & concertées ? que peut-il faire quand on le prend par toutes ſortes de biais, & qu'on luy tourne une même chose en tant de manieres; est-il en son pouvoir de ne se pas rendre? Cela n'est pas possible, du moins ordinairement; c'est pourquoy le premier soin d'un Courtisan qui a quelque affaire, est d'engager tous les Ministres à le servir.

L'importunité est la troisiéme cause de la clemence des Souverains, & elle leur arrache quelquefois l'abolition des crimes qu'ils ne veulent point du tout accorder. Un pere desolé se jette aux pieds du Roy & conjure sa bonté de se laisser toucher à ses larmes, & de pardonner à son fils unique qui s'est battu en duel. Il est rebutté, mais il ne se rebute point; au contraire, il se presente à toute heure, & même aux heures où le Roy souhaite le plus d'être en liberté.

Enfin le Roy se resout à faire ce qu'il desire, non qu'il soit fléchi, mais pour se délivrer d'un homme qui l'importune; car les hommes, & particulierement les Rois, veulent être toûjours à leur aise, & joüir d'un repos qui ne soit troublé par qui que ce soit.

Toutes les fausses clemences qu'on a representées n'empêchent pas neanmoins qu'il n'y en ait une veritable; & que cette clemence veritable & vertueuse ne soit le plus grand ornement des Rois : mais afin de la rendre reconnoissable, il faut marquer son caractere, & faire voir les raisons sur lesquelles elle est fondée.

Quoique la propre fonction de la clemence soit de remettre entierement les peines qu'on a meritées, ou d'en adoucir la rigueur, & qu'ainsi tous ceux qui sont en autorité & qui ont la puissance de punir, puissent en quelque maniere être appellés clemens; neanmoins comme les peres & les precepteurs ne peuvent ordonner que ces sortes de peines qu'on appelle des châtimens; que ceux qui ont le pouvoir d'ôter la vie, comme les Juges, n'ont pas celuy d'empêcher les effets de leurs jugemens, & qu'il n'y a que les Souverains qui puissent sauver la vie à ceux que la justice a condamnés à la mort; tout le monde s'accorde à dire que la clemence est la vertu des Rois. La « fortune, disoit Ciceron à « Cesar, ne pouvoit rien faire « de plus grand pour toy, que « de te rendre maître de la « vie des hommes; & la dou- « ceur de ton naturel ne sçau- « roit t'inspirer rien de meil- «

Pro ligario.

«leur que la volonté d'user de ce pouvoir à leur soulagement. De sorte qu'on peut dire que c'est proprement la clemence qui est le dernier refuge des criminels. Comme les loix sont sourdes, dures & inexorables, la condition de l'homme, dit Tite-live, seroit extremement malheureuse, si étant aussi fragile qu'il est, il ne pouvoit éviter leur rigueur que par sa seule innocence.

C'est cette foiblesse de l'homme qui est le premier fondement de la clemence des Rois; car dans les occasions qui le touchent vivement & qui le surprennent, quand par exemple un homme voit tuer son frere devant ses yeux, cette vûe émeut si fort ses sentimens naturels, qu'il court comme un furieux aprés les meur-

Dec. 1. lib. 2.

triers, quoiqu'il soit vraisemblable qu'il sera tué, ou que s'il tuë il se mettra dans un visible danger d'être pris & de mourir sur un échaffaut. C'est aussi ce que considere un Prince clement; car comme il est toûjours disposé à prêter l'oreille à tout ce qui peut excuser les crimes, il reçoit volontiers celle qu'on luy allegue, qu'un homme n'a commis un homicide que pour venger la mort de son frere, qu'il n'a pas eu le temps de consulter la raison en cette rencontre, & que les mouvemens de la nature l'ont emporté.

Les crimes qu'on a faits par un pur malheur sont le second fondement de la clemence des Souverains; ce qui justifie l'indulgence dont on use envers ceux qui en sont coupables, c'est que si on juge les crimes que l'on commet volontairement, dignes de pardon, parceque la force des sentimens naturels a entraîné la volonté à les faire; on doit pardonner à plus forte raison ceux qu'un homme commet contre son intention, comme fut celuy de ce Gentil-homme François qui pensant tirer à un Sanglier, tua son proche parent & son meilleur amy.

La justice est le troisiéme fondement de la clemence des Rois; car ils l'exercent justement en faveur de ces sortes de criminels dont les crimes sont moindres que les services qu'ils ont rendus à l'Etat; ils peuvent même avoir égard aux services de leurs Ancêtres. La raison de cela est que les supplices ne sont pas ordonnés, ainsi que Platon l'a remarqué, pour remedier aux

Nemo prudens punit.

actions criminelles, puisque toute la severité des loix & toute la puissance des Souverains ne sauroient empécher qu'elles n'ayent été faites, & que dans les condamnations qui vont à la mort, la justice ne peut pas se proposer la correction de ceux qu'on execute. Aussi les Legislateurs n'ont-ils eu d'autre but, lors qu'ils ont reglé des peines pour la punition des crimes, que de procurer le bien public ; c'est à dire d'intimider les méchans & d'empécher que les bons ne soient corrõpus par leur mauvais exemple. Ainsi comme l'interêt public rend la cruauté des loix legitime, & fait que tout le monde approuve qu'on roüe les scelerats ; ce même interêt public fait qu'on trouve équitable que la clemence des Souverains sauve

quia peccatũ est, sed ne peccetur. Plato in Protag. & in Gorg. Idem Senec. 1. de ira cap. ult. & Lact. de ira Dei, cap. 18.

d'une mort ignominieuse ceux qui se sont signalés en quelque grande occasion pour la deffence de leur couronne, & qui ont beaucoup plus servi l'Etat qu'ils ne luy ont causé de prejudice par le crime qu'ils ont commis & par le mauvais exemple qu'ils ont donné.

L'obligation qu'ont les Souverains de faire voir qu'ils ont un cœur de pere pour leurs sujets, afin de s'attirer leur affection & de les disposer à leur obeïr avec plaisir & avec promptitude ; est le quatriéme fondement de la clemence vertueuse : car si un Roy faisoit punir generalement tous les criminels, l'on auroit juste raison de croire que ce n'est point par la severité des loix, mais par celle de son naturel qu'il fait executer sur eux les ordres de la justice. C'est pourquoy il est à propos qu'il en adoucisse quelquefois la rigueur, & qu'il leur fasse connoître qu'il leur donneroit en toutes occasions des preuves de sa bonté & de sa clemence, si le bien public le pouvoit souffrir. Et c'est en ce sens là que l'Ecriture dit, Que la clemence affermit le trône royal.

Clementiâ thronus regius roboratur. Prover. 20.

La clemence de Theodose le Grand avoit quelque chose de bien singulier; car il punissoit sa colere par sa clemence, & ne manquoit jamais d'en user envers ceux contre qui il s'étoit fâché jusques à s'emporter; de sorte qu'on obtenoit toûjours le pardon des offenses qu'on luy avoit faites, pourvû qu'on eût l'addresse de l'irriter.

Quant au caractere de la vraye clemence, celuy qui la

fait connoître & distinguer de la fausse, c'est, dit Ciceron, "que la vraye clemence s'ac-"corde avec la justice, au lieu "que la clemence vicieuse en "est l'entiere destruction. Un "Prince sage, disent les Stoï-"ciens, ne doit point avoir "cette pitié effeminée qui ne "peut souffrir qu'on punisse "les crimes, & il doit pour "l'ordinaire preferer les ri-"gueurs salutaires des loix à "la douceur que luy inspire la "bonté de son naturel.

1. Offic.

Apud Diog. Laërt. lib. 7.

Mais parceque les vertus morales ne sont que des vertus imparfaites, & qu'elles ne peuvent être parfaites & accomplies si on ne les pratique par des motifs divins & surnaturels ; il ne faut pas que les Rois qui veulent être clemens vertueusement se renferment dans les considerations qui font agir ordinairement les Princes sages & raisonnables; il faut qu'ils s'élevent plus haut, & que dans toutes les actions de clemence qu'ils font, ils se proposent d'imiter Dieu qui a fait non seulement paroître, mais éclater la sienne dans le rachapt des hommes qu'il a délivrés des supplices eternels qui leur étoient preparés.

CHAPITRE XI.

La Douceur.

L'ON pourroit dire des vertus humaines ce que l'on dit des hommes; Qu'il semble qu'elles ayent leur bonne & leur mauvaise étoile : car il y a des vertus qui sont extrordinairement honorées & qui reüssissent merveilleusement dans le monde ; & d'autres qu'on estime peu & qu'on met à peine au rang des vertus. L'on voit en effet que la generosité, la clemence & la magnanimité, & quelques autres vertus semblables, sont non seulement les sujets de l'admiration des peuples, mais aussi des éloges des personnes les plus éclairées & les plus équitables : Pendant que l'humilité & la douceur sont des vertus inconnuës, & que leur destin est comme celuy de ces fleurs qui sont cachées sous l'herbe : car comme ces fleurs, quoy qu'elles ne soient pas étalées, ne laissent pas d'être fort aimables & fort utiles ; de même, encore que ces vertus ne paroissent point, elles ne laissent pas d'être precieuses & dignes d'être estimées.

Pour en être persuadé, l'on

n'a qu'à se donner la peine d'examiner quelle est la fonction de la douceur, & de la comparer à celle de la clemence, avec qui la douceur a quelque rapport. Car l'on verra qu'à la verité la clemence est une vertu d'un plus grand éclat, mais que la douceur a beaucoup plus de merite. Ce qui le prouve est que les Rois ne sont sensibles à la pluspart des crimes que par leur devoir, & que leur clemence n'ayant point à combattre leurs sentimens, ils ne font aucun effort sur eux-mêmes pour pardonner ; au lieu que la douceur a affaire aux boüillans mouvemens de la colere, qui s'élevent dans un homme vivement offensé dans son honneur, ou injustement choqué dans ses interêts. Cette raison donne à la douceur un merveilleux avantage sur la clemence ; & elle fait voir en même temps qu'on ne peut raisonnablement préferer aucune vertu à celle qui a le pouvoir de dompter une passion aussi violente que la colere.

2. Ethic. c. 7.
4. Ethic. c. 11.
7. Ethic. c. 7.

« Aristote affoiblit le merite de la douceur; car il luy retranche une partie de son employ, & soûtient que celuy de cette vertu n'est pas de détruire absolument la colere, mais seulement de la moderer. Ce qui luy a donné cette persuasion est

Apud Senec. 3. de ira cap. 3. calcar virtutis ad conatus magnos. ibid. lib. 1. de ira cap. 9.

qu'il croit que la colere est naturelle à l'homme, d'où il conclut qu'elle luy est utile, puisque la nature ne fait rien inutilement. Ainsi il assure qu'elle luy sert comme d'un aiguillon qui l'éveille & luy fait entreprendre avec ardeur les actions grandes &

magnanimes. Il dit encore, « que la colere fait le courage « des vaillans & la vehemen- « ce des Orateurs, & qu'elle « a part à la gloire de Demo- « stene de même qu'à celle de « Themistocle ; mais, ajoûte « ce Philosophe, la colere n'est « pas seulement utile à l'hom- « me, elle luy est encore ab- « solument necessaire ; car elle « est en luy comme le ministre « de la raison, dont elle exe- « cute ardemment les ordres, « & qu'elle porte efficacement « à s'acquiter de ses princi- « paux devoirs. D'ailleurs elle « preste ses forces à l'homme « pour surmonter les obstacles « qu'il rencontre dans la pour- « suite des biens dont il a be- « soin pour sa conservation, « & pour repousser les injures « que luy veulent faire ceux « qui s'efforcent de le détruire. «

Apud Cic. 4. Tusc.

7. E-thic. c. 7.

4. E-thic. c. 11.

> « Aussi, dit-il, cette passion
> » ne des-honore personne,
> » pourvû que ses émotions
> » soient proportionnées au su-
> » jet qu'on a de s'émouvoir,
> » & qu'elle garde dans ses ven-
> » geances les regles de la justi-
> » ce : au contraire, tout le
> » monde blâme ceux qui ne
> » sont point touchés des of-
> » fenses qu'on leur fait, &
> » l'on met un homme insensi-
> » ble au rang des insensés,
> » qui n'ont ni connoissance ni
> » sentiment, & qui traittent
> » le bien & le mal de même
> » maniere. Enfin, dit-il, la
> » colere est fondée sur la rai-
> » son, & elle naît du sentiment
> » du mal qu'on nous fait avec
> » injustice. C'est pourquoy
> » pendant que la volupté,
> » que rien ne peut justifier,
> » parce qu'elle vient de l'in-
> » temperance, entre secrette-

7. E-thic. c. 7.

4. E-thic. c. 11.

7. E-thic. c. 7.

Loc. cit.

LA DOUCEUR. 285

ment dans le cœur de l'hom- «
me pour le surprendre, la «
colere naît en luy avec éclat, «
& luy demande ouverte- «
ment la punition des inju- «
res; ce qui fait voir qu'elle «
n'est point honteuse de pa- «
roître, & par consequent «
qu'elle n'est point mauvaise. «
Voilà l'opinion d'Aristote, suivant laquelle un homme doux est celuy qui s'aigrit & qui se met en colere, & suivant laquelle aussi un homme qui ne s'émeut de rien est un lâche & un insensé.

Comme les Philosophes les plus solides & les plus raisonnables ont combattu cette opinion; il sera facile de la détruire, & de montrer que la colere n'est point naturelle à l'homme, qu'elle est mauvaise en elle-même & en ses effets, & que bien loin de servir la raison dans l'execution de ses ordres, elle ne fait que les embarasser, les precipiter & les trahir.

Pour voir si la colere est naturelle à l'homme, il faut faire le portrait de cette passion furieuse & l'opposer à celuy de l'homme. Commençons par celuy-cy, & afin qu'il luy ressemble parfaitement, representons-le tel qu'il est sorti des mains de la nature, & tel que les Philosophes & les Poëtes l'ont representé dans ces descriptions admirables qu'ils ont faites du siecle d'or. Car »les opinions des uns & les »fictions des autres ne sont »pas, dit Lactance, des rêveries & des imaginations, »mais des images des mœurs »des premiers hommes, & »des crayons de l'état de leur »innocence.

De justit. lib. 5. cap. 5. & 6.

« Les premiers hommes, di- *Senec.*
« sent-ils, étoient veritables *Epist.*
« dans leurs paroles, fidelles *90.*
« dans leurs promesses, & é-
« quitables dans leurs proce-
« dés ; ils suivoient la justice *Tacit.3.*
« en tout, non par la crainte *Annal.*
« des loix, mais par leurs pro-
« pres inclinations :
«

—— *vindice nullo,*   *Ovid.1.*
Sponte suâ, sine lege, fidem rec- *Meta-*
tumque colebant. *morph.*

« Ils se regardoient comme *Senec.1.*
« freres, & se voyant étroite- *de ira,*
« ment liés à une même na- *cap. 5.*
« ture, ils avoient un tendre
« amour les uns pour les au-
« tres, & nourrissoient leur
« amour des offices mutuels
« qu'ils se rendoient.
«
« Ils ne separoiët point leurs *Senec.*
« champs & leurs vignes, & *Epist.*
« ne fermoient point leurs jar- *90.*
« dins ; ils ne s'approprioient

» pas les dons & les bienfaits
» du ciel, & ne regardoient
» point comme leurs biens
» particuliers ceux que la Na-
» ture leur avoit donnés en
» commun.

Aratus apud Lactan. lib. 5. cap. 5.
Juven. Sat. 6.

Nec signare quidem aut partiri li-
  mite campum
Fas erat.
Caulibus & pomis & aperto vi-
  veret horto.

» Ils étoient doux, humains
» & bienfaisans, & ce qu'ils
» avoient amassé par leur tra-
» vail & ménagé par leur in-
» dustrie, ils le faisoient auf-
» si-tôt passer aux autres par
» leurs largesses : de sorte qu'il
» sembloit que le lait qu'ils
» tiroient de leurs Brebis, &
» le vin qu'ils recüeilloient,
» formoient des rivieres, qui
» sortant de leurs maisons,
» prenoient leur cours vers
celles

celles de leurs voisins.

Flumina jam lactis, jam flumina   Ovid. I.
nectaris ibant.   Metamorph.

Voilà la peinture de l'état naturel de l'homme. Voicy celle de la colere.

La colere est une envie im- «   Senec.
patiente de se venger ; c'est «   lib. 1.
un ardent & opiniâtre desir «   de ira,
de nuire. Elle ne demande «   cap. 1.
que des armes, elle ne se «
plaît qu'au sang & court im- «
petueusement à la ruine «
d'autruy : Dés qu'elle a pris «
son cours elle ne peut plus «
être arrêtée ni par la bien- «
seance, ni par le souvenir «
des bienfaits, ni par la for- «
ce de l'amitié, ni par les «
sentimens de la nature ; mais «
étant sourde aux remon- «
trances de la raison, & ne «
pouvant plus discerner ni «
verité ni justice, elle est uni- «

I. Part.   N

„ quement attentive à satis-
„ faire sa rage, dans laquelle
„ elle confond souvent les in-
„ nocens avec les coupables,
„ & souvent s'enveloppe elle-
„ même dans la ruine des au-
„ tres.

Lucret. lib. 5. Circum retit enim vis atque injuria quemque
Atque unde exorta est ad eum plerúmque revertit.

Ce portrait de la colere est si fidelle, qu'Aristote la peint luy-même d'une maniere pres- „ que semblable. La colere,

7. Ethic. c. 7. „ dit-il, écoute la raison ; mais
„ elle l'écoute comme ces va-
„ lets étourdis qui ne se don-
„ nent point la patience d'en-
„ tendre leur Maître, & qui
„ executent leurs commande-
„ mens avant que de les avoir
„ compris. Elle ressemble en-
„ core aux chiens qui aboyent

aux amis & aux ennemis in-« differemment aussi-tôt qu'on « frappe à la porte. Ces com- « paraisons sont justes, & chacun éprouve que dés que la raison fait envisager à cette passion fougueuse l'outrage ou le mépris que l'homme a reçu, elle court aux armes sans attendre que la raison ait prononcé sur la qualité de l'injure & de la vengeance.

L'on voit par la diference extréme de ces deux portraits, combien la colere est opposée à la nature de l'homme, puisqu'il est porté par toutes ses inclinations au soulagement & à l'avantage de ceux qui luy sont semblables, & que la colere ne respire que leur dommage & leur destruction. En verité si l'on ne veut assurer que l'homme n'est pas hôme, l'on ne peut dire qu'un vice si inhumain & si pernicieux luy est naturel. L'on en sera pleinement éclairci, si l'on fait reflexion que la vertu qui guerit toutes les maladies de l'ame & la remet dans son état naturel, luy donne un extréme éloignement de faire mal

Apud Senec.l. de ira, cap. 6. « à qui que ce soit. Le dessein « de nuire, dit Platon, n'est « pas compatible avec un homme de bien ; or c'est le pro-
« pre de la colere de vouloir
« nuire ; doncques la colere
« est incompatible avec un
« homme de bien. De plus,

Ibidem. « dit encore ce Philosophe, la
« colere se réjoüit de la peine
« d'autruy, dont un homme
« de bien s'afflige. A quoy l'on peut ajoûter ce que dit

1. 2. q. 97. art. 3. ad 3. Idem 2. 2. qu. « S. Thomas, que Dieu ne se « plaît point à voir souffrir les « damnés ; & qu'il ne se plaît « qu'en l'ordre de sa justice,

qui les punit, & qui a reglé « 158. art.
leurs peines. Outre cela il est « 1. ad 3.
certain que la vertu ne rend pas
seulement l'hôme incapable de
faire mal à personne, mais qu'-
elle le dispose aussi à supporter
celuy qu'on luy fait; & pour ne
laisser rien à dire sur ce sujet,
il faut faire remarquer que le
Sage (tel qu'Aristote & les autres Philosophes le representent) ne croit jamais recevoir
d'injure, ni être obligé par
consequent à se venger.

Les Peripateticiens se plai- *Arist.*
gnent de ce que les Stoïciens *lib. 4.*
les accusent injustement de *Ethic.*
proteger la colere, puisqu'ils *cap. IX.*
ne prennent la deffense que de
celle qui suit les ordres de la
raison, qui ne s'allume que
quand il faut & qu'autant qu'il
faut, & qui dans la reparation
des injures ne viole jamais les
loix de l'équité. Mais ils se plai-

gnent déraisonnablement & se justifient mal de ce qu'on leur impute; car s'il y a une colere qui ne s'éleve dans l'homme que par les ordres de la raison; s'il y a une colere qui ne pretende dans le mal qu'elle fait, que la correction & l'utilité du prochain, elle n'a que le nom de colere, elle n'a point sa nature, dont le propre caractere est de ne point écouter la raison, de luy resister, & de faire son plaisir de la peine qu'un homme offensé fait souffrir à celuy qui luy a fait injure.

Mais ce n'est plus, dira quelqu'un, un sentiment tel qu'il naît dans l'appetit irascible, aveugle, violent & forcené, & qui pour les moindres offenses se porte aux dernieres extremités; il est maintenant éclairé, adouci & reglé par la raison,

& ne demande autre chose à un homme qu'on a maltraité, sinon qu'il prenne une vengeance équitable de l'outrage qu'il a reçu ? Je répons que si le mouvement par lequel on fait un mal à quelqu'un, a pour but son profit particulier (qui est le but qu'on se propose dans les châtimens) ou l'avantage public, qui doit être celuy des Ministres de la justice, il est humain, juste & raisonnable ; mais s'il tend à luy nuire, si c'est un desir de se venger & de trouver sa satisfaction dans la peine qu'on luy fait endurer, c'est un mouvement malin, cruel, brutal & qui ne convient point à l'homme. Or telle est la colere par la propre confession d'Aristote ; car il la définit : Un " reffentiment vif & pressant " du mal qu'on nous a fait, "

2. Rhethor. c. 2.

„ qui ne peut être appaisé &
„ satisfait que par le plaisir de
„ la vengeance. De sorte qu'on
peut affoiblir la colere tant
qu'on voudra, elle sera toûjours maligne tandis qu'elle
sera colere ; ce sera un desir de
vengeance & un sentiment qui
fait sa joye du mal d'autruy.

Ayant montré que la colere
est mauvaise de sa nature, il
est facile de faire voir qu'elle
l'est encore dans ses effets, &
de faire observer que ceux
qu'elle possede s'en ressentent
les premiers, & qu'il semble
d'abord que c'est contre eux
que se tourne toute leur fureur : car elle n'est pas plûtôt
allumée dans leur sein, qu'elle
éclate sur leur visage, qu'elle
le trouble & l'altere en un instant, qu'elle l'enflamme & le
pâlit d'un moment à l'autre,
qu'elle y fait voir un regard

furieux, un air fier, menaçant & farouche, en un mot tous les signes naturels de l'alienation de l'esprit ; aussi est-elle appellée une courte phrenesie par les Anciens. Nous som- " *Apud*
mes effectivement fous, di- " *Senec. l.*
soit Philemon, autant de fois " *de ira,*
que nous sommes en colere. " *cap. 1.*
" *& Epist.*
" 18.

Je ne represente point le desordre qu'elle met dans les discours de ceux qu'elle maîtrise ; je me contente de dire que les gens les plus sages & les plus sensés, aussi-tôt qu'ils se laissent emporter à cette passion, disent beaucoup de choses contraires au bon sens & à la bienseance. Cela est si vray, qu'Homere (qui est si jaloux que son Heros garde sa dignité, & qu'il ne fasse & ne dise rien qui la blesse) ne peut neanmoins s'empécher, lors qu'il represente Achille en co- *Iliad. 1.*

iere, de luy faire injurier Agamemnon d'une maniere fort messeante & indigne non seulement d'un Heros, mais d'un homme qui ne seroit que mediocrement honnête homme.

Mais ne nous arrêtons pas davantage à l'exterieur d'un homme enflammé de colere; considerons l'état effroyable où cette passion le met au dedans, la violence qui le transporte, le nombre des pensées qui luy offusquent l'esprit, & la diversité des desseins & des desirs qui l'embarassent; il est aisé de voir par ce qui se passe dans son ame & par la fureur de ses divers mouvemens (que Plutarque appelle ses convulsions) qu'elle est effectivement égarée & hors de son assiete naturelle; c'est pourquoy il est mal aisé de comprendre comment Aristote peut assurer que

Tract. de man suet. seu de cohib. ira.

la volupté est bien plus dange- "
reuse que la colere, à cause, " 7. E-
dit-il, que la colere laisse " thic. c.
prononcer la raison & reçoit " 7.
ses ordres, quoy qu'elle "
les execute aveuglement, "
au lieu que la volupté s'insi- "
nuë dans le cœur & le tour- "
ne à elle sans attendre que "
la raison dise son avis. Si "
l'on osoit dire son sentiment,
on diroit que c'est justement
tout le contraire, & qu'il semble qu'il n'ait pas bien connu
la nature des mouvemens de
ces deux passions; car il est
sensible que la colere est sou-
daine & emportée, & que la
volupté est moins violente &
precipitée, & que la colere ne
laisse point du tout agir la raison, au lieu que la volupté la
laisse deliberer & juger, quoy
qu'elle travaille à corrompre
ses jugemens.

Il ne reste presentement qu'à montrer que la colere n'est point utile, & que bien loin de pouvoir être le ministre de la raison, ainsi que dit Aristote, elle n'est capable que de broüiller & de trahir ses ordres.

Loc. cit.

L'opinion des Peripateticiens, des Epicuriens, & generalement de tous les Philosophes qui assurent que la colere est utile, vient de celle qu'ils ont, que la colere est comme une tutrice que la nature a donnée à l'homme, qui veille à la conservation de tous ses droits communs & particuliers, & luy inspire le desir & la force de les deffendre; ,, car, disent-ils, cette passion ,, agissante, forte & courageu- ,, se le met en état de repous- ,, ser les injures qu'il reçoit de ,, ses ennemis, & luy met les

Arist. 3. Ethic. c. 11.

armes à la main pour secou- «
rir ses amis, ses proches & «
sa Patrie; elle aide aussi mer- «
veilleusement les Peres & « 4. E-
ceux qui sont chargez de « *thic. c.*
l'éducation des enfans à cor- « II.
riger leurs deffauts, & les «
Juges à punir les crimes; «
enfin sans elle l'homme a- «
bandonneroit ses plus im- «
portans dévoirs & seroit «
toûjours inutile à luy-méme «
& aux autres. Ce sont là leurs «
plus considerables raisons. «

On n'a garde de nier que la colere aide l'hôme à s'aquiter de ses principales obligations, puisque l'experience fait voir que les passions sont ordinairement les principes des actions vertueuses que l'homme fait par ses seuls efforts, & que c'est là l'unique fondement sur lequel roûle tout cet ouvrage. On dit seulement que ce n'est pas avoir observé la nature de la colere que de soutenir qu'elle est propre à servir la raison dans les vengeances particulieres, dans la punition des crimes, dans les châtimens des domestiques & des enfans & dans les actions magnanimes; car ce que la colere a de commun avec les autres passions, est de prévenir les ordres de la raison & d'obscurcir sa lumiere; mais ce qu'elle a de particulier est qu'elle est beaucoup plus impetueuse & plus violente, & qu'elle ne peut se contenir elle-même. Cela est visible dans les vengeances particulieres où l'homme voulant se faire justice à soy-même, la viole toûjours monstrueusement, effaçant un petit mépris par le sang de celuy qui luy est si proche par la nature, & quelquefois par son propre sang; & c'est par cette raison que Dieu s'est reservé la vengeance, & que la sagesse des loix ne commet la reparation des injures qu'à ceux qui ne les ont point reçûes.

Quant à la punition des crimes, qui se fait par l'ordre de la Justice, qui ne fait que la plus grande loüange qu'on puisse donner aux Juges, est d'être aussi tranquilles que les loix.

Quin etiam sontes expulsâ corri-
  gis irâ
Et placidus delicta domas : nec   Claud.
  dentibus umquam   ad Mal-
Instrepis horrendum fremitu, nec   lium.
  verbera poscis.

Un Juge, dit Seneque, doit " 1. de ira,
paroître dans son Tribunal " cap. 16.
avec un visage tel qu'on se "
figure que seroit celuy de la "

„ loy; si elle en avoit un calme
„ & tout-à-fait exempt des
„ émotions de la haine & de
„ la colere. Et à dire le vray, comment cette passion cruelle pourroit-elle trouver place dans le cœur d'un vray Magistrat, puisque lors même qu'il fait mourir un selerat par les supplices les plus cruels, il n'a contre sa personne aucun mouvement de haine, que la douceur est dans son ame pendant que la severité est dans ses arrêts, & que bien loin de satisfaire son animosité en le punissant, il luy donne, aussi bien qu'au public, une preuve de son amour : car que peut-il faire de plus avantageux pour le public que de luy ôter un particulier capable de le corrompre par son mauvais e-
„ xemple ? & quel plus grand

Ibidem. „ bien, dit Seneque, peut-il

faire à un selerat, dont la vie « a été si prejudiciable, que « de rendre sa mort utile, & « faire cesser ses forfaits, aus- « quels luy-même ne pouvoit « plus mettre fin ? «

Il en est de même des châtimens des domestiques & des enfans, où la colere nous empêche le plus souvent de garder aucune mesure, & qu'il nous est impossible d'executer nous-mêmes sans qu'il nous en reste quelque sujet de repentir : c'est pourquoy il est bon de remettre la punition de leurs fautes à un temps éloigné de celuy où ils ont failly. Je te châtirois, disoit « Socrate à son valet, si je n'é- « tois en colere. Platon ayant « *Senec.* les verges à la main pour foüe- *1.de ira,* ter le sien, s'arrêta soudaine- *cap. 15.* ment, parce qu'il se sentoit *Laërt.* ému ; & Speusippe qui entra *in Platone,lib. 2.*

par hazard dans sa chambre & le trouva dans cette posture, luy ayant demandé qu'est-ce qu'il faisoit? Je me châ-tie, dit-il, moy-même, & je punis l'animosité avec laquelle j'allois punir un de mes domestiques, en luy refusant la satisfaction qu'elle veut avoir. Nous n'avons garde de suivre ces avis salutaires & ces exemples; si nous differions nos corrections nous n'en ferions aucune; ce qui fait voir que nous ne châtions pas nos enfans & nos domestiques pour leur utilité, mais pour venger les offenses qu'ils nous font, les uns par leurs desobeïssances, les autres parce qu'ils ne nous servent pas selon nôtre gré. Au moins ne peut-on pas desavoüer, dit Theophraste, que la colere ne soit utile à un homme

Idem Laërt. de Archita. Tarent. lib. de ira Dei, cap. 18.

Apud Senec. 1. de ira cap. 14.

de bien pour l'exciter à crier «
contre les méchans ; de sor- «
te, répond Seneque, que « *Loc. cit.*
plus il sera homme de bien «
& plus il sera emporté & sa «
fougue croîtra avec sa ver- «
tu ; il sera même contraint, «
dit Plutarque, de s'empor- « *De co-*
ter contre ceux qui s'em- « *hib. ira.*
portent, & de tomber dans «
la faute qu'il reprendra. «
Mais, ajoûte Seneque, que peut
haïr un homme vertueux dans
les personnes vicieuses & déreglées ? est-ce la pente qu'ils
ont au mal & leur honteuse
fragilité ? Si cela est, il faut
qu'il s'irrite contre luy-même,
puisqu'il partage avec eux l'infirmité humaine ; que s'il ne
la reconnoît pas en luy, il est
aveugle ; & s'il ne la blâme
que dans les autres, il est injuste. Outre cela, quelque vertueux que soit un homme, il

fait bien qu'il est pour l'ordinaire estimé meilleur qu'il n'est & que le témoignage public luy est bien plus favorable que celuy de sa conscience; il sait bien qu'il est sujet à mille foiblesses, & comment peut-il donc regarder avec indignation les chûtes des autres & les juger rigoureusement, luy qui a besoin de leur indulgence? Il est donc clair que la disposition du sage à l'égard des méchans n'est pas une disposition aigre & altiere qui le porte à leur reprocher leur mauvaise vie, mais une disposition douce & charitable par laquelle il a pitié d'eux & prend soin de les corriger. L'es-
„ prit de la Sagesse est doux,
„ selon l'Oracle de l'Ecriture,
„ & il n'est point de plus grand
„ témoignage de bonté, dit
„ Aristote, que celuy qu'on

Sap. 1.

9. E-
thic. c.
2.

donne à un homme qu'on« aide à recouvrer la vertu. «

La derniere raison qu'Aristote apporte pour prouver que la colere est utile, est que son ardeur a part à toutes les actions guerrieres ? A quoy l'on répond, que si un grand Capitaine a besoin d'estre animé de cette passion pour prévoir les desseins des ennemis, pour mettre son armée en bataille, donner les ordres, combatre, & se trouver luy-méme dans la mélée; l'on peut conclure qu'il faut être emporté pour être vaillant, & être hors de soy pour conduire une entreprise perilleuse. Cependant nous ne pouvons nous lasser d'admirer un General d'armée qui se possede dans les combats & à qui la teste ne tourne jamais, méme dans les occasions surprenantes. L'on

3. Ethic. c. 11.

éprouve aussi que la vaillance non seulement des Officiers mais des simples Soldats est plus seure & plus égale en ceux en qui elle est moins boüillante & moins precipitée. C'est *De co-* ,, pourquoy, dit Plutarque, *hib.ira.* ,, les Lacedemoniens avant la ,, bataille faisoient joüer sur ,, des flutes des airs doux & ,, languissans pour ôter aux ,, Soldats toute émotion de ,, colere. Enfin si l'on veut jetter les yeux sur ces Peuples barbares qui n'ont point d'autre courage que je ne sçay quelle fureur naturellle, l'on ne trouvera pas qu'ils aillent de sang froid au combat, mais que si-tôt qu'ils sont frappez de l'image de l'injure qu'ils ont receuë, ou de celle qu'ils apprehendent de recevoir, ils s'élancent vers les ennemis au travers des traits & du feu,

LA DOUCEUR.

sans ordre & sans precaution; aussi quelque robustes que soient leurs corps & avec quelque patience qu'ils souffrent les rigueurs des saisons & les fatigues de la guerre, & quelque furieuses que soient leurs attaques, ils ne laissent pas d'estre surmontez par des peuples délicats & amollis par le luxe & par les plaisirs. L'histoire apprend cela & chacun sait de quelle maniere les Romains traitterent les Cimbres énormes dans leur taille, terribles dans leur aspect, qui avoient déja passé les Alpes au nombre de trois cens mille pour aller sacager Rome & ravager l'Italie, & les grandes & sanglantes victoires que Marius remporta sur eux: Que si la fureur naturelle de ces hommes farouches n'est point propre à faire de

Plut. in Mario.

vrais vaillans, comment peut-on croire que la colere qui n'eſt guere moins aveugle, ardente, & impetueuſe, ſoit l'ame de la vaillance.

Mais d'où vient donc que les Poëtes appellent le courage un noble & genereux courroux, & que tout le monde prend la colere pour la vaillance? Celà vient de ce que la colere a des qualitez qui reſſemblent à celles de la valeur. Qu'elle eſt precipitée, ce qui la fait croire active; qu'elle eſt opiniâtre, ce qui là fait paſſer pour ferme; qu'elle eſt bruyante & terrible, ce qui la rend redoutable, qu'elle eſt audacieuſe, ce qui fait imaginer qu'elle eſt courageuſe.

1. *de ira, cap. ult.*

„Le vulgaire, dit Seneque, „prend ceux qui ſont em-„flammez de colere pour des „gens braves & courageux.

Il

Il y a une seconde cause de cette méprise, qui est que la véhemence de la colere est prise presque par tout le monde pour la veritable force de l'ame; cependant il est certain qu'elle est une preuve demonstrative de sa foiblesse; car cette passion se formant dans l'ame comme un orage, l'enleve & la pousse impetueusement, & quoy qu'alors l'ame agisse en apparence avec beaucoup d'ardeur & de force, elle est en effet violemment entraînée. Ce que je dis se découvre encore plus manifestement en ce que la colere se rend plus aisément maîtresse des femmes que des hommes, des malades que des sains, des vieux que des jeunes, des hommes heureux & amollis par les delices, que des malheureux endurcis par les persecutions & par les adversités.

On a de la peine à répondre à ce que disent les Peripateticiens : Que la colere sert à l'éloquence ; parceque rien ne paroît dit avec moins de fondement, & que l'on ne comprend pas qu'on dise serieusement qu'on ne peut parler avec force si l'on ne parle avec colere. Neanmoins pour satisfaire à tout, il faut répondre

4. Tuscul. „avec Ciceron, qu'il suffit „que l'Orateur paroisse émû „de colere, & qu'il n'est pas „necessaire qu'il le soit effe-„ctivement ; qu'il est même si „peu necessaire qu'il le soit, „qu'il seroit dangereux qu'il „le fût ; puisque la perfection „de l'éloquence, ainsi que dit

Instit. lib. 4. cap. 2. „Quintilien, consiste à dire „tout ce qu'il faut, & à ne „dire precisement que ce qu'il

faut; & que la colere ne dit jamais ce qu'il faut, & dit toûjours ce qu'il ne faut pas;
Aussi Caius Gracchus grand Orateur (mais qui s'échauffoit si fort en parlant, qu'il se broüilloit quelquefois & prenoit un ton extraordinaire) avoit toûjours derriere luy un de ses domestiques qui luy faisoit reprendre un ton moderé, par le moyen d'un instrument avec lequel on aprenoit autrefois à élever peu à peu la voix & à entonner les notes de Musique.

Apud Plut. de cohib. ira.

On répond en second lieu, qu'il y a une tres-grande difference entre la vehemence de l'oraison & celle de la colere. La premiere n'est autre chose que la force de la raison fortement exprimée par les paroles & par un ton de voix & des gestes convenables, &

cette ve
jamais d
de persua
porte l'C
l'égare ,
son actio
son deso
ses Audi
le confor
desagrém
pre à les
Que
cüeil où
grand na
couvre l
» dit : C
» passion
» de la v
» encore
» vons f
» me d'
» mais
» mande
« fasse l'
Car il es

(marginalia)
pnd
ic. 4.
uscul.
le pas-
ionibus
n uni-
verſum.
dem
Arist. 3.
Ethic.
cap. 11.
& 4. E-
hic. c.
alt.
tendu
rà non
ut duce
ed ut

sophe a crû qu'on pouvoit manier la colere comme une épée qu'on prend, qu'on laisse, qu'on pousse, qu'on retient & qu'on retire comme l'on veut; ce qui est une tres-grande erreur, puisqu'il n'est point de personne, quelque grossiere qu'elle soit, qui n'aperçoive que si les passions sont des armes, ce sont des armes qui combattent elles seules, dit Seneque, qui n'attendent pas qu'on les remuë, & dont on peut dire que l'homme en est si peu le maître, que ce sont elles au contraire qui ont l'homme en leur disposition. Quant à ce qu'il dit, qu'il faut que la raison prenne la conduite de la colere, il suppose donc que la raison est separée de la colere, qu'elle considere ses mouvemens en repos & en seureté, & qu'elles ont chacune leur siege à part; au

milite. apud Senec. lib. 1. de ira, cap. 9.

7. Ethic. c. 7. & apud Senec. Epist. 85. 1. de ira cap. 16. Habent & non habentur. Senec. ibidem.

O iij

lieu qu'elles sont toutes deux dans l'ame; ce qui fait que dés que la colere est allumée, elle emporte l'ame & éteint en elle la lumiere de la raison; ainsi tout ce que la raison peut faire est d'employer toute son industrie à l'empécher de naître, parceque si elle souffre que la colere s'éleve, elle se met dans un danger evident de recevoir la loy de cette passion puissante & imperieuse.

Il est dóc certain que la raison ne sauroit faire un bon usage de la colere, parceque le propre effet de la colere est d'ôter à l'homme l'usage de la raison; que cette passion est trop aveugle & trop violente pour pouvoir être conduite, & que le desir de nuire & de se venger est inseparable de sa nature. Il n'en est pas de méme du zele qui anime les vrais Chrétiens, auquel les Saints Peres ont donné quelquefois le nom de colere, quoiqu'il naisse de l'appetit sensitif comme il y est produit par l'amour de Dieu, au service duquel il est juste que toutes les puissances de l'ame soient employées; quelque fort & ardent qu'il soit, sa force & son ardeur suivent toûjours les ordres de la raison. Un Predicateur zelé crie contre les pecheurs avec vehemence, mais il n'est point animé contre eux, & il n'a aucune aigreur dans le cœur pendant qu'il les blâme & qu'il leur reproche leurs vices par ses paroles: au contraire, dés qu'on est en colere l'on reprend & l'on punit avec animosité; & dans le même temps qu'on s'acquitte de ces obligations de charité, on la blesse presque toûjours: C'est pourquoy,

Lib. 14. de Civit. Dei, cap. 19.

» dit S. Augustin, les Philo-
» sophes les plus clairvoyans,
» & dont les opinions appro-
» chent le plus de la verité,
» croyent que la colere est
» absolument mauvaise, à
» cause, disent-ils, que les
» moindres émotions sont ma-
» lignes & déreglées & qu'elle
» nous fait pecher contre la
» raison lors même que nous
» faisons ce que la raison or-
» donne. L'on doit avoir la
» même opinion de toutes les
» passions humaines, ajoûte

Mala sunt ista si malus est amor, sed hi motus, hi affectus de sancta charitate venientes ratiocinem

» ce saint Docteur, elles res-
» semblent à l'amour-propre
» qui leur donne la naissance;
» elles sont ardentes, desor-
» données & vicieuses comme
» luy; au lieu que les craintes,
» les joyes, les tristesses & les
» autres passions des Chré-
» tiens qui naissent de la cha-
» rité sont paisibles, dou-

ces, sages & moderées.

Que si les passions qui s'élèvent de nôtre fonds sont si contraires à la raison, qu'il est impossible que la raison puisse se servir d'elles; il est aisé de conclure que la fonction de la douceur n'est pas de reduire la colere à ce point de mediocrité marqué par Aristote, où aussi-tôt qu'elle est reduite, elle devient vertueuse; mais de resister à tous ses mouvemens & de l'éteindre de sorte que rien ne puisse la r'allumer. C'est pourquoy l'on ne sauroit donner trop de loüanges à la douceur, ni avoir trop d'admiration pour elle, si celle que certaines personnes témoignent dans tous leurs procedés étoit une vertu veritable, & si elle leur ôtoit effectivement l'aigreur & l'amertume de la colere; au lieu

rectam sequuntur. cod. lib. cap. 7. & 8.

O v

qu'elle ne les ôte qu'apparemment, ainſi que je pretens de le faire voir.

Si l'on avoit une veritable idée de l'état de l'homme, & ſi l'on ſavoit qu'il eſt poſſedé d'un amour aveugle & violent de luy-même, & que cet amour le rend fougueux, farouche & inhumain. La connoiſſance, qu'on en auroit épargneroit la peine de montrer que la douceur n'eſt pas une vertu veritable, puiſque perſonne n'étant trompé par la douceur apparente d'un homme qui ne s'emporte preſque jamais, tout le monde jugeroit de luy comme l'on juge d'un lion qu'on ne laiſſe pas de croire furieux & cruel, quoy qu'on voye qu'il eſt ſouple & obeïſſant & qu'il ne fait aucun mal à celuy qui le gouverne ; & bien loin de prononcer, comme on fait, que cet homme est doux & paisible, l'on se contenteroit de dire qu'il est apprivoisé.

Mais qu'est-ce qui a le pouvoir d'apprivoiser l'homme ? c'est le plus ordinairement le bien qu'on luy fait, ou celuy qu'il a esperance de recevoir. Ce qui fait voir cela, est que les Favoris des Rois & des Princes, & tous les domestiques qui sont particulierement aimés de leurs Maîtres, souffrent leurs mauvaises humeurs, & quelquefois même leurs rebuts avec une douceur extréme; & ce qui prouve que cette douceur n'est qu'une violence qu'ils font à leurs inclinations naturelles, c'est que dans le même temps qu'ils se montrent si doux à ceux de qui dépend toute leur fortune, ils se déchaînent contre tous les autres, & font comme le lion dont nous avons apporté l'exemple, qui ne quite fa ferocité que pour fon Gouverneur, parce qu'il le nourrit.

Cette douceur vient encore affez fouvent de la crainte de la confufion ; car l'orgüeil qui donne à l'homme un defir continuel de fe rendre Maître des autres, fait qu'il eft extrémement honteux toutes les fois qu'on le voit tranfporté de colere & qu'il paroît qu'il n'eft point maître de luy-même.

La douceur n'eft quelquefois qu'une vanité & un defir ambitieux de triompher d'une paffion violente qui triomphe de la plûfpart des hommes. Cette forte de vanité fe trouve dans les Magiftrats, dans les Philofophes, & en tous ceux qui se piquent de moderation & qui veulent passer pour sages.

La douceur en certaines personnes est une envie de se faire aimer de tout le monde, & particulierement de ceux avec qui elles sont en societé; car il y a des vertus, comme la vaillance, la generosité & la magnanimité, qui nous donnent entrée dans l'esprit des hommes & nous établissent dans leur estime; & d'autres, comme la bonté & la douceur, qui nous ouvrent leur cœur & nous attirent leur amitié.

L'amour de la paix & de leur repos oblige beaucoup de gens engagés dans le mariage, à contraindre leur naturel ardent & impatient, & à imiter les mœurs & les manieres des personnes douces & moderées, parce qu'ils ne voyent point de meilleur moyen pour conserver la paix dans leurs familles que d'y contribuer tout ce qu'ils peuvent de leur côté, & d'instruire leurs femmes, leurs enfans & leurs domestiques par leur exemple.

La douceur dans la dispute est un secret desir de vaincre ceux contre qui nous disputons; c'est un effet de l'experience que nous avons que la chaleur des contestations trouble le jugement, ce qui fait que nous nous empêchons de nous échauffer, afin que nous possedant parfaitement nous soyons en état de nous expliquer avec netteté & avec force, & que nos opinions puissent prévaloir. Il en est de même de la douceur qu'on fait paroître dans les négotiations; car c'est une moderation qu'on ne garde que pour en prendre avantage sur ceux avec qui on négotie ; c'est une froideur habile pareille à celle que certains braves conservent dans les duels, avec laquelle ils prennent le temps de donner des coups mortels, ou de passer sur leurs adversaires. Le Seigneur Contarini, Ambassadeur en France, ajoûtoit à cette froideur une indifference apparente, jusques là qu'ayant passé quelquefois tout le temps de la conference sans dire un mot de l'affaire pour laquelle il étoit venu, il en parloit lors qu'on l'accompagnoit, comme s'il l'eût oubliée, & négocioit en descendant les degrés. Le Comte Duc d'Olivarez se servoit d'un stratagéme opposé à celuy de la douceur étudiée ; car il essayoit par des coleres feintes & concertées, de troubler & de mettre en desordre celuy avec qui il traittoit.

La douceur des Souverains (qui pouvât punir sur le champ par l'exil ou par la prison, ceux qui sortent du respect qui leur est dû, supportent sans s'émouvoir leur indiscretion & leur insolence;) n'est en eux, lors qu'ils sont habiles, qu'une douceur politique. Telle étoit celle de Philippe de Macedoine, qui souffroit qu'on médît de luy jusques dans son Palais, & qui tenant entre ses mains Arcadion (qui l'avoit décrié dâs toute la Grece) bien loin de le faire mourir, comme il en étoit pressé par ses Courtisans, le traitta avec humanité & le chargea de presens ; de sorte qu'Arcadion alla publier par tout ses loüanges : ce qui étant rapporté à Philippe par ces mêmes Cour-

Apud Plut. de cohib. ira.

tifans qui l'avoient follicité de faire châtier fa temerité, il leur dit : Ne voyez-vous pas « que je fuis un excellent Me- « decin de la médifance ? Au- « gufte auffi ne voulut jamais faire rechercher les auteurs des billets qu'on fema dans le Senat, remplis d'injures & de calomnies contre luy ; & Tibere l'en ayant blâmé, il luy répondit : Tu opines com- « me un jeune homme, laiffe « leur dire du mal de moy, « c'eft affez que je les aye mis « en état de ne m'en pouvoir « faire. «

L'Auteur des vies ajoûtées à celles de Plutarque, en la vie d'Augufte.

Outre ces douceurs que j'ay reprefentées, il y a encore la douceur vertueufe, parceque ceux qui font doux naturellement le font toûjours ; au lieu que ceux qui le font par étude font quelquefois emportés par la violence de la colere.

Mais on ne prend pas garde que la douceur naturelle n'empêche pas que ceux qui l'ont ne soient sensibles aux injures, qu'ils ne conçoivent de l'aversion contre ceux qui les fâchent, & qu'ils ne desirent de se venger; de sorte qu'ils ont l'aigreur & la malignité de la colere, quoy qu'ils n'en ayent pas les emportemens. Cela se voit manifestement en ce que les personnes qui ont la complexion froide & humide, & dont la bile ne s'allume jamais, ne laissent pas avec toute leur froideur, de dire des paroles tres-piquantes à ceux qui les offensent ou qui leur déplaisent, & de prendre de grandes vengeances de ceux de qui ils ont reçu quelque déplaisir. Ainsi tout ce que peut faire la douceur naturelle est que l'exterieur de l'homme demeure toûjours paisible.

La seule douceur Chrétienne a le privilege de calmer & d'adoucir le cœur de ceux qu'on a outragés; elle empéche même que la colere & la vengeance ne s'y élevent; ce qui met une difference considerable entre la douceur & la patience; car un homme patient fait de grands efforts pour supporter sans murmure les injures qu'on luy fait; mais celuy qui pratique la douceur selon les regles de l'Evangile, n'en fait aucun, il ne croit pas même qu'on luy fasse aucun tort quand on le persecute, & il est persuadé qu'étant pécheur il est digne des traittemens les plus rudes & les plus rigoureux qu'on luy sauroit faire : de sorte qu'on peut dire que la douceur est la perfection de la patience.

Pour entendre comment la douceur fait ces admirables effets dans l'ame, il faut rechercher les causes de la colere. Plutarque, qui a connu parfaitement cette passion, dit "qu'elle tire son origine de "l'orgüeil & de l'amour pro-"pre; l'orgüeil luy donne sa fierté, son enflure & l'impetuosité de ses mouvemens; & l'amour-propre luy fournit un million de sujets qui la font naître & qui la nourrissent: l'orgüeil cause ces sortes de coleres qui sont rares, mais cruelles, implacables & sanguinaires; celles que l'amour-propre allume sont moins malignes & s'appaisent plus aisément, mais elles sont plus importunes & plus frequentes. Il "y a, dit Seneque, une de-"licate espece de colere, qui "vient d'une humeur extra-

de co. bib. ira.

l. de ira cap. 4.

ordinairement difficile. Or « quoique cette humeur difficile soit en quelques-uns un effet de temperament, elle vient en d'autres, ainsi que Plutarque l'a observé de l'amour-propre, douillet & mignard : car comme il luy faut une infinité de commodités, comme il veut beaucoup de soins & d'égards, il est fort mal-aisé de le satisfaire ; ce qui fait qu'il a incessamment sujet de se plaindre & de se fâcher.

Il faut donc que la vertu qui combat & qui détruit entierement la colere, attaque & détruise nôtre orgüeil & nôtre amour-propre. Or c'est ce que fait la douceur Chrétienne, parce qu'elle est l'effet de l'humilité, non pas de cette humilité qui ne consiste que dans des mines & des contenances modestes, & qui n'est

Loc. cit.

qu'une hypocrisie & un mensonge continuel : mais de l'humilité du cœur, ainsi que Nôtre-Seigneur l'appelle : car cette humilité fait que les Chrétiens se recōnoissant pecheurs, sont tellement convaincus que le mépris leur est dû, que quād on les fouleroit aux piés, ils ne croiroient pas avoir sujet de se plaindre. Elle les dispose encore à souffrir de bon cœur la privation non seulement de tous les aises & de toutes les commodités, mais aussi des choses necessaires à la conservation de la vie. Ainsi quoy qu'il leur arrive de desagreable & d'incommode, ils sont contens de toutes leurs avantures.

Matth. 11.

CHAPITRE XII.

L'Indulgence.

ARISTOTE reprend Socrate, ou, pour mieux dire, Platon, de ce qu'il dit que les vertus sont des sciences & des prudences. Si ce Philosophe trouve mauvais que Platon donne ces noms aux vertus, il le blâme pour un sujet bien leger; & s'il croit que ce grand Homme ait pensé que les vertus ne sont que de pures speculations & des connoissances oisives, il luy fait une fort grande injustice. Quoy qu'il en soit, il est certain que lorsque Platon appelle les vertus des sciences & des prudences, il ne veut dire que ce que dit S. Thomas : Que la droite raison «

Platon fait dire cela à Socrate dans un de ses dialogues intitulé: Menon. Arist. 6. Ethic. c. 13. & 7. Ethic. c. 3.

Pagination incorrecte — date incorrecte

NF Z 43-120-12

» est la source de toutes les » vertus & de toutes les ac- » tions vertueuses; Que tan- » dis qu'elle éclaire & qu'elle » conduit l'homme, il est bon » & fait toûjours bien, & qu'il » s'égare & se déregle aussi- » tôt que cette lumiere inte- » rieure s'éclipse en luy, ou » qu'elle se trouble. Cette verité est constante parmi tous ceux qui raisonnent solidement : car encore qu'il semble que la pluspart de ceux qui pechent agissent contre leur connoissance & contre leur propre persuasion, & qu'ils abandonnent le party qu'ils approuvent; neanmoins si l'on regarde la chose de prés, l'on trouvera qu'il n'est rien de si faux, & qu'il est tres-vray au contraire que l'homme suit dans tous les partis qu'il prend, ses approbations presentes; que la

Comët. in cap. 3. 1. Ethic. & 1. 2.

la raison est un oracle qu'il consulte incessamment & qu'il regle toutes ses actions & toutes ses conduites par ses réponses; de sorte que pendant que sa raison se conserve en en luy pure & saine, & qu'elle luy montre nettement & fortement le bien qu'il doit suivre, il l'embrasse toûjours infailliblement; mais il luy préte aussi une obeïssance égale, lorsque s'étant laissé corrompre par les passions, elle vient à decider, par exemple, qu'il doit s'abandonner aux plaisirs des sens, & qu'il trouvera sa felicité dans leur joüissance.

Que si l'on demande d'où vient que l'homme ne peut rien faire que ce que la raison luy ordonne, & qu'il la suit lors même qu'elle est aveuglée par quelque passion? Je répons que cela vient de la force naturelle de la raison, & de ce qu'étant établie dans l'homme pour le conduire, elle a reçu avec la charge de sa conduite, le pouvoir de se faire obeïr promptement & ponctuellement.

Ce que nous avons dit fait voir avec combien de justesse & de solidité Platon appelle les vertus des siences & des prudences, & combien profondes & veritables sont les maximes qu'on trouve si souvent repetées dans ses écrits :

In Menone, in Lachete, in Alcibiade & in Protagora.

„Que la sience fait tous les „biens; que l'ignorance fait „tous les maux; que le pru„dent est toûjours bon, & „que l'ignorant est toûjours „méchant; que celuy qui ne „connoît pas ce qu'il fait, ne „peut que s'égarer; & que „celuy qui sait ce qu'il fait, „ne peut qu'agir droitement,

Car ce grand Homme ne veut dire autre chose par ces maximes, si ce n'est que pendant que la droite raison gouverne l'homme, il se conduit bien; or c'est la sience qui fait la droite raison, donc c'est la sience qui est la regle & le principe de toutes les bonnes actions, & qui fait toutes les vertus de l'homme.

Cette opinion de Platon, quelque singuliere qu'elle paroisse, est pourtant generalement approuvée de tous les Philosophes, & même d'Aristote. Voicy comme il parle : Il n'est pas possible que l'homme s'empêche de faire un bien que la raison luy fait connoître, pendant qu'elle demeure convaincuë que c'est un bien. Que si l'on m'oppose qu'il y a beaucoup de gens éclairés qui ne lais-

7. Ethic. c. 3. & 5. Idem Plato in Protagora & in Menone.

» sent pas de pécher & d'agir
» contre leur propre convi-
» ction ? Je répons que ces
» gens-là savent en general
» qu'il n'est pas honnête, par
» exemple, d'être voluptueux;
» mais qu'en particulier, &
» dans le moment qu'ils sui-
» vent les attraits de la volup-
» té, ils ne font aucun usage
» de leur sience, que mê-
» me ils ne peuvent en faire
» aucun, & que la sience
» est en eux comme en ceux
» qui dorment & comme elle
» est en ceux qui sont yvres
» ou phrenetiques : car la ve-
» hemence des passions a le
» pouvoir d'alterer le corps &
» de troubler la raison, aussi
» bien que le vin & les fievres
» les plus ardentes.

Ces paroles d'Aristote font voir que le peché commence par une espece d'enyvrement;

que l'homme perd le jugement avant que de le commettre, & qu'il ne tomberoit jamais dans le peché, s'il ne tomboit auparavant dans l'erreur. Il ne doit pas neanmoins pretendre que cette sorte d'erreur l'excuse & le justifie; & c'est fort ridiculement que les Hegesiaques maintenoient qu'il falloit pardonner tous les crimes, parceque lorsque les hommes les font, les nuages des passions, disoient-ils, les empêchent d'en apercevoir la difformité : car les nuages des passions ne se forment pas tout à coup, & l'homme qui voit & qui sent qu'ils s'élevent en luy, est inexcusable de les laisser croître & grossir au point qu'ils soient capables de l'aveugler. Les erreurs qui naissent des troubles des passions ne sont donc pas inévitables,

C'étoiet des Philosophes disciples d'Aristippe. Apud Laërt. lib. 2. in Aristipp.

& ne doivent pas être mises au rang de ces erreurs innocentes, telle que fut celle de Cephale qui tua sa femme au travers des buissons, pensant tuer un Sanglier; puisqu'elles sont les effets d'une negligence coupable, & qu'elles sont autant d'aveuglemens volontaires. Tant s'en faut, dit „ Aristote, qu'il faille excuser „ les crimes qu'elles causent, „ qu'il faut punir doublement „ ceux qui les ont commis, „ & parce qu'ils les ont com- „ mis & parce qu'ils se sont mis „ en état de les commettre.

Mais si aprés ce qu'on a dit il se trouve encore quelqu'un qui doute que la sience ait part à la production des vertus & des actions vertueuses, il n'est point pour le convaincre de plus infaillible moyen que de luy faire considerer

3. Ethic. c. 7.

l'indulgence, puisque la sience est manifestement le principe & l'ame de cette vertu aimable. En effet, à mesure que nos connoissances augmentent nous devenons plus doux & plus indulgens, les fautes & les deffauts de ceux avec qui nous vivons nous font moins de peine, & nous comprenons bien que si nôtre lumiere arrivoit à sa perfection, nous pourrions parvenir à une espece d'insensibilité à l'égard des offenses qu'on nous fait, même à l'égard de celles qui nous causent de plus grands chagrins.

Ce qui fait que l'indulgence est parfaite lors qu'elle se rencontre dans un homme extraordinairement éclairé, est que la grandeur de sa lumiere luy fait penetrer les causes les plus cachées des fautes & des emportemens des hommes, &

luy fait trouver des excuses pour une infinité d'actions qui luy ont autrefois paru tres-offensantes & tres-mauvaises. Il voit, par exemple, qu'il s'est piqué de ce qu'on luy a dit en quelques occasions des paroles qu'il a regardées comme des paroles de mépris, pour n'avoir pas connu l'intention ou le peu de sens des personnes qui les ont dites; & que souvent il a attribué à la malice ce qu'on a fait contre luy par hazard & sans aucun dessein.

Quant aux deffauts du corps, il croiroit blesser l'équité, s'il les reprochoit à ceux qui les ont, & s'il leur imputoit les fautes de la nature. Il traitte également les deffauts de l'esprit; & comme il n'est point offensé de l'aveuglement du corps, il ne l'est point aussi de la stupidité, qu'il considere comme l'aveuglement de l'ame.

Mais les personnes intelligentes ne comprennent pas seulement qu'ils ne doivent pas être choqués des imperfections & des deffauts naturels des autres, ils sont encore convaincus qu'ils doivent supporter sans chagrin les sujets veritables qu'on leur donne de se fâcher, tels que sont les blessures que font à leur reputation les envieux & les méchans qui médisent d'eux ; car quoique ces blessures soient infiniment sensibles, neanmoins l'homme qui a acquis la perfection de l'indulgence, n'en est pas touché, & il les regarde, ainsi que faisoit Socrate, comme les effets d'une mauvaise education dont on n'est point coupable ; ou d'une legereté qui ne fâche qui que ce soit, ou d'une malignité naturelle & insurmontable. Il voit d'un œil aussi tranquille les oppositions de ceux qu'il trouve dans son chemin ; il se met en leur place, il entre dans leurs interêts, dans leurs sentimens, & même dans leurs imaginations ; & il découvre qu'ils ne le traversent que par les étroites liaisons d'interêt & d'amitié qu'ils ont avec ses concurrens, ou par le ressentiment de quelque injure qu'ils croyent avoir reçuë de luy.

L'indulgence Chrétienne est incomparablement plus excellente que l'indulgence humaine ; aussi les vûes qui la font naître sont-elles plus élevées ; car la foy fait voir à l'homme qu'il est obligé de soûffrir en autruy ce que Dieu y souffre, & qu'il doit imiter sa douceur

& sa patience. Elle luy fait aussi regarder ceux qui s'opposent à ses desseins, comme les instrumens de sa justice, & même comme les ministres de sa bonté ; puisque lors même qu'ils empêchent le succez de ses desirs, ils travaillent le plus souvent à son avantage.

Quant à l'indulgence humaine, il seroit mal-aisé de trouver une vertu plus fausse, plus politique & plus interessée, puisqu'elle n'est en nous qu'une crainte de perdre ceux qui nous offensent par leur indiscretion ou par leur humeur violente, parce qu'ils nous servent dans nos affaires, ou que par l'agrément de leur esprit ils contribüent à nôtre divertissement. On les supporte encore pour ne pas perdre le merite des services qu'on leur a rendus, ou par la peur qu'on a de passer pour querelleur & pour delicat.

L'indulgence humaine est aussi quelquefois une poltronnerie habile, qui fait que certaines personnes excusent ou dissimulent ce qu'on leur dit de fâcheux, pour n'être pas obligés d'en tirer raison.

C'est enfin une liberté qu'on veut avoir d'abuser des autres, qu'on ne peut prendre si l'on ne donne aux autres la liberté d'abuser de nous.

Ce qu'on a dit montre que l'indulgence humaine n'est pas une vertu sincere; mais ce qui le prouve invinciblement est que ceux qui la pratiquent, quelque doux & endurans qu'ils paroissent, sont choqués dans leur ame de tous les procedés & de tous les discours piquans; qu'ils ont une peine extréme à cacher leurs impatiences & leurs chagrins ; & qu'ils les feroient éclater s'ils n'étoient retenus par les confiderations qu'on a marquées. Au contraire les Chrétiens font veritablement indulgens, parce qu'ils ont dans le cœur la douceur qu'ils témoignent dans leur procedé, & que la charité dont ils font remplis les difpofe fi bien pour les autres, que quoy qu'on leur fafle ils ne fe bleffent jamais de rien.

Chapitre XIII.

L'Affabilité.

LA baffeffe de la fortune fait tant de confufion à l'orgueil humain, qu'il n'eft rien que l'homme n'imagine & qu'il ne faffe pour fe tirer de l'aviliffement où elle le met,

C'est pourquoy nous voyons que ceux dont la naissance est obscure tâchent de se relever par les charges & les emplois, ou qu'ils usent de toutes sortes d'adresses pour avoir quelque part à la faveur & à la confiance des Grands, afin qu'on les considere, & que n'ayant point de grandeur propre, ils soient agrandis par une grandeur étrangere. Voilà dans la verité ce qui fait aller le monde en foule aux Palais des Princes, quelque erreur qui les flatte & qui les persuade qu'on les recherche, & que c'est à eux que l'on fait la cour.

Mais comme l'élevation des personnes du premier rang les rend inaccessibles aux ambitieux qui sont d'une condition mediocre, & que ceux-cy n'osent & ne peuvent aller à eux,

L'AFFABILITÉ. 351
parce qu'ils font retenus par leur timidité & par leur respect, ils reçoivent un plaisir sensible & un soulagement merveilleux lorsque les Grands qu'ils n'osent aborder, font quelques pas vers eux & leur rendent leur abord facile.

La vertu qui porte les Princes & les grands Seigneurs à être bons, humains & honnêtes, & qui regle si bien leur civilité qu'elle s'accorde avec leur dignité. Cette vertu, dis-je, qu'on appelle affabilité, est l'attrait le plus puissant qu'ils sauroient employer pour gagner la bienveillance de tout le monde, sur tout quand elle est en eux dans sa perfection ; car alors ils ne donnent pas seulement un libre accez à ceux qui vont leur demander leur protection ; mais aussi ils préviennent leurs prieres &

leur épargnent la pudeur qu'on a toutes les fois qu'on est obligé d'en faire ; ils entrent même dans les interêts des gens, & les excitent à penser à tout ce qui peut les accommoder.

Il est vray que l'affabilité est un charme, à la force duquel il est difficile de resister ; mais il est vray aussi que l'usage qu'on en fait montre que ce n'est pas une vertu veritable ; car les Grands qui la pratiquent le plus innocemment, ou pour mieux dire, le moins criminellement, ne la pratiquent que pour le faste, c'est à dire pour avoir une grande cour, qu'ils regardent comme une marque pompeuse de la grandeur de leur credit ou de leur naissance.

Je dis que l'espece d'affabilité la moins mauvaise est celle de ces grands Seigneurs qui ne s'étudient à attirer le monde chez eux que pour satisfaire leur vanité ; parceque la plufpart d'entr'eux font fervir cette vertu aux projets de leur ambition ; & ceux-cy, quelque affables & civils qu'ils fe montrent à l'égard de toute la Cour, ils le font autrement à l'égard des perfonnes qui y font en bonne pofture, & qui peuvent leur être utiles à obtenir les plus grans emplois & les premieres charges où ils pretendent de s'élever.

Mais l'affabilité n'eft pas feulement vaine & ambitieufe, elle eft encore artificieufe & maligne. Telle étoit l'affabilité d'Abfalon. Ce jeune « Prince, dit l'Ecriture, par- « loit à tous ceux qui entroient « dans le Palais de fon pere, « & leur demandoit d'où ils « étoient, quelles affaires les «

2. Reg. 15.

» amenoient ; & quand il les
» avoit entendus, il loüoit la
» justice de leur cause, leur
» offroit son intercession &
» par ces demonstrations de
» bonté il travailloit à les ga-
» gner & à les seduire.

Sollici-tabat corda eorum. loc. cit.

Cet exemple ne nous fait pas seulement apercevoir la malignité de cette vertu artificieuse, il nous fait prendre garde aussi qu'elle est particulierement dévoüée aux desseins des Usurpateurs & des factieux, & que c'est principalement dans les Chefs de party qu'elle se rencontre : car outre que ce n'est que par la grandeur de leurs soins qu'ils peuvent conserver leurs amis & leurs partisans, qui sont d'ordinaire tentés & souvent ébranlés par les efforts que fait sur eux le party contraire ; il leur est impossible de reüssir

L'AFFABILITÉ.

que par la faveur publique. De sorte qu'il faut qu'ils ménagent tout le monde, que leurs portes demeurent toûjours ouvertes; que toutes sortes de gens soient reçus civilement chez eux; & qu'aprés avoir passé la nuit à s'assurer de leurs amis par toutes sortes de moyens, ils employent le jour à caresser de miserables boute-feux qui se sont accredités & rendus considerables parmy les peuples; & c'est ce qui a fait dire à Pindare : Que la vie des Chefs de party étoit une fatigue honorable.

L'affabilité des personnes de qualité qui n'ont aucun merite est une bassesse d'ame & une incapacité de tenir leur rang.

L'affabilité vertueuse vient de la charité & de l'humilité, & ne se rencontre par consequent que dans un Prince veritablement Chrétien. Car pendant que l'orgueil de sa condition le porte à méprifer le refte des hommes; l'humilité luy donne des fentimens fi bas de luy-même, qu'il n'a point de peine à recevoir avec un vifage ouvert ceux qu'il fait luy être femblables par la nature, & qu'il croit beaucoup plus vertueux que luy. La charité contribuë auffi à le rendre affable, parce qu'elle infpire à tous les Chrétiens un fi grand defir de fervir le prochain, qu'ils en embraffent toutes les occafions avec joye, & les cherchent avec tant d'empreffement, qu'ils vont toûjours au devant de tout ce qu'il peut fouhaitter.

CHAPITRE XIV.

La Facilité.

QUOY qu'il y ait une infinité de parties qui entrent dans la composition de l'homme ; que son corps soit formé de beaucoup de membres, & qu'il y ait dans son ame un grand nombre de facultés ; l'on peut dire neanmoins que la plufpart de ses parties sont en luy comme si elles ne luy appartenoient pas, puisqu'il peut subsister & être défini sans elles. Cette verité est sensible en ceux qui pour n'avoir que la moitié du corps, ou pour être privés des sens exterieurs, n'en sont pas moins hommes : Mais elle paroît plus évidemment en ce qu'encore que le propre de l'homme soit de penser, l'on ne peut pourtant le marquer & le faire connoître par ses pensées; parceque celles qui se presentent à son esprit sont souvent contraires à ses mœurs & à ses inclinations naturelles, & qu'elles sont en luy malgré luy; il n'y a que ses desirs & ses volontés qui soient proprement à luy; c'est pourquoy ce n'est que dans sa volonté qu'on le trouve; de sorte que l'on peut dire avec S. Augustin, que l'homme n'est que sa volonté.

Elicitur ex August. lib. I. de lib. arb. cap. 8. & 12. & ex lib. 2. cap. 1.

L'homme étant donc renfermé dans sa volonté, il ne faut pas être surpris s'il a un amour si tendre, si fort & si violent pour elle; car ce seroit s'étonner de ce que l'homme s'aime soy-même; & il ne faut pas l'être aussi, s'il s'opiniâtre quelquefois à la poursuite des biés les plus petits & les plus legers, puisque c'est la satisfaction de sa volonté qui est la source & la mesure de son bonheur, & qu'il trouve toûjours une douceur délicieuse dans la joüiſſance des moindres choses, pourvû que par leur poſſeſſion il contente de grands desirs. Je ne sens la souveraineté, disoit Denis le Tyran, que par le plaisir que j'ay de faire ma volonté.

L'on conclut de ce qu'on vient de dire, que la facilité qu'ont quelques personnes complaisantes à renoncer à leur volonté, & à se tourner presque toûjours aux desirs des autres, est une vertu d'une force extraordinaire, puisqu'elle donne à l'homme celle de vaincre à toute heure sa volonté. Mais pour prouver la fauſſeté de cette vertu, il ne faut qu'employer les effets qu'on luy attribuë, & faire considerer que la grace de Jesus-Christ (dont le pouvoir surpasse si fort celuy de la vertu humaine) a bien de la peine à rendre l'homme maître de ses desirs, & qu'à quelque degré de sainteté qu'il parvienne, il ne l'est jamais si absolument qu'il ne trouve toûjours beaucoup de resistance en luy-même.

C'est pourquoy il est aisé de connoître que la facilité est une vertu trompeuse, & de découvrir que ces gens (qui sont accommodans, qui ne dédisent jamais leurs amis de rien, & qui lors même qu'ils se sont déclarés vouloir quelque chose, dés qu'on leur resiste tant-soit-peu, se rangent si promptement à l'avis des autres) quoy qu'ils paroissent n'avoir point de volonté,

lonté ne manquent pourtant jamais à faire la leur. Car si l'on y prend bien garde, ce sont des gens qui sacrifient ce qu'ils souhaitent le moins à ce qu'ils souhaitent le plus, & qui ne font tout ce que l'on veut que pour obtenir ce qu'ils veulent. Un homme fait partie d'une societé composée d'un grand nombre de personnes agreables, & qui font une grande figure dans le monde; la douceur qu'il trouve dans cette societé, & la gloire qui luy revient d'y être souffert, l'obligent à faire tout ce qu'il peut pour s'y conserver : il voit qu'il n'a pas assez d'esprit & de merite pour y primer, que peut-il faire de mieux que de suivre les mouvemens de ceux qu'il ne peut maîtriser. Un Gentil-homme qui s'est insinué dans les bonnes graces d'un Prince, voit que pour établir ses affaires il n'a point d'autre moyen que de le ménager; il sait que ce Prince est difficile, délicat & si absolu dãs tout ce qu'il veut, qu'il ne peut souffrir qu'on le contredise, il se resout d'avoir pour luy une complaisance aveugle, & il en use de cette maniere, parce qu'il ne trouve point de meilleure voye pour reüssir.

C'est l'interêt (qui ouvre l'esprit aux hommes, & leur donne tant d'adresses & d'industries) qui leur a fait apercevoir que l'homme est si fortement attaché à toutes ses volontés, qu'on luy déplaît mortellement dés qu'on s'y oppose, & que de là vient cette generale aversion qu'on a pour les les esprits contredisans, pour ces fleaux de la conversation & de la vie civile, à qui il suffit, dit Martial, de connoître que quelqu'un a un dessein, ou qu'il est d'un avis, pour en avoir un contraire.

Insequeris, fugio, insequor, hæc mihi mens est.
Velle tuum nolo, Dindime nolle volo.

D'où il leur a été aisé de conclure que puisque l'homme s'offense si fort quand on desapprouve ses pensées & ses desseins; on le ravit sans doute lors qu'on luy témoigne d'une manière qui paroît sincere, qu'on entre effectivement dans tous ses sentimens; & c'est ce qui fait qu'il y a des gens qui s'étudient à être commodes, & qui se piquent d'avoir une grande facilité à se conformer aux goûts & aux inclinations des autres.

La facilité de ceux qui n'ont

gueres d'esprit, ou qui n'en ont point du tout, est bien differente de celle des personnes intelligentes, qui agissent de dessein & qui ont des vües; car leur facilité n'est que la molesse de leur complexion, ou une foiblesse qui fait qu'ils se laissent entraîner à tous ceux qui ont plus de lumiere & de force qu'eux : Elle vient aussi de ce que leur esprit ne leur fournit aucune raison pour ne pas vouloir, ni aucune invention pour ne pas faire ce que les autres veulent ; elle vient enfin de l'état de leur volonté qui est endormie; car au lieu que les personnes vives & agissantes ont toûjours quelque nouvelle envie : celle-cy au contraire n'ont envie de rien, & n'ont par consequent aucune peine à faire tout ce qu'on veut; cette espece de facilité n'est qu'un défaut de lumière & de vigueur, c'est le moyen de parvenir des foibles & des stupides, & le party que prennent ceux qui n'ont ni la sience ni la force de resister.

La facilité de rompre sa volonté en toutes rencontres, & de n'avoir repugnance à rien de tout ce qui choque le plus nos inclinations, lors qu'elle est sincere & veritable, n'est pas seulement une vertu, c'est l'assemblage de plusieurs vertus rares & excellentes ; c'est le comble & la perfection de la pieté Chrétienne ; aussi ne se trouve-t-elle que dans ces hommes bien-heureux qui ont travaillé toute leur vie à se domter, à détruire leur amour propre & à mourir à eux-mêmes ; & c'est d'eux seuls qu'on peut dire veritablement qu'ils n'ont point de volonté.

Dans les vertueux du siecle, la facilité, ainsi que nous avons dit, n'est qu'une vertu trompeuse; car pendant qu'ils semblent ne faire rien pour eux, & n'avoir point d'autre desir que de s'accommoder aux desirs des autres, ils vont à leurs fins & songent à satisfaire leurs passions.

CHAPITRE XV.

La Pitié.

LA vie de l'homme est sujette à tant de sortes de maux, d'infortunes & de traverses, qu'il seroit presque toûjours consumé d'ennuis & de déplaisirs, si personne n'étoit sensible à ses peines & ne prenoit soin de les adoucir: Mais la Providence a pourvû à son soulagement d'une maniere admirable par les differentes liaisons qu'elle a établies entre les hommes ; car ces liaisons les engagent à s'interesser à ce qui les touche, & à s'assister mutuellement; c'est par cette raison que cette sage Providence en fait naître plusieurs d'un même sang, afin que le bien qu'ils sont capables de faire se communique à leurs proches préferablement aux étrangers, comme le suc qui entretient la vie d'un arbre se distribüe plûtôt aux branches qui sortent immediatement du tronc qu'à celles qui en sont éloignées. Outre cela elle met en certaines personnes un si grand rapport de goûts & de sentimens, qu'ils se lient d'amitié dés qu'ils se connoissent & contractent par leur union une obligation mutuelle de prendre part à leurs peines, & de s'entr'aider dans tous leurs besoins : Mais comme la proximité du sang ne s'étend qu'à un petit nombre de personnes, & que l'amitié est encore plus limitée, la plufpart des miserables feroient abandonnés, si la même Providence n'eût trouvé le secret de les joindre aux plus heureux par la nature qui leur est comune ; car il n'est pas possible qu'étant unis naturellement, ceux-cy ne ressentent les maux des autres, & que les ressentant ils ne fassent ce qui est en leur pouvoir pour les secourir.

C'est là le privilege de la pitié. Ceux qu'elle attendrit ne se bornent pas à donner secours aux personnes qu'ils aiment & à celles qui leur appartiennent ; ils tendent les mains aux personnes qui leur font le plus indifferentes, &

même à celles qui n'en usent pas bien à leur égard & qui leur sont contraires ; & c'est d'elle seule qu'on peut dire que c'est une resource pour tous les malheureux. C'est pourquoy l'on auroit raison de loüer extraordinairement la pitié, si ceux qui font du bien aux pauvres, & qui consolent les affligés leur rendoient ces charitables offices en vüe de Dieu & pour accomplir sa loy qui nous ordonne de les leur rendre : Mais nôtre amour propre qui corrompt tous les biens que nous faisons, ne nous fait sentir les maux de nôtre prochain, & ne nous inspire le desir de les soulager que pour l'amour de nous-mêmes, ainsi que nous allons le faire entendre.

Peu de gens s'appliquent à bien cônoître la nature de l'amour propre; quoy que ce soit une des plus utiles connoissances que l'on sauroit aquerir, puisque sans elle l'on ne peut distinguer les fausses vertus des vertus pures & veritables. Tout ce que j'en puis dire, sans m'éloigner de la matiere que je traitte, est que l'amour propre a une étenduë étonnante; car tous ceux qu'il possede s'inquietent pour les sujets qui les touchent de prez & pour ceux où ils n'ont presque point d'interêt; ils craignent les accidens dont ils sont menacez & ceux qui ne doivent pas leur arriver vray-semblablement; & au lieu de se contenter d'apporter remede à leurs maux presens, ils songent sans cesse à prendre des precautions contre les disgraces & les malheurs à venir.

Ces dispositions qui sont celles d'un homme plein de l'amour de foy-même nous font comprendre quel eft le principe de ceux qui agiffent par le mouvement d'une pitié purement humaine, & nous font voir que lors qu'ils ouvrent leur bource pour fubvenir à la neceffité d'un homme qui eft tombé dans la pauvreté, ou qu'ils fauvent de la prifon un debiteur pourfuivi par fes creãciers, ou qu'ils fe montrent officieux & fecourables à un de leurs voifins qu'ils voyent accablé de douleurs & de maladies, ou qu'ils effayent de donner quelque confolation à un pere & à une mere defolez de la mort de leur fils unique ; quoy que leurs actions nous perfuadent qu'ils ont une veritable compaffion des afflictions & des miferes de leur prochain, ce font des gens qui n'ont pitié que d'eux-mêmes; qui se servent, s'assistent & se soulagent en la personne des autres, & qui essuyent leurs larmes dans les yeux de leurs proches & de leurs amis. Ce sont des gens qui voyāt que par l'inconstance des choses humaines, les plus riches sont en peu de temps appauvris par les mauvaises affaires qui leur surviennent, que les plus robustes & les plus sains lors qu'ils y pensent le moins sont attaquez de maladies longues & incurables, & que les plus heureux deviennent souvent les objets de la haine de la fortune, prennent tous les soins qu'ils peuvent des malheureux, afin qu'on prenne les mêmes soins d'eux s'ils viennent à manquer de bien, s'ils tombent malades, & si leur fortune vient à changer ; de sorte qu'ils previennent tous leurs besoins, & se donnent par avance tous les secours qu'ils peuvent s'imaginer; ainsi la pitié est un sentiment secrettement interessé; c'est une prévoyance habile, & on peut l'appeller fort proprement la providence de l'amour propre.

Les larmes que Cesar versa lorsque Theodore luy presenta la teste de Pompée, font voir clairement cette verité; puisqu'il est évident qu'il pleura à la vûe de ce spectacle, par les reflexions qu'il fit que la fortune qui avoit trahi Pompée ne luy seroit pas plus fidelle, & que le nombre & la continuation des faveurs qu'il recevoit d'elle luy devoient être un presage certain de son inconstance : car s'il eût pleuré la fin déplorable de Pompée par quelque reste d'amitié qu'il eût conservé pour luy, n'eut-il pas eu une vraye horreur de l'assassinat qu'on avoit commis contre ce grand homme, & n'eût-il pas fait punir l'assassin qu'il avoit entre ses mains? Mais comment pouvoit-il être veritablemét affligé d'une mort qui l'avoit délivré d'un ennemy si puissant, & qui luy avoit assuré l'Empire. En verité c'est

Lib. 5. » mal connoître le cœur de » l'homme, dit Q. Curce, » que d'en attendre de la com- » passion, & de s'imaginer que » les infortunes des autres le » touchent assez pour luy ti- » rer des larmes des yeux.

L'idée que j'ay conçüe de la pitié est tout-à-fait conforme à la definition qu'Aristote en

2. Rhe- thor. cap. 8. » a donnée : La pitié, dit-il, » est une douleur que nous » sentons des disgraces & des » afflictions qui arrivent aux autres, dans la creance que « nous avons qu'elles pour- « ront quelque jour nous ar- « river à nous-mêmes. Que si « quelqu'un veut être convaincu que c'est cette creance qui fait naître en nous la pitié, il n'a qu'à obferver qu'on la trouve tres-rarement en ceux qui font comblés de biens & d'honneurs, & dont le bonheur est si affermi, que rien n'est capable de le détruire, & en ces fortes de malheureux qui font si accablés de miferes, qu'il ne leur refte plus rien à craindre.

Il y a donc un jufte fujet de s'étonner qu'on regarde la pitié comme une qualité vertueufe ; mais on en aura beaucoup plus, si l'on confidere qu'elle n'a rien d'eftimable ni dans les caufes qui la produifent, ni dans les fujets où on la rencontre ordinairement.

La pitié en elle-même n'est qu'un amolissement de l'ame, que la vertu travaille incessamment à fortifier ; aussi est-ce principalement à cause de la pitié que Platon condamne la *Lib. de Rep. & de legib.* „ Comedie : On y represente, „ dit-il, des avantures tragi- „ ques, & on y fait voir des He- „ ros plaintifs & qui pleurent „ leurs infortunes pour émou- „ voir la pitié des spectateurs ; „ & l'on ne prend pas garde „ qu'étant ainsi amolis, ils „ en sont bien plus disposés à „ se laisser abattre par les af- „ flictions : ne devroit-on pas „ au contraire leur proposer „ des exemples propres à leur „ affermir l'ame, & faire voir „ sur le theatre de grands „ Hommes qui soûtiennent „ les pertes & les disgraces „ avec une grande égalité &

LA PITIE'. 377

avec constance. Il est vray « qu'Aristote n'est pas de son avis, & qu'il croit que la Comedie doit être une imitation & une peinture forte & naturelle des passions, afin de faire craindre aux hommes de s'y abandonner. Remede bien singulier, étrange entreprise, de vouloir guerir les passions par les passions !

De Poet. cap. 6.

Quant aux causes qui produisent la pitié, il y en a deux principales. La premiere est, ainsi qu'il a été dit, un amour excessif de soy-même, qui fait que l'homme portant sa vûe sur tout le cours de sa vie, cherche des remedes pour tous les accidens où il peut tomber.

La seconde cause de la pitié est ce mélange d'humeurs où la pituite prédomine ; car les personnes humides sont plus disposées que les autres à recevoir les impreſſions des objets, & elles pleurent d'autant plus aiſément qu'elles trouvent du ſoulagement à verſer des larmes. De là vient que ceux qui ont cette ſorte de temperament ne ſont pas toûjours également ſenſibles, & qu'il y a des temps & des heures du jour où ils le ſont fort peu, ſelon que la pituite domine plus ou moins en eux; ce qui fait qu'on ne peût conter ſur les aſſiſtances que donnent au prochain ceux qui ne l'aſſiſtent que par une pure compaſſion naturelle.

Les ſujets les plus ſuſceptibles de pitié ſont les vieillards, les femmes & les enfans, qui ſont tous des ſujets foibles & faciles à émouvoir : Les vieillards, parceque leur corps & leur eſprit ſont affoiblis par l'âge : les enfans, parce qu'ils agissent par l'impression que font en eux les objets qui frappent les sens : & les femmes, à cause que leur sexe les éloigne des emplois qui éveillent & qui exercent le courage, & que d'ailleurs elles sont dépourvûes des connoissances qui fortifient l'esprit ; de sorte que dans les accidens qui leur arrivent elles se trouvent sans force & sans resolution ; c'est par cette raison qu'elles plaignent extraordinairement tous ceux qu'elles voyent dans la souffrance, & qu'elles voudroient, dit Seneque, briser tous les fers & ouvrir toutes les prisons.

2. *de Clem. cap.* 5.

Ainsi quoy qu'on aime les personnes tendres, & que tout le monde soit prévenu en faveur de la pitié, il faut bien se garder de la prendre pour un sentiment vertueux, il faut la regarder comme une veritable passion, ainsi qu'elle l'est par le consentement de tous les Philosophes. Il est vray qu'Aristote la met au rang des passions qu'il appelle utiles & necessaires; car comme il croit que toutes les belles actions & toutes les belles choses doivent leur naissance à l'ambition, & que cette passion de s'immortaliser a fait les Heros & tous ces grands Hommes qui se sont rendus celebres par les arts & par les sciences; que la colere anime les vaillans & a part à tous les exploits guerriers; que la crainte fait prévoir les maux, & qu'elle est la mere de la prudence: Il pense de même que la pitié nous excite à pourvoir aux besoins des pauvres, & nous fait faire en bien des rencontres beaucoup d'actions de liberalité.

3. Ethic. c. 6.

3. Ethic. c. 11. & 4. Ethic. c. 11.

Cic. 4. Tuscul.

Senec. lib. 3. de ira, cap. 3.

LA PITIÉ. 381

Ciceron ne peut goûter cette opinion, & se moque avec beaucoup de raison de ce qu'Aristote a crû qu'un homme ne peut être charitable s'il n'est amoli par la pitié. L'homme, « dit-il, seroit bien malheu-« reux, si pour soulager les mi-« serables, il falloit qu'il le fût « luy-même ; s'il falloit qu'il « eût l'ame émûe & troublée « pour les secourir dans leur « indigence, & s'il ne pouvoit, « dit Seneque, consoler un « affligé sans être abattu, triste « & languissant comme luy. «

Mais n'est-ce pas la pitié qui est la cause la plus ordinaire de la charité qu'on exerce envers le prochain ? Il n'est rien de plus certain, répond Ciceron ; mais il n'est pas question de sçavoir de quelle maniere l'on fait les actions qui sont de soy bonnes & vertueuses ; il

4. Tuscul.

Loc. cit.

2. de Clem. cap. 6.

Loc. cit.

s'agit d'établir comment elles doivent être faites, & d'éclaircir quelle est la disposition du Sage lors qu'il assiste ceux qui sont en necessité ? Or cette disposition du Sage est telle, qu'il fait le bien par les ordres tranquilles de la raison, & n'attend pas pour le faire qu'il y soit excité par les passions : de sorte que plus il croît en sagesse & moins il a besoin d'être émû de compassion pour secourir les pauvres, parce qu'il luy suffit pour faire les actions de charité, qu'elles luy soient prescrites par la raison. Cette disposition du Sage vient de ce qu'à mesure qu'il s'avance dans la vertu il devient plus semblable à Dieu, qui sans être touché des peines de ceux qui souffrent, les en délivre par les seuls ordres de sa sagesse; ” ce qui donne quelque soubçon, dit S. Augustin, que la « pitié est une foiblesse & une « infirmité de nôtre nature, « c'est que les Anges bien-heu- « reux preservent un homme « du naufrage, sans que le dan- « ger où ils le voyent leur « fasse ressentir aucun mouve- « ment de compassion ; & c'est « pour cette raison que Seneque dit, que le Sage doit être « toûjours charitable, mais « qu'il ne doit jamais être foi- « ble. «

Lib. 9. de Civit. Dei, cap. 5.

Loc. cit.

Que si l'on veut savoir d'où vient qu'on a tant d'inclination pour les personnes qui sont sensibles aux maux des autres, & pourquoy la pitié a trouvé place parmy les qualités les plus estimées ? Je répons qu'on a conçu une opinion avantageuse de la pitié par la même raison qui persuada aux Babiloniens que

Belus étoit un Dieu ; car comme ils eurent cette creance & luy rendirent les honneurs divins, parce qu'ils voyoient que sa statuë étoit un azile pour tous les criminels ; de même le vulgaire voyant que la pitié est le refuge des miserables, l'a regardée & honorée comme une qualité divine. Par où l'on voit que l'interêt ne fait pas seulement toutes les fausses vertus, mais qu'il est encore l'auteur de l'estime qu'on a pour elles.

On approuve aussi la pitié par l'extrême aversion qu'on a pour la dureté, qui est une qualité étrange & tout-à-fait opposée à la nature de l'homme, parce qu'elle étouffe en luy tous les sentimens humains, & qu'il semble qu'elle ferme son cœur à tous les autres hommes en le rendant insensible

sible à leurs afflictions & à leurs miseres. L'on peut même dire que puisque la dureté est un vice qui empêche les hommes de compâtir mutuellement à leurs déplaisirs; c'est une chose loüable de sentir des maux ausquels on est obligé de remedier : mais il faut s'arrêter là ; car si l'on fait un pas plus avant, & qu'on tire cette consequence, que la pitié qu'on n'a des autres que pour l'amour de soy-même, est une qualité vertueuse, l'on commence à s'égarer, parceque les sentimens que la vertu inspire sont paisibles, uniformes & purs de tout interêt, & que la compassion naturelle est un sentiment inquiet, inégal & interessé ; aussi est-ce une chose bien differente d'être touché de pitié, & d'être attendri par la charité. La charité rétablit le pouvoir de la raison dans l'homme ; la pitié l'affoiblit ; la charité luy fait toûjours sentir & soulager en la maniere qu'il peut les maux de tous les hommes, amis, ennemis, domestiques, étrangers, & même de ceux qui sont absens ; la pitié ne le porte à les assister qu'autant qu'il y est excité par les objets presens. La charité regarde Dieu dans le prochain, & est sensible aux besoins de l'ame ; la pitié n'est touchée que des disgraces & des malheurs temporels.

Il faut pourtant avoüer qu'encore que la pitié ne soit en elle-même qu'un affoiblissement de l'ame, & que ses motifs ne soient pas loüables ; elle ne laisse pas d'être estimable par ses effets : car il se fait une infinité de biens dans le monde qui ne se feroient pas sans elle. Aussi lorsque j'ay découvert ses deffauts, mon intention n'a pas été de la condamner absolument, & de blâmer les assistances qu'on donne au prochain par son mouvement; puisqu'il faut approuver toutes les bonnes actions par quelque principe imparfait qu'elles soient produites; je n'ay donc point eu d'autre dessein que de détromper les hommes qui croyent qu'ils sont vertueusement tendres & charitables toutes les fois que par leur seule compassion naturelle ils retirent des pauvres dans leurs maisons, ou qu'ils payent la rançon de quelque captif, & de leur faire prendre garde qu'on n'est vertueux que lors qu'on agit par une disposition vertueuse, suivant cet oracle d'Aristote: Celuy-là n'est point vertueux, quel- « 2. E-thic. c. 4.

„ques grandes actions de ver-
„tu qu'il fasse, s'il ne les fait
„en vüe de la vertu.

Que s'il y a des Chrétiens, comme il y en a sans doute un grand nombre, qui ne sentent point en eux cette disposition vertueuse ; il faut leur parler & les exhorter en cette maniere : Si tous les hommes qui appartiennent à Dieu ne vous sont pas assez chers par ce titre, pour être affligés de leurs maux & pour les trouver dignes de vos soûpirs ; suivés du moins les sentimens de la nature, qui vous liant à tous les autres hommes, vous oblige à prendre part à leurs peines ; & faites par un mouvement de pitié ce que vous ne pouvés faire encore pour l'amour de Dieu & par charité.

Chapitre XVI.

La Douleur de la mort des Proches & des Amis.

LA douleur que nous ressentons de la perte de nos proches & des personnes que nous avons long-temps & cherement aimées, fait dans nôtre ame des impressions si differentes & si contraires, qu'elles semblent être les effets de plusieurs passions. Car cette espece de douleur a des douceurs qui nous flatent & des vivacités qui nous penetrent; & aprés qu'elle a amolli nôtre ame par ses tendresses, elle l'emporte soudainement par ses violences. Qui ne croiroit que les hommes se voyant attaqués par une passion si forte & si redoutable, ramassent toutes leurs forces pour se mettre en état de luy resister; mais qui pourroit s'imaginer qu'il y en ait plusieurs qui au lieu de se fortifier contre la douleur, s'abandonnent à elle; qui même font gloire de s'y abandonner, & qui dans les tristes avantures qui leur arrivent, se piquent d'être affligés & de sentir tout ce que la douleur a de tendre, de vif & de violent.

Ces sortes de gens sont faux en toutes manieres; car outre qu'ils se font un honneur d'être abattus par l'affliction (ce qui ne peut rendre personne recommandable) & qu'ils representent d'ordinaire leur douleur plus grande qu'ils ne la sentent, ils trompent souvent les autres quand ils disent qu'ils regrettent les morts, & se trompent encore plus souvent eux-mêmes lors qu'ils croyent les regretter.

Il ne faut pas employer beaucoup de raisons pour prouver que ce ne sont pas les morts qu'on plaint lors même qu'on est veritablement touché de leur perte : il faut prier seulement les personnes éclairées de se consulter elles-mêmes, de sonder leur ame, & de tâcher de découvrir les causes secrettes de leur douleur ; ils appercevront bien-tôt, je m'assure, que ce n'est pas la mort de leurs amis, mais ce qu'ils perdent par leur mort, qui les fait pleurer, & que le même interêt qui fait qu'ils s'affligent de ce que la grêle a ravagé leurs champs & leurs vignes, & de ce que le feu a brûlé la plus belle de leurs maisons, fait qu'ils ne peuvent se consoler de la mort d'un homme dont l'amitié leur étoit agreable, ou honorable, ou utile. Un grand Seigneur nous soûtenoit dans le monde ; un Ministre combloit nôtre maison de biens ; un homme, par l'agrément de sa personne & par la fidelité de son amitié, faisoit le bonheur de nôtre vie ; nous les perdons, & nous pleurons non pas leur perte, mais celle de nos plaisirs & de nos avantages ; il me semble que cela peut être apperçu tres-facilement. L'on a bien plus de peine à comprendre qu'on tire vanité de l'affliction; cependant il y a des personnes qui se montrent outrées de douleur lors que leurs amis meurent, pour se faire remarquer & se distinguer des autres. Il y a une autre espece de gens qui affectent d'être tendres & sensibles à la perte de leurs amis, afin qu'on soit tendre pour eux & qu'on prenne part à leurs déplaisirs. Enfin les larmes qui coulent de la source la plus basse sont celles que la foiblesse fait répandre aux femmes en toutes sortes de rencontres : car outre que les larmes sont leur éloquence dans leurs affaires, & leur force dans leurs besoins, il semble qu'elles sont gagées pour pleurer tous les accidens de la vie, même dans des sujets qui leur sont indifferens, pourvû qu'elles en soient témoins. Il est vray que leurs larmes tarissent bien-tôt, au moins ordinairement ; ce que je dis, parce qu'il y a des Heroïnes d'affliction, qui à la mort de leurs maris forment le dessein de rendre leur douleur immortelle, afin de se signaler ; elles prennent encore cette resolution pour faire entendre au monde que leurs maris étoient infiniment aimables, & qu'elles en étoient aimées uniquement, & pour donner une grande idée du bonheur qu'elles ont perdu : mais la cause la plus ordinaire de la grandeur & de la durée de leur douleur, est qu'elles se voyent déchües du rang qu'elles tenoient & de la consideration où elles étoient.

L'imitation, l'ostentation & l'interêt sont les plus grandes & les plus generales sources des larmes. L'imitation fait que la plufpart des gens pleurent dans les occasions douloureuses & affligeantes, parce que les hommes ont une inclination naturelle à se copier les uns les autres, qui les porte à faire incessamment tout ce qu'ils voyent faire; & comme depuis leur enfance ils ont toûjours vû qu'on est touché de la mort des proches & des amis jusques à verser des larmes; ils pleurent & soûpirent quand ils les perdent par ce même esprit d'imitation qui fait qu'ils chantent & qu'ils dansent quand leurs parens ou leurs enfans se marient. L'exem- « ple nous côduit, dit Seneque, « au lieu que la raison nous de- « vroit conduire; & nous fai- « sons ce qu'on fait, & non pas « ce que nous devons faire. «

Epist. 99.

L'ostentation a une part tres-considerable à l'affliction des femmes ambitieuses dont nous avons parlé; car elles se mettent dans l'esprit qu'il est beau d'égaler la durée de leur deüil à celle de leur vie, & choisissent cette triste & fatigante voye pour acquerir de la reputation. Etrange maniere de s'établîr dans le monde, dit «

Loc. cit.

» Séneque, que de s'y établir
» par les abbatemens & les
» foiblesses de la douleur! La
» montre de la douleur, ajoû-
» te ce Philosophe, est plus
» grande que la douleur; rien
» n'est si rare que de voir des
» hommes qui soient affligés
» pour eux-mêmes; rien de si
» commun que d'en voir qui
» sont affligés pour les autres,
» qui prénent leur tête à deux
» mains, qui se tourmentent
» & qui invoquent la mort
» comme seule capable de finir
» leurs peines, & dont nean-
» moins la douleur s'appaise &
» devient muette aussi-tôt qu'-
» elle n'a plus de témoins. J'ay
vû autrefois une femme à la
Cour, qui dans un effroyable
accident dont elle fut soudainement frappée, étant à l'instant visitée de tout le monde,
en sorte que sa chambre étoit

Ibidem.

toute pleine, pleura, se plaignit & cria d'une voix si éclatante & d'une maniere si tendre qu'elle faisoit fendre le cœur; le mien en étoit tout transi, mais il ne le fut pas lõg-temps; car le monde ne fut pas plûtôt sorti, qu'elle me dit avec un visage fort reposé : Je vous prie faites ouvrir les fenêtres, il fait bien chaud, & m'entretint en suite sur tout autre sujet que celuy de son affliction. Comme j'étois surpris de ce changement, son Portier la vint avertir qu'une Princesse la venoit voir ; ce qu'elle n'eut pas plûtôt entendu, qu'elle se jetta sur son lit & recommença ses cris, même elle les redoubla par la consideration particuliere qu'elle avoit pour cette grande Princesse.

Enfin l'interêt est la veritable cause de toutes les afflictions grandes, vives & sensibles; celles-cy sont differentes en toutes manieres des douleurs d'imitation & d'ostentation, sur tout en ce que dans les douleurs d'imitation & d'ostentation l'on s'efforce de paroître touché beaucoup plus qu'on ne l'est effectivement; au lieu que dans les afflictions causées par l'interêt, ce qu'on témoigne est toûjours au dessous de ce que l'on sent.

Quelque differentes pourtant que soient ces trois especes d'affliction, elles ont ce rapport entre elles, qu'elles sont toutes fausses & trompeuses; car ceux qui s'affligent par imitation & par ostentation trompent les autres, & ceux qui sont affligés pour leur propre interêt se trompent eux-mêmes, puisque croyant plaindre leurs bien-faicteurs, ils plaignent l'état où ils font reduits par la mort de leurs bienfaicteurs.

Si l'on ne peut s'affliger sans tromper les autres, ou sans se tromper soy-même, la douleur & la vertu, dira quelqu'un, sont donc incompatibles, & il ne sera jamais permis à un homme sage de sentir le moindre déplaisir, quelque grande perte qu'il fasse : de sorte qu'il verra d'un œil sec mourir sa femme qui luy a toûjours été tres-chere, qui étoit tendrement attachée à luy, & avec laquelle il passoit doucement sa vie.

Je répons que le sentiment de la douleur n'est point contraire à la vertu, & qu'il n'est pas moins ridicule de dire qu'un homme vertueux qui perd sa femme, ne doit point sentir cette separation, que d'assurer qu'il ne doit pas sentir le mal qu'on luy fait quand on luy coupe une jambe. Aussi est-ce une verité si constante parmy les Philosophes, que le sage est sensible comme les autres hommes, que c'est sans fondement qu'on impute aux Stoïciens de vouloir que leur Sage soit insensible, comme on le montreroit, si c'étoit icy le lieu de le faire voir.

Je dis en second lieu que les douleurs d'imitation & d'ostentation sont indignes d'un homme vertueux & d'un honnête homme ; parce qu'un homme veritablement honnête & vertueux n'est ni foible ni vain, & qu'il craint souverainement d'imposer aux autres. Qu'on
» voye tomber des larmes de
» nos yeux, dit Seneque, lors
» que l'excés de nôtre dou-
» leur nous les fait répandre,

à la bonne heure ; mais ne « nous excitons jamais à pleu- « rer. Madame la Duchesse de Montauzier, l'honneur de son sexe & l'ornement de nôtre siecle, regardoit la sincerité comme la marque des grandes ames, & la pratiquoit religieusement en toutes ses paroles & en toutes ses actions. Je croi- « rois, disoit-elle, trahir mes « amis, si leur témoignant la « part que je prens à leurs dé- « plaisirs, je laissois sortir mes « larmes quand il est en mon « pouvoir de les retenir. «

Je dis en troisiéme lieu, qu'il est honteux à un honnête homme veritablement affligé de la mort de son ami, de ne pas connoître que sa douleur vient de ce que cette mort luy ôte toute la douceur qu'il goûtoit dans la vie ; que Zenon ne veut point que le Sage ait ces fortes d'aveuglemens, & qu'il ne le croit pas moins obligé d'avoir de saines opinions, que d'avoir des sentimens honnêtes & vertueux. Que si un homme sent que son interêt est la vraye cause de son affliction, il doit l'avoüer & ne pas s'efforcer de faire croire que c'est par un pur sentiment d'amitié qu'il est affligé.

Que peut-on recüeillir de tout ce discours, sinon qu'il n'est rien de si vray que ce que dit l'Ecriture, qu'on ne sauroit faire rien de bon de l'affliction, dont toutes les personnes qui pleurent amerement la mort de leurs proches & de leurs amis, esperent tirer de l'utilité ; qu'au contraire la douleur qu'ils témoignent leur est nuisible ; car s'ils ne sont point touchés, ils blessent la sincerité en le voulant paroître ; &

Multos occidit tristitia, & non est utilitas in illa. Ecclesiast. 30.

s'ils le font, l'abbatement de leur ame & de leur visage n'est propre qu'à faire voir l'attachement qu'ils ont à leurs interêts : car pourquoy est-ce qu'une femme qui se voit privée de son mary, rejette toutes les consolations qu'on luy veut donner ? Pourquoy est-ce qu'elle se pique de faire voir que la raison & le temps, qui adoucissent les afflictions ordinaires, ne peuvent rien sur la sienne, si ce n'est parce qu'elle a perdu les satisfactions & les honneurs dont elle joüissoit ? pourquoy est-ce que rien n'est capable de guerir la profonde playe que la mort d'un Prince a faite dans l'ame d'un homme qu'il aimoit & qu'il obligeoit tous les jours par de nouveaux bienfaits & de nouvelles marques de confiance ? N'est-ce pas à cause qu'on ne fait plus de luy le même cas qu'on en faisoit lors qu'on le voyoit estimé & caressé par ce Prince? Comment peut-on donc pretendre que l'affliction, que S. Paul appelle la tristesse du monde, passe pour un sentiment loüable, puisqu'elle n'est qu'une preuve de l'amour que nous avons pour les choses vaines & passageres dont nous sommes privés par la mort de nos amis & de nos bien-faicteurs; & que c'est cet amour qui fait que nous avons tant de peine à en supporter la privation.

2. Cor. cap. 7.

Il n'y a que la tristesse des Chrestiens qu'on doive estimer & qui soit veritablement vertueuse, parce qu'il n'y a qu'eux qui sachent le bon usage des larmes, & qui comprennent qu'elles doivent être employées à déplorer l'état d'une ame abandónée de Dieu. « Tu pleures un corps dont l'a- « me est separée, dit S. Augu- « stin, & une ame dont Dieu « s'est separé ne te fait point « pleurer. Ils croyent aussi qu'- « ils peuvent être sensibles à la perte de leurs amis, parce qu'ils ne donnent ce nom qu'à ceux que l'Ecriture appelle des amis solides & veritables, & qu'ils ne les plaignent point à cause qu'ils se plaisoient en leur compagnie, ou qu'ils en recevoient des secours considerables dans leurs besoins, ce qui est tout ce que les hommes du monde aiment en leurs amis ; mais à cause que leurs amis leur donnoient des conseils & des instructions utiles à leur salut.

Serm. 41. de Sanctis.

CHAPITRE XVII.

La Bonté.

Partem Deo pecunia non facit, non gloria, Deus nudus est. Ep. 31.

« LA nature de Dieu, dit Seneque, est si excellente, si riche & si precieuse, que quoy qu'il soit Seïgneur de toutes les creatures, que tous les tresors du monde luy appartiennent, & qu'il soit grand dans l'estime des hommes, l'on ne comprend neanmoins dans sa definition ni sa gloire, ni ses richesses, & on ne le définit que par les biens qui sont en luy & par ses seules perfections. Il n'en est pas de même de l'homme, on ne le définit pas seulement par sa justice, par sa sagesse, par sa vaillance & par ses autres vertus; on renferme encore dans sa définition tout ce qui l'environne, & on y fait entrer sa naissance, ses richesses, sa puissance, ses emplois & ses dignités. Ce qui est encore plus surprenant, c'est qu'on le conçoit & qu'on le represente beaucoup plus, par ce qu'il est par rapport aux autres, que par ce qu'il est en luy-même, & qu'on ne conte presque pour rien ses defauts particuliers, pourvû qu'il soit utile ou agreable au public. De là vient que ceux qui sont bons, tendres, affectifs & officieux, quelque déreglés qu'ils soient dans leurs mœurs, quelque frivoles & peu sensés qu'ils se montrent dans leur conduite, & quelque injustes qu'on les éprouve lors qu'il s'agit de leurs interêts, ne laissent pas de reüssir dans le monde : & de là vient aussi qu'il n'est point de qualité plus generalement approuvée que la bonté. Toutes les personnes qui sont dans le commerce du monde, & principalement celles qui sont engagées dans la Cour la relevent sans cesse par leurs loüanges; la foy & la probité leur paroissent auprés d'elle des qualités oisives & ordinaires, & il semble par leurs exagerations qu'il n'y ait qu'elle qui soit mise au rang des vertus. A dire le vray, aussi-tôt qu'on la considere on confesse qu'on ne luy peut refuser ce rang : car si les vertus tirent leur origine de Dieu, ainsi que la foy nous l'enseigne, & que la raison nous le persuade, personne ne peut douter que la bonté ne soit du nombre des vertus; puis qu'il n'y en a aucune en qui les traits & le caractere de la nature divine soient plus visibles. En effet

fet comme de toutes les perfections de Dieu, la bonté est celle qui le fait mieux connoître & qui en donne une plus haute idée ; comme c'est par la plenitude de cette bonté qu'il a été obligé de se répandre au dehors, ainsi qu'il a fait dans la creation du monde, & de se communiquer en mille manieres en produisant cette admirable varieté d'êtres si differens ; comme sa bonté est pure, & que dans tous les biens qu'il fait il n'a aucun retour vers luy, & n'a point d'autre dessein que d'enrichir toutes les creatures : l'homme de même est doucement forcé par sa bonté à sortir de luy-même pour rendre service aux autres, & procurer leurs avantages avec application & avec ardeur. Outre cela elle le porte à faire une infinité de biens;

de sorte qu'il est toûjours prêt à donner secours à toutes sortes de gens en toutes sortes de rencontres. Enfin elle le fait agir d'une maniere si noble & si genereuse, qu'il ne peut souffrir qu'aucun de ses interêts, ni même les sollicitations & les prieres ayent la moindre part à tous les biens qu'il fait ; aussi voyons-nous que ceux qui ont cette inclination bien-faisante sont si occupés des affaires des autres, qu'ils semblent avoir oublié les leurs & ne se pas soucier d'eux-mêmes ; car ils se donnent tout entiers non seulement à leurs amis, mais aux personnes indifferentes, ils préviennent tous les besoins & tous les desirs, & cherchent les plus secrettes occasions de bien faire.

L'on ne doit pas être surpris que de la maniere que les

hommes sont disposés, ils ayent crû si facilement que la bonté est une vertu veritable, & qu'ils l'ayent placée parmy les plus excellentes : car le jugement qu'ils font des vertus est plus ou moins favorable, selon qu'elles leur sont plus ou moins utiles : or il n'en est point dont ils retirent de plus grands avantages que de la bonté. En second lieu la pluspart d'entr'eux prennent pour des actions desinteressées toutes celles qu'on n'a pas faites pour de l'argent, parce qu'ils ne savent pas qu'il y a autant de sortes d'interêts qu'il y a de passions differentes, & qu'Alexandre qui courut tant de païs & de dangers par l'interêt de la gloire, étoit incomparablement plus interessé qu'un Marchand qui se met souvent sur mer & s'expose aux perils d'une longue navigation pour enrichir sa famille. Il y en a enfin qui sont dans cette erreur grossiere, qu'il y a de belles passions, au nombre desquelles ils rangent l'ambition, & qui s'imaginent que les grands exploits de guerre qu'on ne fait que pour acquerir de la gloire, qui sont des actions vaines & corrompuës, sont des actions saines & vertueuses.

Comment donc se pourroit-il faire qu'ils n'eussent pas bonne opinion de ceux qu'ils voyent continuellement dévoüés aux autres, puisqu'ils sont tout accoûtumés à ne se pas informer par quel motif on fait les actions qui sont à leur avantage, & qu'il y en a une infinité qui croyent qu'un homme vain qui n'est officieux que pour avoir l'aprobation publique, agit par un motif innocent, & même par un motif vertueux.

Outre ces raisons il y en a deux qui contribuënt fort à faire estimer la bonté. La premiere est, que sans la bonté l'homme seroit sans amitié pour ses proches, sans pitié pour les miserables, & sans humanité pour les étrangers; ce qui fait voir que la bonté est l'ame des vertus qui sont les plus estimées. La seconde est que la bonté paroît tout-à-fait opposée à l'amour-propre, & que tout ce que l'homme fait par son mouvement semble le justifier des accusations ordinaires qu'on luy fait, qu'il rapporte tout à son utilité.

Il ne faut donc pas employer le temps à blâmer la credulité des hommes qui se laissent tromper aux apparences de sa bonté ; il vaut beaucoup mieux leur donner moyen de se desabuser, & les aider à découvrir la fausseté de cette vertu. Cela ne leur sera pas difficile, s'ils se representent le vray état de l'homme, & s'ils se mettent bien dans l'esprit que quoy qu'il paroisse, voicy comme il est effectivement à l'égard des autres; il ne peut souffrir leurs bonnes qualités ni naturelles ni acquises, ni corporelles ni spirituelles; si les autres ont de grands talens ou des vertus éclatantes, il leur porte envie, il est jaloux de leur gloire, il est chagrin de leur prosperité, & tout cela à un point, qu'il fait son malheur du bonheur d'autruy. Voilà dans la verité ce qu'il est à l'égard des autres ; voicy comme il est à son égard ; il est si plein de l'amour de luy-même, qu'il luy est impossible d'aimer les autres ; il donne neanmoins divers témoignages d'amitié à quelques personnes, & entretient commerce avec elles, pour tirer divers avantages de leur commerce, comme les Marchands caressent & ménagent ceux avec qui ils trafiquent. Mais ce n'est pas tout, il faut encore ajoûter un trait à la peinture de l'homme, sans lequel ce n'est qu'imparfaitement qu'on le fait connoître ; il faut donc faire bien entendre que non seulement il ne fait cas & n'a soin des autres qu'à proportion de ce qu'ils contribuënt à sa gloire ou à son plaisir, ou qu'ils peuvent le servir dans ses interêts ; mais encore qu'il est leur implacable ennemi dés qu'ils font mine de s'opposer à ce qu'il desire, & que la violence de son amour-propre est si grande qu'il est toûjours disposé à les rendre miserables & à les détruire, s'il ne peut parvenir au comble de ses souhaits que par leur infortune & par leur destruction.

Cela étant, comment peut-on concevoir qu'il veüille sincerement faire du bien aux autres; luy qui leur envie leur taille, leur bonne mine, leur vigueur, leur santé, leur merite, leur opulence & leur prosperité ; & comment peut-il contribuer à l'accroissement, je ne dis pas des personnes qui luy sont indifferentes, mais de celles qui luy sont proches, luy qui comme un grand arbre attire naturellement tout le suc à luy & n'est propre qu'à faire secher les arbres voisins.

Ne faut-il pas comprendre au contraire qu'encore que ceux qui font profession d'être bons semblent sortir d'eux-mêmes lors qu'ils employent leur temps, leurs pas & leurs soins à faire reüssir les affaires des autres, neanmoins ils tiennent toûjours à eux, & comme des arbres, n'en sortent que pour s'accroître, pour s'étendre & pour s'élever ; de sorte qu'on peut dire que la bonté est une maniere de prestige dont l'homme se sert pour paroître toûjours ailleurs, quoy qu'il demeure toûjours chez soy.

Il est donc clair que la bonté est une fausse vertu, & qu'elle est même beaucoup plus fausse que la pluspart des autres vertus humaines ; parceque ceux qui se piquent de bonté & qui affectent d'en donner des preuves dans toutes les rencontres qui se presentent, ont ordinairement de grandes pretentions. Il y en a plusieurs especes, mais on en voit à la Cour deux particulieres. La première est celle de ces personnes extraordinairement ambitieuses, qui ayant fait de grands plans de fortune, s'offrent à tous ceux à qui ils peuvent rendre quelque service, & se donnent, ou, pour mieux dire, se pretent à tout le monde, afin que tout le monde s'empresse de les servir, & qu'ils puissent obtenir la charge ou la place qu'ils souhaitent lors qu'elle viendra à vaquer & que le Roy la voudra remplir. La seconde espece est celle de ces gens de qualité qui se trouvent comblés de biens & d'honneurs, & à qui il ne reste rien à desirer pour être parfaitement contens & heureux, que d'acquerir l'approbation publique; de sorte qu'ils s'étudient à obliger tous ceux dont on leur recommande les interêts & tous ceux qu'ils voyent embarassés dans de fâcheuses affaires, afin de se faire estimer & aimer de tout le monde. Cette pretention de se faire estimer & aimer de tout le monde, est une ambition qui n'est guere moindre que celle de se vouloir élever aux plus grandes charges, parceque c'est une envie de regner dans tous les esprits & dans tous les cœurs; c'est pourquoy ceux qui pratiquent la bonté dans ces deux vûes sont extraordinairement faux & interessés.

Je dis qu'ils sont extraordinairement faux, parce qu'aussitôt que nos interêts se mêlent dans nos vertus, ils les alterent en la même maniere que l'alliage de cuivre falsifie la monnoye; & de là vient que comme les pieces fausses ne le font pas toutes également, & que celles où il entre une plus grande quantité de cuivre le font bien plus que les autres; de même, plus les interêts qui font entreprendre les actions de vertu font grands, & plus les vertus dont on fait les actions font fausses.

Il n'y a que les Chrétiens qui soient bons veritablement & d'une maniere tout-à-fait desinteressée; aussi leur bonté est-elle l'image de la bonté de Dieu. Car comme Dieu conserve le monde & pourvoit aux besoins de toutes les creatures sans qu'il luy en revienne aucun avantage; de même les veritables Chrétiens ne profitent point des services qu'ils rendent & des secours qu'ils donnent, & ils ne pretendent autre chose dans tous les biens qu'ils font, que de témoigner à Dieu qu'ils ont une extrême reconnoissance de ceux qu'ils reçoivent tous les jours de sa divine Majesté.

Je ne puis finir ce discours sans faire remarquer qu'un grand nombre de personnes polies & raisonnables se loüent d'avoir de la bonté & d'avoir du bon sens, comme s'ils se partageoient modestement & prenoient pour eux des qualités mediocres. Cependant ces deux qualités sont si grandes qu'elles suffisent pour faire un fort honnête homme, & même un homme excellent.

CHAPITRE XVIII.

La Generosité.

LES mots ont ce rapport avec les traits du visage, que comme il ne suffit pas que les traits du visage soiēt beaux, & qu'il faut encore qu'ils soient dans leur situation naturelle : de même, ce n'est pas assez que les mots soient élegans & polis, ils sont choquans s'ils ne sont dans la place où ils doivent être. Le mot de Generosité est fort propre à faire entendre ce que je dis, il est du bel usage, il plaît à l'oreille, & les hommes y ont attaché une grande idée ; cependant on ne le peut souffrir quand il est employé comme il l'est par beaucoup de gens, & sur tout par ceux qui n'ayant pas été élevés à la Cour, pretendent pourtant parler avec plus de politesse que le vulgaire; car l'on observe qu'ils donnent ce nom presque à toutes les actions & à toutes les vertus éclatantes & extraordinaires; au lieu qu'il est proprement établi pour signifier cette vertu magnanime qui triomphe de la vengeance, lors qu'il est en nôtre pouvoir de la satisfaire, & qui nous fait bien user de tous les avantages que nous avons sur ceux qui se declarent contre nous en toutes occasions, & qui n'épargnent rien pour nous nuire.

Si l'on considere les vertus de la maniere qu'elles sont rangées dans nôtre estime, l'on trouvera que nous preferons toutes les vertus que nous ne pouvons pratiquer sans faire une grande violence à nos sentimens, à celles que nous pratiquons facilement, & où nous n'avons qu'à suivre nos inclinations naturelles. C'est pourquoy la vaillance, qui fait que l'homme s'expose à de continuels dangers, & qu'il surmonte la resistance de la nature, est tout autrement estimée que la bonté, l'hospitalité & l'humanité, où il se porte de luy-même, & dont il fait toutes les actions sans faire le moindre effort.

C'est par cette raison qu'on a placé la generosité parmy les vertus les plus excellentes; car il n'en est point qui demande une plus grande force d'ame, & qui trouve en nous plus de repugnance & plus d'obstacles à vaincre. Car quel pouvoir doit avoir sur soy un grand Capitaine qui ayant remporté la victoire & pris prisonnier un ennemi fier & insolent qui l'avoit souvent défié & irrité en mille rencontres ; le traitte neanmoins non seulement avec douceur & humanité, mais encore avec toute la civilité possible & avec la derniere honnêteté ? Ne faut-il pas aussi être bien maître de ses sentimens pour faire grace à ceux qui nous ont fait consumer la meilleure partie de nôtre bien par leurs chicanes & par leurs vexations, lors qu'ils viennent à perdre avec dépens les procez qu'ils nous ont injustement intentés, & qu'il ne tient qu'à nous de les ruiner ? Enfin il faut avoüer qu'on a besoin d'une grande force pour pardonner à un homme qui nous a fait un sanglant affront ; lorsque sa mauvaise fortune le livre entre nos mains, & qu'il nous est facile de nous venger. Ce qui releve le pouvoir de la generosité dans toutes ces rencontres, est qu'outre que le plaisir de la vengeance est si grand & si doux, qu'il est tres-difficile à l'homme de ne s'y pas laisser emporter ; la victoire, & generalement tous les avantages qu'il obtient contre ceux qui ont osé s'en prendre à luy, enflent si fort son cœur, qu'il a une peine extréme à le gouverner.

On ne peut nier que la force de la generosité ne soit extraordinaire ; mais il ne s'enfuit pas que ce soit une force vertueuse. Car il y a, dit S. Augustin, deux genres d'hommes forts qui partagent tous les hommes ; les uns sont forts par la vehemence de la cupidité ; & les autres, c'est à dire les Chrétiens, par la grandeur de la

Fortitudinem gentium mundana cupiditas, fortitudinem Christianorũ Chri-

charité : il n'y a rien que ceux-cy n'entreprennent & ne fassent pour l'amour de Dieu ; il n'y a rien que les autres n'osent & ne soient capables d'executer pour l'amour d'eux-mêmes & pour satisfaire leurs passions; c'est d'elles qu'ils tirent toutes leurs forces, & c'est l'ambition qui leur donne celle de surmonter la vengeance : car quelque doux que soit le plaisir de se venger, un ambitieux qui aime l'éclat trouve la gloire qu'il acquiert par un procedé genereux beaucoup plus douce que la vengeance ; la raison même se joint à son ambition, & luy fait voir que la vengeance, quelque agreable qu'elle soit, n'est qu'un sentiment passager ; au lieu que la reputation qu'il acquiert par une seule action est un bien durable.

La generosité des Ministres

sti charitas facit.

& de tous ceux qui sont en autorité, vient de leur interêt; c'est pourquoy dés qu'ils apprennent qu'un homme de merite ou de qualité qui n'est pas de leurs amis, a une mauvaise affaire, ils se pressent de l'en tirer, afin de le gagner & de l'attacher à eux. C'est par cette même politique qu'ils procurent quelquefois à ceux qui ont été leurs plus grands ennemis, de plus grandes graces qu'à leurs amis les plus zelés & les plus fidelles.

Nôtre malignité naturelle est la cause la plus ordinaire de nôtre generosité : car les services que nous rendons à ceux qui ont traversé nos desseins, sont autant de charbons de feu que nous amassons sur leur tête; c'est à dire que nous ne leur faisons du bien qu'afin qu'ils ayent de la confusion de

LA GENEROSITE'. 429

nous avoir fait du mal, & pour les rendre coupables s'ils continuënt à nous en faire. L'esprit de vengeance entre même dans cette malignité, & l'on songe que si un homme dont on ne s'est vengé que par des bienfaits, vient à manquer aux obligations qu'il nous a, il se deshonorera, & nous vengera beaucoup mieux que nous ne saurions nous venger nous-mêmes. Que le cœur de l'homme est méchant, & qui pourra le connoître ? dit l'Ecriture.

Pravũ est cor omniũ, & quis cognoscet illud Jerem. 17. v. 9.

La génerosité dont les vainqueurs usent envers les vaincus est vaine ou politique, & l'on a sujet de s'étonner de ce que les Historiens mettent les traittemens favorables qu'Alexandre fit à la mere, à la femme & aux filles de Darius, au nombre des actions veritablement genereuses ; car outre que leur sexe & leur qualité le mettoient dans une espece de necessité de les bien traitter, & qu'il ne pouvoit sans se flétrir en user d'une autre maniere ; il aimoit si éperdûment la gloire, que son cœur n'étant pas content de celle qu'il avoit acquise par ses victoires, il songeoit incessamment à l'augmenter par l'honnêteté de ses procedés ; d'ailleurs il adoucissoit autant qu'il pouvoit les malheurs de ces Princesses captives, pour empécher qu'elles ne conçussent de la haine contre celuy qui en étoit l'auteur. Il visoit encore à se rendre favorables jusqu'à un certain point les sentimens de Darius & de toute la famille Royale, & à les mettre dans cette disposition qu'ils crussent que si leur mauvais destin leur ôtoit l'éclat de leur premiere fortune & les assujettissoit à son Empire, ils ne pouvoient tomber en de meilleures mains. L'on voit qu'Alexandre fit l'effet qu'il pretendoit, par la priere que Darius fit aux Dieux, que si leur courroux arrachoit à sa maison la couronne de Perse, ils la missent sur la tête d'Alexandre & en recompensassent la vertu d'un Roy si bon & si genereux. On le voit encore par ce que luy dit la Reyne Sisigambis : Ton empire, luy dit-elle, est « si doux que le souvenir de « ma felicité passée ne me rend « pas insuportable l'état de ma « fortune presente. «

Q. Curt. lib. 4.

Ce ne fut pas aussi pour venger la mort de Darius, & par la haine de sa trahison, qu'il fit punir si rigoureusement l'attentat horrible du traître

Bessus, puisque cette perfidie, quelque execrable qu'elle fût, avoit mis Alexandre en possession du plus grand Empire du monde. Ce fut donc par honneur & par interêt qu'il vengea la mort de Darius, mais principalement par interêt ; car il fit mourir Bessus d'une mort cruelle, pour remedier aux frequentes conspirations que les Grands de sa Cour faisoient contre luy. Aussi Darius luy avoit-il mandé quelques momens avant que d'expirer, qu'il ne luy seroit pas moins utile que glorieux de poursuivre la vengeance de l'execrable parricide de Bessus ; qu'il devoit cét exemple au monde, & que c'étoit la cause commune de tous les Rois.

L'on peut encore moins donner le nom de generosité à ce qu'il fit lorsque poussant sa victoire

victoire & faisant une diligence incroyable pour trouver Darius en vie, il le rencontra étendu sur son chariot; car dés qu'il vit qu'il étoit mort, il couvrit son corps de son manteau, & pleura amerement l'infortune de ce grand Roy qui avoit fait une fin si peu sortable à sa gloire. Ce ne fut aucun sentiment de generosité qui luy fit répandre des larmes & plaindre la mauvaise destinée de son ennemi, parceque Darius n'étoit point son ennemi; c'étoit Alexandre qui étoit le sien & qui envahissoit son Empire. Ce fut donc Alexandre qui fut luy-même le vrai sujet de ses larmes, & qui se considerant en la personne de Darius, se vit abandonné des siens, assassiné par ses meilleurs amis, & accablé de tous les malheurs qui ont accoûtumé de suivre les grandes prosperités.

Parmi ces sortes de gens qui appellent genereux tous les sentimens où il paroît quelque grandeur d'ame, tels que sont ceux qui nous font méprifer l'argent & les vains honneurs ; il y en a en qui cette generofité est outrée : car voyant que presque tout le monde fuit la faveur, & que d'ordinaire on fait la cour aux Ministres non feulement avec assiduité, mais d'une maniere basse & messeante ; ils prennent une conduite tout-à-fait opposée ; ils font profession de ne les point voir, de ne leur rien demander, & de ne leur jamais faire parler pour eux. Que si un premier Ministre les traitte bien en quelque rencontre, ou leur fait dire, pour les attirer, qu'il a pour eux une estime toute particuliere ; au lieu de répondre à ces honnêtetés, ils en deviennent plus fiers, ils taxent même incessamment tous les Courtisans de bassesse d'ame, sans vouloir faire cartier à ceux qui n'ayant aucune part aux corruptions de la Cour, vivent bien avec les Ministres pour se conserver dans leurs Charges, ou par une ambition ordinaire de s'élever.

La conduite de ces faux Genereux n'est qu'une vaine affectation & un mépris apparent de la faveur, qui vient du dépit secret qu'ils ont de ce qu'ils ne voyent point de jour à s'introduire à la Cour, soit que les places qu'ils souhaitteroient soient remplies, ou qu'ils croyent que ceux qui sont bien auprés du Roy ne leur sont point favorables. Ce qui donne cette opinion, est qu'ils sont tous insensibles aux marques d'estime que les Ministres leur donnent, tandis qu'ils jugent que les honneurs & les caresses qu'ils en reçoivent ne tendent qu'à les asservir ; au lieu que pas un d'eux ne se fait prier dés qu'un premier Ministre & un Favory luy offre tout de bon son amitié & sa confiance. La singularité de leur procedé prouve encore qu'il ne part d'aucun principe vertueux : car la vertu n'affecte aucune conduite ni ne renonce à aucune, mais elle suit toûjours toutes celles qui luy sont prescrites par les loix de la bien-seance & de la raison. D'ailleurs il faut tenir pour constant que toute singularité (quelque bon air qu'on s'efforce de luy donner afin d'en tirer quelque avantage;) vient du déreglement de l'esprit, ou de quelque desir ambitieux ou interessé qui est caché dans le cœur.

Comme il n'y a que les Chrétiens qui ayent un amour sincere pour ceux qui les haïssent, qui les persecutent, qui leur enlevent leurs biens, & qui déchirent leur reputation par des calomnies. Il n'y a qu'eux aussi qui soient veritablement & vertueusement genereux ; leur generosité est même une preuve de l'excellence du Christianisme ; car c'est le Christianisme qui nous a enseigné à rendre le bien pour le mal, & à imiter Dieu qui fait luire le Soleil sur les justes & sur les injustes, & conserve la vie de ses ennemis avec tant de bonté.

CHAPITRE XIX.

La Politesse.

LA plufpart des gens retranchent la politeffe au feul langage, & ne luy donnent d'autre employ que de choifir, de placer & d'affembler les mots. Cependant il eft certain qu'on peut avoir des façons de faire fort choquantes, être groffier & un veritable pedant, & favoir parfaitement la langue. La politeffe a des fonctions bien plus relevées, fur tout celles qu'elle a à l'égard de l'ame; car c'eft là où elle rend les penfées, les goûts & les fentimens honnêtes & délicats, & d'où elle fait rejallir cette delicateffe & cette honnêteté fur les actions, fur les procedés & fur tout l'exterieur de l'homme; aussi n'est-ce qu'à la Cour, où toutes choses sont dans le degré de perfection, qu'on voit des gens polis de cette maniere, qui ne font & qui ne disent jamais rien qu'on puisse desapprouver & qui puisse faire la moindre peine.

Mais ceux qui joignent à une excellente education une grande connoissance du monde, ne se contentent pas d'être polis pour eux-mêmes, & leur soin ne se borne pas à regler toutes leurs paroles & toutes leurs actions de telle façon qu'il n'y en ait aucune dont on puisse être choqué ; ils voyent qu'afin de reüssir il est encore necessaire d'être poli pour les autres, & qu'il faut étudier leurs goûts & leurs sentimens pour savoir de quelle maniere on doit leur parler

T iiij

& se conduire à leur égard pour leur agréer.

Ils ne s'arrêtent pas là, & comme ils pénetrent le cœur de l'homme, & qu'ils savent qu'il est beaucoup moins touché de ce qui flatte ses sentimens que de ce qui sert à ses interêts ; non seulement ils prennent toutes les occasions de servir les autres, comme font les personnes officieuses ; mais ils accompagnent aussi tous les services qu'ils rendent de tout ce qu'ils peuvent imaginer de plus obligeant & de plus capable de plaire, parce qu'ils croyent avec raison qu'il est des offices & des services comme des diamans, dont le prix est en eux-mêmes, mais dont l'agrément dépend de la maniere qu'ils sont mis en œuvre.

Il ne faut donc pas s'étonner si ceux qui ont atteint la perfection de la politesse dont nous venons de donner l'idée, sont si fort au gré de la Cour & si bien reçus dans toutes les compagnies. La rareté de cette espece de gens contribuë même beaucoup à augmenter leur prix; car si l'on considere comment la pluspart des hommes sont faits, que pour les engager à nous servir dans les affaires qui nous sont de la derniere importance, il faut prendre toutes sortes de biais avec eux; qu'aprés les avoir prié instamment il faut leur renouveller souvent les prieres qu'on leur a faites; qu'ils vous remettent d'un jour à un autre pour executer ce qu'ils ont promis, & qu'ils ne le font enfin que par maniere d'acquit: il ne se peut qu'on ne soit ravi de trouver

T v

des gens qui n'apprennent pas, qu'on a des affaires, qui semblent le deviner, qui les embraſſent d'abord comme les leurs propres, & les ſuivent juſqu'à ce qu'elles ſoient terminées à l'avantage de leurs amis.

Mais quelques loüanges qu'on donne à cette ſorte de politeſſe, & quoy qu'on ſoit perſuadé qu'il n'eſt rien de ſi rare & de ſi digne d'être eſtimé, il eſt facile de prouver que ce n'eſt pas une qualité vertueuſe: premierement parceque ceux qu'elle met le plus en vogue, bien loin de faire profeſſion d'avoir de la pieté, ſans laquelle il n'y a point de vertus ſaines & veritables, ſont des gens qu'on voit le plus avant dans les intrigues de la Cour, & qui agiſſent le plus par l'eſprit du monde; quelques-uns même d'entr'eux ont les mœurs tres-déreglées, & n'ont ni foy ni probité; ce que nous sommes toûjours disposés à leur pardonner pourvû qu'ils nous servent.

En second lieu on ne trouve cette politesse qu'en des personnes qui ont infiniment de l'esprit, & qui sont par consequent capables de voir tous les effets que doit faire un grand plaisir fait à propos, promptement & de bonne grace, qui voyent qu'on perd le fruit de tous les services qu'on rend dés qu'on les fait attendre, ou qu'on les rend sans ardeur & empressement ; & que ce n'est pas l'obligation, mais la maniere d'obliger qui est le veritable lien qui attache les gens à nos interêts.

En troisiéme lieu ceux qui excellent en l'art d'obliger ne

font tout ce qu'ils savent faire qu'aux yeux des plus intelligens, qui peuvent remarquer & estimer ce qu'il y a de rare & de singulier dans leurs procedés.

Enfin ils cherchent principalement les occasions de servir les personnes qui sont considerées à la Cour par leur merite, par leur qualité ou par leur fortune; & c'est alors qu'ils n'épargnent ni soin ni peine, & que leurs offices & leurs services se trouvent assortis de tout ce qui peut les relever & les rendre plus agreables.

Toutes ces marques font voir que leur politesse n'est pas une qualité vertueuse, & qu'il ne faut pas que nous nous laissions si fort éblouïr aux merveilles qu'ils font pour le service de leurs amis, que nous ne soyons plus en état d'apercevoir que les services qu'ils rendent avec tant de chaleur, de diligence, de fidelité & d'exactitude, sont autant d'exemples & de leçons qu'ils donnent de la maniere prompte, exacte & parfaite dont ils veulent être servis. Si l'on en doute, l'on n'a qu'à se remettre en memoire les plaintes qu'ils font des personnes qui leur ayant obligation, les abandonnent dans leurs besoins; & les chagrins qu'ils témoignent contre leurs amis, qui s'étant chargés de leurs affaires, les negligent & les sollicitent comme des gens qui ne se soucient point de l'évenement.

Il n'y a que les seuls Chrétiens en qui cette espece de politesse soit une vertu, & qui possedent toutes les qualités qu'on luy attribuë : car ils ont une si grande consideration pour le prochain, qu'ils apportent toutes sortes de precautions, afin qu'il ne puisse se blesser d'aucune de leurs actions ni d'aucune de leurs paroles ; ils ont pour luy toute la complaisance possible, & ils entrent dans tous ses interêts avec une affection si sincere & si cordiale, qu'il est visible que dans tout ce qu'ils font pour luy, ils ne se recherchent jamais eux-mêmes ; de sorte que l'on peut dire que la charité, qui est le principe de la conduite qu'ils tiennent à l'égard du prochain, est elle seule une politesse & une honnêteté veritable, & que de tous les hommes il n'y a que les Chrétiens qui soient veritablement polis & honnêtes gens.

CHAPITRE XX.
Le Desinteressement.

Quand on cherche avec quelque soin d'où vient que l'homme a une si grande pente à la fausseté, & qu'il travaille incessamment à se déguiser aux autres; l'on trouve que l'orgueil en est la veritable cause, & que l'homme qui en est si plein, a tant de dépit de se voir avare, injuste, infidele, malin & emporté, que ne pouvant souffrir qu'on le croye tel qu'il est, il se préte non seulement des sentimens honnêtes, mais aussi de beaux & de grands sentimens, & tâche de faire croire aux autres qu'il est équitable, sincere, bon, liberal, genereux, & qu'il a toutes les qualités qui le peuvent faire estimer.

C'est là la vraye raison qui a rendu l'homme si faux : mais il faut avoüer qu'il a porté sa fausseté au comble de l'impudence lors qu'il a osé dire qu'il est desinteressé : car on est si fort convaincu qu'il ne sauroit former aucun dessein ni faire aucune action où il n'ait en vüe quelque chose qui le regarde ; qu'on a sujet de trouver étrange qu'il y ait des gens qui se mettent en tête de persuader aux autres qu'ils vivent sans souci d'acquerir ni honneur ni bien, & qu'ils ont un parfait desinteressement. L'on en voit pourtant à la Cour plusieurs qui s'attribüent cette qualité, & qui font si bien que leurs amis & en suite beaucoup de personnes croyent qu'ils l'ont effectivement ; de sorte qu'ils deviennent en peu de temps non seulement l'admiration des peuples, mais aussi des hommes les plus habiles & les plus éclairés; & à dire le vray, il est pardonnable à la curiosité humaine d'être touchée d'un si rare & si grand spectacle, puisque rien n'est si propre à la satisfaire que de voir des hommes entierement exempts des defauts qui suivent la condition des hommes, qui ne veulent tirer aucun profit de tous leurs commerces, & qui sont sans aucune pretention dans les plus grandes intrigues.

Mais si on a de l'indulgence pour les particuliers qui se laissent surprendre à des acteurs qui imposent à tout le monde; on n'en doit point avoir pour ces excellens acteurs qui se montrent desinteressés; car ils savent que c'est un personnage qu'ils prennent

& qu'ils joüent la comedie.

Pour voir qu'ils ne sont pas du nombre de ceux qui trompent les autres, parce qu'ils sont trompés eux-mêmes, & que ce sont des gens déliés qui jugent que rien ne leur sauroit être plus utile pour arriver à leurs fins, que d'être crûs desinteressés ; il ne faut que se souvenir des stratagémes avec lesquels quelques-uns d'entr'eux ayant essuyé toutes les fatigues & tous les perils d'un parti, & refusé constamment d'être compris dans un traitté, font habilement charger le meilleur de leurs amis de l'accommodement, aprés avoir exigé de luy qu'il en rompra toutes les mesures, s'il ne peut obtenir pour eux des sommes ou des charges considerables. L'on n'a qu'à songer aux mauvais pretextes que d'autres prennent pour couvrir leur interêt, quand ils disent que pour eux ils ne vouloient rien, mais que tous ceux de leur parti ayant eu des Gouvernemens ou de grandes gratifications, il y iroit de leur honneur s'ils recevoient un traittement different. L'on n'a enfin qu'à considerer les tours de souplesse que font les autres lors qu'ils se font contraindre par leurs amis, ou commander par la Cour d'accepter un employ qu'ils ont toûjours secrettement souhaité. Je passe sous silence un grand nombre de subtilités & de finesses dont ils se servent encore; il est même à propos de ne pas achever leur peinture, pour ne pas donner lieu aux applications qu'on a accoûtumé de faire; il faut se contenter de l'avoir ébauchée, & qu'en l'état où elle est, tout le monde y peut reconnoître les faux desinteresés, quoy qu'elle ne represente aucun d'eux en particulier. Tout ce qu'on pourroit ajoûter à ce qui a été dit, est que quelque soin que les gens desinteresés prennent pour se faire un beau dehors, & de quelque maniere qu'ils se déguisent, il est de leur apparition comme de celles des mauvais Anges, qui se transfigurent en Anges de lumiere, à la fin on les découvre par quelque endroit.

Venons maintenant aux raisons qui les obligent de se mettre sur le pié des gens desinteresés. La premiere est l'envie de faire imaginer qu'ils ont l'ame belle, & de donner une grande idée d'eux-mêmes; ce qui vient de ce que l'orgueil qui excite continuellement les hommes à se faire valoir, presse ceux qui ont de bonnes qualités à les mettre en vüe, & à faire croire qu'ils en ont d'extraordinaires, parmy lesquelles il n'y en a point de plus belle & de plus rare que d'avoir un grand desinteressement.

La seconde raison est que le desinteressement est la voye la plus honnête qu'ils peuvent prendre pour aller à leurs interêts. Or cette voye est d'autant meilleure qu'elle est singuliere; car la singularité sert merveilleusement à les mettre en credit; c'est pourquoy ceux qui arrivent à la Cour avec de grands desseins de s'y élever, étalent cette fausse vertu, & font comme les nouveaux Operateurs qui ont toûjours le plus excellent Theriaque, ou quelque remede dont on n'avoit jamais oüi parler.

La troisiéme raison est la connoissance qu'ils ont de l'aversion qu'on a pour les personnes interessées, pour ces personnes qui vivent dans la societé des hommes avec aussi peu de souci des autres que s'ils étoient nés uniquement pour eux-mêmes ; qui ne prennent jamais feu dans les affaires les plus importantes de leurs amis, & sont insensibles aux plus pressans besoins de leurs proches. Car comme l'on voit que tout le monde leur rend justice, qu'on est détaché d'eux comme ils sont détachés des autres ; que personne ne s'interesse à leur avancement, & qu'ils sont abandonnés dans toutes les malheureuses rencontres qui leur arrivent ; cette experience fait que certains hommes ambitieux ne voyant rien qui foit plus avantageux pour leur reputation & pour leurs affaires, que de paffer pour des gens qui font au deffus de leurs interêts; s'étudient à donner cette impreffion d'eux à toutes les perfonnes qui les approchent.

Mais puifque c'eft une verité connuë que tous les hommes generalement font fi attachés à leurs interêts, qu'il leur eft auffi peu poffible d'y renoncer que de fe défaire de leur nature; comment ces gens qui fe vantent d'être definterefsés trouvent-ils creance dans l'efprit du monde?

C'eft parce que la plufpart ne font inftruits de cette verité que parce qu'ils voyent qu'on en eft perfuadé, & qu'ils ne le font point par une profonde connoiffance des inclinations & du naturel de l'homme. C'est pourquoy ils sont facilement abusés par ceux qui paroissent desinteresfés : cela vient aussi de l'adresse qu'ont ceux-cy de faire quelques actions de desinteressement devant des hommes autorisés, & dont le témoignage suffit pour établir une opinion dans le monde : car ils savent qu'à la Cour & dans toutes les societés particulieres il y a des gens qui dominent sur les esprits, & dont les sentimens sont la regle des pensées & des sentimens des autres. Cela vient enfin de ce qu'il est si beau & si rare d'être desinteresfé, que l'envie qu'on a de voir des gens qui le soient veritablement, nous aide à croire qu'il y en a.

Qu'est-ce donc que le desinteressement ? C'est l'interet

qui a changé de nom afin de n'être pas connu, & qui ne paroît pas sous sa figure naturelle, de peur d'exciter l'aversion des hommes. C'est un chemin contraire à celuy qu'on tient ordinairement, par lequel les plus fins & les plus deliés parviennent à ce qu'ils desirent. C'est le dernier stratagéme de l'ambition. C'est la plus effrontée de toutes les impostures de l'homme. Si « quelqu'un t'assure, dit Pla-« ton, qu'il a rencontré un « homme qui a des vertus su-« blimes & singulieres, di luy « qu'il est une dupe, & qu'il « est tombé entre les mains « de quelque grand imposteur. «

Dial. 10. de Rep.

Et à parler sincerement, comment peut-on se laisser persuader sans une honteuse credulité, que des gens qui sont à la Cour, qui ont des liaisons avec tous ceux qui y font figure, qui sont tantôt ennemis & tantôt amis des Ministres, y soient avec aussi peu de dessein & de desir de s'y avancer que ceux qui s'en sont éloignés & qui vivent dans la retraite ? N'est-il pas plus raisonnable de croire que le cœur de l'homme étant double & né à la dissimulation, il se trouve des ambitieux qui savent si bien cacher l'interêt de leur ambition, qu'ils ne le laissent pas même entrevoir à ceux qui leur sont les plus affidés ?

Il n'y a que les Chrétiens qui puissent être veritablement desinteresés, parceque la grace de JESUS-CHRIST, qui les tire de l'esclavage des passions, leur ôte en même temps l'attachement qu'ils ont à leurs interêts. Tous les autres hommes quittent un interêt pour un autre, & ne font que tourner tout autour de leurs interêts.

CHAPITRE XXI.

L'Humilité.

COmme il y a des masques si fins & si naturels qu'on a de la peine à les distinguer des visages ; & de si grossiers qu'on les connoît aisément : Il y a aussi des vertus si bien contrefaites qu'on les prend toûjours pour les veritables, & d'autres dont tout le monde est capable de connoître la fausseté. Lors qu'on voit un homme sur l'échaffaut, qui attend la mort avec fermeté, & qui aime mieux la souffrir que de charger par ses dépositions son ami intime ; il faudroit pour affoiblir une preuve d'amitié qui paroît aussi convainquante, avoir sondé son cœur, & y avoir découvert que l'amitié a beaucoup moins de part à l'action qu'il fait que la vanité. Mais quand on voit des gens vains dans leurs équipages & fiers dans leurs procedés qui prennent toûjours les dernieres places, & montrent en toutes occasions qu'ils ont de bas sentimens d'eux-mêmes; il ne faut pas être fort penetrant pour apercevoir qu'ils n'ont qu'une feinte modestie & une fausse humilité.

L'on peut dire que c'est dans le sein de la Cour que cette fausse vertu a pris naissance; car c'est elle seule qui fait voir cette espece de gens qui sont confus & offensés des loüanges qu'on leur donne, qui parlent d'eux avec peu d'estime, & qui ayant une peine extréme à recevoir les honneurs qui leur sont dûs, en font aux autres plus qu'ils ne sont obligés d'en faire. Cela vient de ce que c'est proprement à la Cour que la fortune enflame l'ambition par la montre de ses plus grandes faveurs; car l'ambition enflamée fait que les Courtisans y prennent tous les jours de nouvelles formes, & joüent toutes sortes de personnages pour les obtenir ou les enlever. Ailleurs elle ne dispense que de petites graces; c'est pourquoy l'on observe que les hommes sont plus naturels dans les Provinces, qu'ils n'y contraignent pas tant leurs inclinations, & s'étudient moins à contrefaire les vertus & à en inventer de nouvelles.

Pour découvrir la fausseté de cette vertu, il faut considerer que l'orgüeil est si absolument le maître de l'homme, qu'il est le principe de tous ses mouvemens interieurs & de toutes ses actions. L'on remarque même, non sans étonnement, qu'il est également cause de ses agitations & de son repos, & qu'aprés avoir excité des seditions dans son ame, il les calme soudainement côme par une puissance miraculeuse. Car lorsque la delicatesse rend l'homme sensible à une injure, l'orgüeil fait qu'à l'instant sa colere s'allume, & qu'il court aux armes pour contenter son ressentiment; & dés que ses emportemens & ses fougues le deshonorent, l'orgüeil l'appaise soudainement & le remet dans sa premiere assiette: de sorte que la définition qu'Aristote donne de la nature convient parfaitement à l'orgüeil, puisque c'est luy qui est le veritable principe du mouvement & du repos de l'homme.

1. Physic.

Il faut aussi remarquer que l'orgüeil est humainement invincible, & qu'il n'est point de condition basse qui le rabaisse, ni d'avanture honteuse qui l'humilie, ni de puissance qui le soûmette ; de sorte qu'un orgüeilleux peut bien être foulé aux piés, mais non pas être domté.

Si donc l'orgüeil gouverne & maîtrise l'homme, & s'il le met dans cet état qu'il ne peut jamais être soûmis, comme chacun l'apprend par son experience ; il est aisé de conclure que lorsque l'homme se méprise & se blâme, ses paroles trahissent ses sentimens ; que toutes les fois qu'il s'abaisse devant les autres, c'est pour s'élever au dessus d'eux; & qu'il ne feroit jamais des actions si contraires à son naturel fier & orgüeilleux, s'il ne comprenoit que rien n'est si propre à le relever que ses abaissemens volontaires.

Il y a plusieurs marques qui font connoître que l'humilité des faux humbles n'est qu'une dissimulation. La premiere est qu'au même temps qu'ils semblent n'avoir que du mépris pour eux-mêmes, ils observent continuellement la maniere dont on procede avec eux; ils exigent rigoureusement qu'on leur rende ce qu'on leur doit, & prennent vengeance des moindres injures qu'on leur a faites. C'est pourquoy le Guarini dit qu'il n'est point de calme plus decevant que celuy des visages des Courtisans, puisque dans le temps qu'on les voit doux & reposés, une parole, un geste a le pouvoir d'en troubler la serenité, & d'y faire paroître en un moment des alterations extraordinaires.

Gente placida in vista e mansueta Pastor
Mà più del cupo mar tumida è fido, atto
fera. 5. scena
1.

La seconde marque est qu'il y en a qui sont souples à l'égard des personnes utiles à leurs interêts & fiers à l'égard des autres. Sylla, dit Plutarque, s'humilioit devant ceux dont il avoit affaire, & se faisoit adorer par ceux qui avoiét affaire de luy.

La troisiéme est, que ceux d'entr'eux qui prennent si volontiers les dernieres places dans les festins & dans les assemblées, n'en usent de cette sorte qu'à l'égard des persónes au dessus desquelles ils pourroiét être assis sans côtestation; qu'ils sont jaloux de conserver leur rang avec leurs égaux, & qu'ils ont bien de la peine à se soûmettre à ceux dont la códition est plus relevée que la leur.

La quatriéme est, que parmy les faux humbles, qui vont jusqu'à dire d'eux-mêmes des choses les plus capables, de les faire mesestimer ; qui avoüent qu'ils font des fautes & qu'ils ont des defauts & des inclinations mauvaises : il n'y en a aucun qui fasse cet aveu pour se corriger, ils ne le font tous que pour se décharger d'une partie du blâme qu'on leur donne, & pour diminuer la honte qu'ils en doivent avoir. Et c'est par cette adresse que certaines femmes avoüent qu'elles font galanterie, afin de la faire avec plus de liberté & moins de confusion. Pour les defauts, il n'y en a pas un qui s'accuse d'en avoir d'essentiels, comme de n'avoir point d'honneur & de probité, & d'être menteur & fourbe ; on s'accuse seulement d'être prompt, negligent, paresseux, & d'avoir de semblables defauts qui ne flétrissent point la reputation. Il en est de même des fautes, on reconnoît qu'on a fait celles où tombent les plus parfaits, d'avoir fait une réponse sotte & de s'être emporté mal à propos en quelque occasion ; mais personne ne confesse qu'il a volé ou qu'il a trahi son amy ; il faut même prendre garde que ce sont les personnes qui ont le plus d'esprit qui font ces aveus avec moins de peine, parce qu'ils comprénent mieux que les autres, qu'il eſt beaucoup moins honteux d'avoüer qu'on fait des fautes que tout le monde commet, que d'être aſſez vain pour ne vouloir jamais reconnoître qu'on a failli.

Toutes les marques que je viens de donner confirment cet oracle de l'Ecriture : il y a une eſpece d'hommes qui s'humilient méchamment & trompeuſement ; & ce que dit S. Auguſtin, que la fauſſe humilité eſt un grand orgüeil. Ces marques font voir auſſi que l'humilité des gens du monde n'eſt qu'un artifice groſſier dont ils ſe ſervent pour en être dautant plus eſtimés qu'ils témoignent par leurs paroles & par leurs actions faire peu de cas d'eux-mêmes ; de ſorte que leur humilité n'eſt qu'un orgüeil déguiſé & une hypocriſie viſible.

Eſt qui nequiter humiliat ſe, & interiora ejus plena ſunt dolo. Eccleſ. 19. v. 24. Simulatio humilitatis major eſt ſuperbia. Auguſt. de Virg. cap. 43.

L'HUMILITÉ. 469

La vraye humilité, dit S. « *Confeſſ.*
Auguſtin, eſt une vertu ſi « *lib. 7.*
particuliere aux Chrétiens, « *cap. 21.*
que les Philoſophes Payens «
ne l'ont pas même connuë. «
J'ay lû, dit ce Pere, de « *Loc. cit.*
grandes verités dans les li- «
vres des Platoniciens ; mais «
ces livres ne nous appren- «
nent point la ſience de cette «
humble pieté qui ne ſe ren- «
contre que dans le Chriſtia- «
niſme : car l'orgueil fermoit «
leur eſprit aux lumieres qui
découvrent l'homme à luy-
même, & ne les portoit qu'à
la pratique des vertus éclatantes & propres à établir leur reputation. Les ſeuls Chrétiens
ont le privilege de s'abaiſſer
ſincerement devant Dieu par
la reconnoiſſance du neant
d'où l'homme a été tiré, &
par celle de l'état miſerable
où le peché l'a reduit. Mais

afin que l'homme pût concevoir des sentimens si contraires à ses dispositions fieres & orgueilleuses, il a falu, dit S. Augustin, que Dieu soit descendu du ciel pour l'obliger à descendre de sa vanité, & qu'il ait trouvé dans les tresors de sa sagesse infinie le secret de se revêtir de nôtre humanité, & de mourir ignominieusement pour guerir l'enflure de nôtre orgueil par une si profonde humiliation.

In hac verba : & emū- dabor à delicto maximo. Ps. 18.

C'est pourquoy l'on a sujet de s'étonner de l'aveuglement de Plutarque qui loüe comme une grande action d'humilité celle que Thales fit lors qu'il refusa le trepié d'or que l'Oracle avoit adjugé au plus sage : car ce Philosophe ayant travaillé toute sa vie à meriter qu'on luy donnât ce nom, n'avoit garde de laisser échaper une si belle occasion de faire voir qu'il en étoit digne; puis qu'étant sage dans l'estime de tout le monde, il témoignoit par le refus du trepié d'or, qu'il ne l'étoit pas dans la sienne; il ne pouvoit pas même prendre un autre parti sans passer pour presomptueux, aprés que Bias, à qui on l'avoit offert auparavant, ne l'avoit pas voulu accepter. Il est donc visible que la conduite de ce Philosophe fut celle d'un homme finement glorieux, qui faisant semblant de ne se pas croire sage, en vouloit acquerir la reputation.

L'humilité des Chrétiens qui s'accusent de plusieurs defauts qu'on sait bien qu'ils n'ont pas, & qu'ils ne croyent pas avoir; est une fausse humilité, puis qu'ainsi que nous l'apprend le saint Concile de Trente, la *sess. 14. cap. 11.*

vraye humilité n'est jamais contraire à la verité. Elle ne consiste pas aussi seulement dans l'aveu que l'homme fait, qu'il tient son être & tous ses biens naturels & surnaturels de la pure bonté de Dieu: Pour être veritablement humble, il faut qu'il confesse encore qu'il a l'esprit plein d'erreurs, que ses inclinations sont toutes dépravées, & que n'étāt par sa nature qu'un neant devant Dieu, il est devenu par sa desobeïssance un neant opposé à Dieu & armé contre son Souverain, ainsi qu'un S. Docteur l'appelle.

Nihilū armatū. D. Ambros.

CHAPITRE XXII.

La Liberalité.

LE plaisir n'est pas seulement cause du dereglement de la plufpart des actions des hommes ; il est aussi la sour-

LA LIBERALITE'. 473
ce la plus ordinaire de leurs erreurs : car comme nôtre esprit & nos sens suivent son attrait d'une ardeur égale, & que nôtre esprit est toûjours appliqué à chercher tout ce qui est propre à satisfaire : de là vient que nous sommes disposés à trouver les choses qui le contentent beaucoup plus belles qu'elles ne sont, & que lors même qu'elles sont fausses, pourvû qu'elle luy plaisent, nous ne manquons jamais de juger qu'elles sont veritables.

En effet, c'est parce que l'esprit humain travaille continuellement à se faire de beaux & de grands spectacles, qu'il croit qu'il y a des Heros qui ont des qualités divines ; qu'il y a des hommes qui par la force de leur raison triomphent de la douleur, de la volupté, de la colere & de la vengeance;

& qu'il y en a d'autres qui ont les sentimens si nobles, qu'ils se portent d'eux-mêmes à faire toutes les actions des vertus les plus éclatantes.

Il ne faut donc pas être surpris si tout le monde conçoit si facilement de l'estime pour la liberalité, qui est du nombre de celles qui brillent le plus; & si on la croit non seulement une vertu sincere, mais aussi une vertu rare & tout-à-fait extraordinaire. L'on en est si persuadé & l'on a tant d'amour & d'admiration pour ceux qui font du bruit dans le monde par leurs presens & par leurs largesses, qu'il semble qu'à la Cour l'on fasse des vœux publics pour leur élevation, pourvû qu'ils soient habiles, qu'ils connoissent les liberalités qui plaisent & qui obligent, & qu'ils prennent le temps de les faire aux yeux de ceux de qui il leur est utile d'être estimé. Les Princes & toutes les personnes de condition tirent aussi de grands avantages de la liberalité, puisqu'elle les distingue de ceux de leur rang, & que par leurs bienfaits ils s'attachent les plus honnêtes gens & s'attirent la bienveillance de tout le monde. L'avarice luy donne encore beaucoup de lustre, & ce vice qui rend un si grand nombre d'hommes si vils & si méprisables, ne contribuë pas peu à faire estimer ceux qui ont les inclinations nobles & genereuses, & qui ne font cas de l'argent que pour le plaisir qu'ils ont de le distribuer.

Si les grands Seigneurs & tous ceux generalement qui sont en reputation d'avoir l'humeur liberale, étoient effectivement tels que la renommée les reprefente ; fi leurs grands biens ne leur étoient agreables que parce qu'ils en peuvent faire part à leurs amis, & qu'ils ont moyen de gratifier les gens de merite ; & s'ils embraffoient indifferemment toutes les occafions de faire du bien en forte qu'on pût dire d'eux :

Et le bien qui les cherche en même temps les fuit :

l'on ne pourroit fans une extréme injuftice refufer de leur donner de grandes loüanges. Mais on verra qu'ils font bien differens de ce que l'on croit, fi l'on s'en rapporte au témoignage de ces perfonnes fenfées & folides, qui fans s'arrêter aux opinions publiques, veulent avoir une connoiffance particuliere des mœurs des

LA LIBERALITE'. 477
hommes, & qui ne se contentant pas de les voir un certain temps, les suivent & les considerent de prés : car ces personnes ainsi instruites & informées assurent que ces gens dont on publie la liberalité sont au desespoir quand il faut faire la plus petite dépense chez eux, lors même qu'ils font des profusions à la vuë du monde ; qu'ils refusent les choses necessaires à leurs proches, au même temps qu'ils donnent les superfluës aux autres ; & qu'ils retiennent les gages & les appointemens de leurs domestiques pendant qu'ils font des regales aux étrangers.

C'est là la plus forte preuve qu'on puisse apporter pour montrer que la liberalité qui rend tant de personnes recommandables, n'est qu'une fausse vertu ; & sa force consiste en ce que le caractere d'une vertu veritable est qu'elle doit s'accorder avec toutes les autres vertus. Or la liberalité de ceux dont la bourse est toûjours ouverte à leurs amis, & qui se piquent de n'avoir rien à eux, est visiblement contraire à la justice, puisqu'on sait bien que pendant qu'ils font si volontiers des presens & qu'ils ne laissent échaper aucune occasion de faire de la dépense, ils ne songent pas seulement à acquitter leurs dettes, & qu'ils donnent souvent aux uns ce qu'ils ont emprunté, & qu'ils ont même quelquefois dérobé aux autres. Cette même preuve fait apercevoir que l'esprit qui les anime est un esprit de vanité, qui fait qu'ils trouvent toûjours de l'argent pour paroître, & qu'ils n'en trouvent jamais pour recompenser un domestique qui a vieilli dans leur maison, ni pour payer un Marchand qui leur a fourni son bien, ou un creancier dont ils ont causé la ruine.

Ces hommes celebres par leurs liberalités ne sont donc que des violateurs honnêtes de l'équité. Il y en a de deux sortes : les premiers sont ceux qui se ruinent eux-mêmes par leurs profusions, & qui ôtent à leurs enfans ce qu'ils donnent à des personnes étrangeres. Les seconds sont les Seigneurs de Terres & les Gouverneurs de Province, qui tirent du public les moyens d'enrichir quelques particuliers; & les chefs de party qui pour gratifier leurs amis & avoir de quoy acheter la faveur des peuples, dépoüillent de leurs biens ceux qui ne sont pas dans leurs interêts.

Mais quoy qu'ils se ressemblent tous en ce qu'ils blessent la justice qu'ils se doivent à eux-mêmes, ou celle qu'ils doivent garder à l'égard des autres; neanmoins les motifs qu'ils ont dans leurs largesses sont differens; car il y en a dont la liberalité est purement vaine, & cette espece de liberalité est la plus ordinaire; d'autres dont la liberalité est vaine & politique; telle étoit la liberalité d'Alexandre, qui pour encherir sur les presens que Taxile Roy des Indes luy avoit faits, luy fit un festin magnifique, au milieu duquel il luy porta une santé de mille talens, c'est à dire de six cens mille écus, qu'il luy fit délivrer sur l'heure; & d'autres dont les profusions sont purement politiques, comme étoient celles de Cesar, qui tenoit

Q. Curt. cap. 9.

tenoit table ouverte, avoit un grand nombre de domestiques, & prenoit soin de divertir le peuple Romain par des jeux publics, dont il faisoit la dépense, pour l'obliger à luy accorder les premieres Charges de la Republique, qui furent les premiers degrés par où il s'éleva à la domination. Celles de Scipion étoient à peu prés semblables, ainsi qu'il paroît par les reproches que luy en fit Caton le Censeur: Tu consumes, luy dit-il, jus- « qu'aux deniers publics pour « faire des dons immenses « aux soldats & aux Officiers, « afin de leur gagner le cœur & « de te rendre maître de ton « armée; & tu ne prens pas gar- « de que tu en ruïnes la disci- « pline, que tu corromps les « mœurs des Chefs & des sol- « dats, & que tu es cause que «

Plut. in Cæsare.

Plut. in Catone.

I. Part. X

» leur vigueur se relâche &
» qu'ils s'amollissent par le lu-
» xe & par la bonne chere.

La seconde preuve de la fausseté de la liberalité est qu'aussi-tôt que l'homme se propose de faire quelque dépense pour paroître honorable; son avarice s'oppose à sa vanité & la combat de toute sa force; & quoique ce combat soit caché dans son cœur, on le découvre neanmoins par les effets qu'il produit : car l'on voit tous les jours qu'un grand Seigneur qui a reçû chez luy des gens de sa qualité, aprés avoir ordonné qu'il ne manque rien à un souper, qu'il soit propre, poli, délicat & magnifique, contant le lendemain avec son Maître-d'hôtel, luy conteste le prix de toutes ses viandes, & témoigne par ses emportemens, par ses peines, & quelquefois par ses repentirs, qu'il n'a été splendide qu'à cause que son ambition l'a emporté sur son avarice, & qu'un homme liberal est, à le bien définir, le martyr de sa vanité.

L'affectation est la troisiéme preuve que la liberalité n'est pas une vertu sincere. Cette affectation est visible dans les deux exemples que je vais apporter. L'on a connu un grand Seigneur de la vieille Cour, qui joüant & faisant une grande perte, quitta soudainement le jeu ; & comme on croyoit qu'il se retiroit pour sauver le reste de son argent qui étoit assez considerable, il le donna froidement à ceux qui fournissoient les cartes, & remplit toute la compagnie d'admiration. L'on a vû aussi en ce siecle un Gouverneur de Province, dont le train égaloit celuy des Souverains, qui faisoit faire un nombre prodigieux d'habits & ne les mettoit pour l'ordinaire qu'un jour, aprés quoy il les donnoit aux Gentils-hommes qui luy faisoient la cour, ou à ses domestiques ; ce qui le faisoit passer dans son Gouvernement & dans toute la France, pour l'homme du monde le plus genereux & le plus liberal.

La quatriéme preuve est, que ceux qui sont estimés par leur liberalité, mettent en vuë toutes celles qu'ils font ; de telle sorte qu'ils ont bien de la peine à dérober le moindre de leurs bienfaits à la connoissance du monde. De là vient qu'ils sont plus ou moins liberaux, selon que les occasions qu'ils ont de l'être sont plus ou moins éclatantes, & qu'ils ne le sont point du tout dans celles qui sont obscures, & lors qu'ils n'ont point de dignes témoins de leurs liberalités.

Le jeu est la cinquiéme preuve que l'homme n'est pas veritablement liberal; car dés que l'ardeur du jeu l'a déconcerté & l'a mis dans l'impuissance d'user de cet art avec lequel il cache ordinairement ses defauts & ses inclinations vitieuses; aussi-tôt que

Dolosi spes refulsit nummi, Perse. Sat. 1.

l'espoir du gain l'allume si fort, & se rend si promptement maître de ses sentimens, que s'il est en fortune il sent dans le fond de son cœur une joye qui paroît même sur son visage; & s'il perd, on voit qu'il souffre la perte avec un chagrin extréme; de sorte que ce même homme qui semble jetter son argent par ses profusions, se le fait arracher au jeu avec violence, & montre qu'il estime & aime effectivement le bien qu'il se pique de mépriser.

La sixiéme preuve est, que les personnes qui passent pour liberales n'observent jamais les ordres de la raison dans la distribution de leurs dons ; car ils les font souvent à des gens qui ne les meritent pas, ou qui n'en sont pas les plus dignes ; ils n'ont aucun soin de les proportionner à la qualité des besoins, & même ils en gratifient ceux qui sont riches, & laissent là ceux à qui une petite liberalité faite à propos feroit des biens incroyables. Cette marque de la fausse liberalité est tres-considerable ; comme au contraire c'est une des marques certaines qu'un homme est veritablement liberal s'il y a de l'ordre & de l'equité dans ses liberalités; s'il choisit par preference des sujets où le merite & la vertu se trouvent joints à la mauvaise fortune, & s'il donne de l'argent à des veuves chargées d'une famille nombreuse, ou à des gens dont toutes les terres sont saisies pour des sommes fort mediocres, afin qu'ils puissent satisfaire leurs creanciers.

L'on prouve en dernier lieu que l'homme n'est pas liberal, parce qu'il n'y en a aucun qui ne soit avare; & la raison en est, que toutes les passions sont en quelque degré dans le cœur de l'homme, & que l'avarice par consequent y a sa place comme les autres; & quoy qu'elle ne paroisse pas également dans tous les hommes, elle se montre neanmoins en tous & en tout temps, du moins en quelques rencontres. On voit outre cela que l'avarice est la passion dominante presque de tous ceux qui sont avancés dans l'âge; car comme leurs besoins augmentent tous les jours avec leurs infirmités, & que l'experience leur a appris qu'on peut perdre par une infinité de voyes le bien qu'on croit le plus assuré ; ils se plaignent tout, & il n'est sorte de moyen dont ils ne s'avisent pour épargner. Ainsi aprés que l'amour, l'ambition, l'envie, la jalousie, la haine & la vengeance ont tyrannisé l'homme, l'avarice vient le tourmenter à son tour, & conclure sa miserable vie. Cette passion qui le rabaisse si fort, est la derniere agitation qui trouble son repos, & qui luy fait voir enfin que s'il ne le cherche en Dieu, il n'en doit esperer que dans le tombeau.

Ce qui a été dit dans ce discours, donne l'intelligence de ce mot admirable du grand Platon, qui dit que la vertu des hommes n'est qu'un échange; car cette définition convient parfaitement à la liberalité, puisque celle qu'on exerce le plus ordinairement n'est qu'un échange de l'argent avec la gloire; que c'est même souvent un échange de l'argent avec l'argent, comme on le voit en ces personnes qui prodiguent le leur à la vuë des Princes & des Ministres, pour les obliger honnêtement à le leur rendre en pensions, en charges ou en emplois, puisqu'en ces hommes souverainement ambitieux, qui ache-

Plato in Phedone.

X v

tent les suffrages des peuples pour parvenir à l'Empire, c'est un échange de l'argent avec la domination; & que la liberalité des amans qui consument leur bien en presens & en autres folles dépenses, est un échange de l'argent avec la satisfaction qu'ils souhaitent.

La liberalité Chrétienne est elle seule une veritable liberalité & une vertu sincere : car les Chrétiens tirent d'un fond innocent tous les presens & tous les biens qu'ils font, & ne donnent jamais aux uns ce qu'ils doivent ou qu'ils ont ôté aux autres. Comme ils ne font rien par ostentation, ils cachent leurs dons avec un soin extraordinaire, & gardent en tous les regles de la charité, de la justice & de la prudence. Ce qui rend leur liberalité veritablement vertueuse, est qu'ils sont dans leur cœur tels qu'ils paroissent dans leurs actions; c'est à dire qu'ils n'ont aucune attache au bien, parce que la grace de Jesus-Christ a le pouvoir elle seule de leur en inspirer le mépris & de guerir l'avarice.

Chapitre XXIII.

La Magnificence.

IL n'y a rien qui flatte tant la vanité de l'homme que ses projets; cependant il est certain que tous ceux qu'il forme se tournent contre luy-même; que les plans des ambitieux s'attaquent à leur repos; que ceux des avares les condamnent à des soucis qui les rongent toute leur vie; & que les desseins de ceux qui font bâtir de superbes palais

& qui veulent avoir des trains magnifiques, découvrent leur petitesse & leur indigence. Car n'est-il pas vray qu'il faut que l'homme se voye bien petit & bien peu de chose, & qu'il ne se sente gueres relevé par ses bonnes qualités pour vouloir élever de grands bâtimens, avoir des Pages & des carosses, afin d'ajoûter tout cela à ce qu'il est, & de s'agrandir par cet artifice.

La magnificence n'est donc qu'un sentiment orgueilleux & un desespoir de ne voir en nous-mêmes rien de grand & de magnifique, qui nous fait recourir aux beaux ameublemens, aux tapisseries rehaussées d'or & de soye, avec la même adresse avec laquelle les femmes extraordinairement petites prennent du liege pour en paroître plus grandes.

Cependant Aristote fait de cette visible vanité une vertu sublime & infiniment plus excellente que la liberalité ; car il croit qu'il est de la magnificence à l'égard de la liberalité, comme de la vaillance à l'égard de la hardiesse ; & que comme la hardiesse surmonte les craintes qui nous ébranlent, pendant que la vaillance triomphe de celles qui ont accoûtumé de nous abattre & de nous renverser : la liberalité de même nous porte à faire les dépenses mediocres & ordinaires malgré nôtre naturel avare ; mais qu'il n'y a que la magnificence qui nous en fasse faire d'immenses & d'extraordinaires, & qui nous donne la victoire entiere de l'avarice. Ce qui pourroit faire douter que la magnificence eût cet avantage sur la liberalité, c'est

4. Ethic. c. 1.

qu'on voit de grands Seigneurs qui ayant beaucoup de facilité à faire de grandes dépenses en bâtimens & en équipages de chasse, sont épargnans & avares au dessous de cinq cens écus, & qui ont une peine presque invincible à être liberaux, & n'en ont point du tout à être magnifiques. Mais ce qu'on peut croire avec certitude est qu'il n'y a point d'autre difference entre la magnificence & la liberalité des hommes du siecle, que celle qu'on trouve entre l'orgüeil & la vanité. Car qu'est-ce que la magnificence des Princes & des hommes riches & opulens ? Que sont ces Palais où l'or, le marbre & le porphire sont employés ? Que sont ces belles maisons de campagne où toutes les regles de la simetrie sont observées? Que sont ces grands parcs où l'on a enfermé des rivieres & des forêts, qu'une montre orgüeilleuse de la grandeur de leur condition, ou de leurs richesses. Si l'on en veut être entierement persuadé, l'on n'a qu'à faire reflexion que c'est dans le retranchement de ce faste & de ces excez que consiste la modestie, & qu'on donne des loüanges extraordinaires à tous ceux qui se voyant élevés en dignité, ou comblés de biens, pratiquent cette vertu & la font paroître dans leurs maisons bâties communement, dans leurs habits, dans leurs meubles & dans leur table.

Comment donc peut-il être tombé dans l'esprit d'Aristote, qu'un homme qui consume la meilleure partie de son bien en des superfluités vaines & vitieuses, est un homme non

4. E-
thic. c.
5.

seulement loüable, mais excellemment vertueux? Comment peut-il dire, que le magnifique peut vertueusement bâtir des maisons superbes, pourvû que dans la dépense qu'il y fait, il se regle par le bien qu'il a, & que sa magnificence éclate dans des sujets durables, comme sont les colomnes de marbre; & non pas dans les fragiles, tels que sont les vitres d'une maison; & pourvû aussi qu'il n'imite pas les Megariens, qui faisoient des banquets splendides aux Comediens, & les recevoient dans leur Ville avec tant de pompe, que le pavé des ruës par où ils passoient, étoit couvert de pourpre. N'est-il pas évident que tous les inconveniens que ce Philosophe veut qu'on évite, ne

Loc. cit.

tendent qu'à sauver un homme du ridicule, & n'empêchent pas qu'il ne soit vain s'il met des sommes excessives en peintures, en dorures & en ameublemens. N'est-il pas vrai encore que si la magnificence n'a point d'autres bornes que celles qu'Aristote luy a don- *Ibidem.* nées, il n'est point de superfluités qu'on ne puisse justifier; & que non seulement il n'eût pas desapprouvé, mais qu'il eût loüé ces bâtimens prodigieux que Lucullus fit élever sur le rivage de la mer de Naples ; cette montagne percée à jour, suspenduë & soûtenuë par une voûte ; ces fossés larges & profonds où la mer entroit & par où elle environnoit cette maison magnifique; n'est-il pas vray qu'il n'eût trouvé dans cette maison aucun excez blâmable, ni dans ce nombre infini de statuës & de tableaux dont elle étoit ornée ; ni dans cette quantité incroyable d'apartemens tous richement meublés ; ni dans la vaisselle d'or enrichie de pierreries, avec laquelle Lucullus étoit servi. Cependant ces excez étoient si generalement blâmés dans Rome, que ses plus proches parens & ses meilleurs amis, & parmi eux Caton & Ciceron ne les pouvoient supporter, ils furent même long-temps les sujets des railleries publiques, & encore du temps d'Auguste ils étoient celuy de la satire.

Horat. lib. 1. Epist. 6.
--chlamides, Lucullus ut aiunt,
Si posset centum scenæ præbere rogatus.
Qui possum tot? ait: tamen & quæram & quot habebo,
Mittam. Post paulò scripsit sibi

LA MAGNIFICENCE. 499

millia quinque
Esse domi chlamidum: partem, vel
tolleret omnes.
Exilis domus est ubi non & multa
supersunt
Et dominum fallunt ; & prosunt
furibus.

Il ne faut donc pas attribuer à la bizarrerie & à la malignité des Cyniques la guerre qu'ils declarent au luxe ; puisque cette guerre, bien loin de leur être particuliere, leur est commune avec les Sages de tous les siecles, qui ont tous regardé la pompe des bâtimens & la curiosité des meubles & des habits comme une vanité, & même comme une puerilité. « Nous sommes de vrais enfans, disoit Ariston, les colomnes de marbre & les statuës nous donnent du plaisir de la même maniere que les

Aristochius apud Senec. epistol. 115.

« coquilles les divertissent ; de sorte qu'il n'y a point d'autre différence entre eux & nous, si ce n'est que nos yeux & nos divertissemens nous coûtent beaucoup plus cher, & que nôtre enfance dure toute nôtre vie. Ce que je viens de dire fait voir combien il est mal aisé d'accorder l'opinion d'Aristote qui favorise le luxe si ouvertement, avec la solidité d'un grand Philosophe. Aristote, dit S. Thomas, exempte de peché ceux qui font des dépenses superfluës ; & moy je condamne comme mauvais tout ce qui est contraire aux regles de la raison.

4. Ethic. c. 3.
D. Thomas 1. 2. qu. 18. art. 9. ad 2.

Mais si la raison saine condamne ceux qui mettent tout leur soin à se loger, à se meubler & à s'habiller magnifiquement ; & si l'or, le marbre &

les autres choses precieuses gemissent, ainsi que dit saint Paul, de ce que l'homme les fait servir à sa vanité ; cette même raison luy fait connoître qu'il ne sauroit rien faire de plus loüable que de les tirer de cette servitude pour les consacrer à Dieu, & les employer au bâtiment & à la décoration de ses Temples ; parce qu'alors ce n'est pas pour luy, mais pour Dieu qu'il est magnifique : c'est pourquoy rien n'étoit égal à la beauté, à la grandeur & à la structure du Temple que le plus sage de tous les Rois fit bâtir en l'honneur de Dieu ; & c'est pourquoy aussi nous voyons un si grand nombre de Temples élevés par toute la terre à la gloire de JESUS-CHRIST, qui sont comme autant de monumens de la pieté & de la magnifi-

ad Rom. cap. 8.

cence des Rois Chrétiens.

Judith cap. 10. L'exemple de Judith & de la Reine Esther nous fait voir aussi qu'on fait un bon usage de la magnificence quand on s'en sert pour procurer la gloire de Dieu : car Judith qui depuis son veuvage étoit vétuë d'une maniere convenable à son état, quitta ses habits de deüil, en prit de fort beaux & de fort magnifiques, afin de paroître avec plus d'éclat devant Holoferne, & d'executer avec plus de facilité le coup que Dieu avoit reservé à son bras. Et la Reine Esther, qui *Esther cap. 14.* appelloit la couronne l'enseigne de l'orgüeil, qui ne la pouvoit souffrir, & qui avoit de là haine & de l'horreur pour elle, la mit neanmoins sur sa tête, & se presenta au Roy Assuerus parée & ajustée pour sauver ceux de sa nation.

LA MAGNIFICENCE. 503

Nous apprenons encore par la conduite qu'ont tenuë les Rois les plus pieux & les plus modestes, que les Souverains peuvent faire des presens proportionnés à la grandeur de leur couronne, aux Ambassadeurs des Princes leurs alliés; faire des festins splendides & somptueux, pour affermir & rendre plus solemnels les Traités de paix qu'ils ont faits, & recevoir avec magnificence les Rois qui viennent les visiter ou qui passent par leurs Royaumes. C'est ainsi que S. Loüis reçut l'Empereur Federic à Compiegne ; car il ordonna aux Princes & à tous les Grands de sa Cour de s'habiller richement, & luy fit une entrée fort magnifique. Ce « saint Roy, dit Mezerai, étoit « modeste & ennemi du luxe « pour son particulier, mais «

Tome premier de son Abregé Cron. de l'hist. de France.

» pompeux & superbe dans
» les ceremonies publiques.

Dupleix dans la vie de Charles. & de Loüis le Debonnaire.

Charlemagne habillé pour l'ordinaire de même que ses sujets, étoit extraordinairement paré quand il donnoit audiance aux Ambassadeurs, & portoit une couronne d'or brillante de pierreries. Loüis le Debonnaire en usoit de même. Le but que se proposoient ces Princes Religieux dans les occasions où ils paroissoient avec tant de pompe, étoit de donner une grande idée des forces & des richesses de leurs Royaumes, afin que les autres Rois craignissent de les attaquer, & pour assurer par là le repos des peuples que Dieu leur avoit commis.

Voilà les emplois legitimes de la magnificence, hors lesquels l'on ne peut s'en servir sans en pervertir l'usage, &

hors

hors lesquels elle n'est qu'une vaine ostentation : car quoy qu'Aristote dise qu'un beau palais qu'un homme a bâti est un ornement qui le pare, il est certain que quand tous les palais des Rois seroient à luy, il n'en seroit ni plus grand ni plus magnifique; que sa magnificence & sa gloire, ainsi que le S. Esprit nous l'enseigne, doit être au dedans de luy, & qu'elle consiste dans l'assemblage de toutes les vertus dont son ame doit être ornée; de sorte que comme ceux qui excellent dans les arts & dans les siences sont sans emplois & sans dignités, des gens illustres; de même les hommes en qui l'on voit une éminence de vertu qu'on ne trouve pas dans les autres hommes, sont magnifiques sans maisons, sans train & sans équipage, & on

4. Ethic. c. 3.

Ps. 44.

les revere par eux-mêmes avec beaucoup plus de respect que ceux que l'on voit accompagnés d'une longue suite de domestiques. Celuy-là seul, dit Epicure, est veritablement magnifique qui n'a besoin d'aucune magnificence.

Laërt. in vita Epic.lib. 10.

Chapitre XXIV.

La Justice.

LEs Poëtes ne peuvent se lasser d'exagerer l'audace des premiers hommes qui entreprirent de traverser les mers, & qui se contentant de mettre quelques aix fragiles entre la mort & eux, se firent des chemins & des passages dans les abîmes.

Mais pour moy je trouve beaucoup plus audacieux ceux qui formerent les premier sle

deſſein de vivre en ſocieté ; &
je ſuis aſſuré que quiconque
n'a point le dernier étonnement de cette entrepriſe, ne
l'a jamais conſiderée, ou ne
connoît point le naturel des
hommes, qui bien loin d'avoir
des qualités propres pour s'u-
nir, ont toutes celles qu'il faut
pour ſe perſecuter, pour ſe
déchirer & pour ſe détruire.
En effet une grande aſſemblée
d'hommes eſt une mer plus
dangereuſe, plus infidelle &
plus orageuſe que la mer même ; & quelque impetueux &
innombrables que ſoient les
vens, les paſſions humaines les
ſurmontent en nombre, en
contrarieté & en violence.

Encheriſſons ſur ce que nous
avons dit, & diſons que les
hommes étant devenus par
leur vice ce que les animaux
les plus farouches & les plus

cruels sont par leur nature ; c'est avoir entrepris de civiliser les Ours, les Tygres & les Lions, que d'avoir voulu assembler les hommes. Il y a même cette difference, que la cruauté des animaux passe avec leur fougue ; qu'ils se lancent sur les hommes par le mouvement d'un aveugle instint, & qu'ils ne savent pas l'art de nuire ; au lieu que les hommes gardent long-temps leurs ressentimens, qu'ils trament les assassinats & les parricides afin de les executer avec seureté, & qu'ils sont ingenieux à se tendre des pieges les uns aux autres.

De pareilles vuës firent peut-être imaginer aux Poëtes que lorsque la societé des hommes fut établie & qu'ils eurent formé leur premiere Republique, la Justice descendit du ciel pour empêcher qu'elle ne devînt soudainement un theatre affreux de meurtres, d'assassinats & de brigandages; c'est pourquoy ils la representent le glaive en main, dont elle menace les méchans, & avec lequel elle punit les mauvais citoyens & les voisins entreprenans & injustes.

Cela veut dire que la justice est une vertu celeste, soit qu'on la considere en la personne des Princes & des Juges qui la dispensent, ou dans le reste des hommes qui en font la regle de leurs actions; soit qu'on la regarde dans les bons, qui l'aiment & la suivent de bon gré; ou dans les méchans, qui observent ses loix par force & par la seule crainte des supplices. Car la crainte de la justice est la sagesse des méchans, & la vertu de ceux qui n'en ont aucune.

C'est l'opinion que tous les hommes ont euë de la justice. Ils ont crû qu'elle tiroit son origine du ciel, & les plus sages & les plus intelligens luy ont donné de fort grands éloges. „La justice, disent les Phi-„losophes, est une vertu qui „renferme toutes les autres.

Polus lib. de justitia ad calcem.
Diog. Laërt.

„La justice, dit un Pithago-„ricien, est une vertu divine „qui sous des noms differens „regle le monde & toutes les „parties qui le composent: „car en tant qu'elle le main-„tient en ordre, on luy don-„ne le nom de Providen-„ce; celuy de loy, en tant „qu'elle police les villes, les „Republiques & les Royau-„mes; & on l'appelle vertu en „tant qu'elle fait vivre l'hom-„me avec discipline. Enfin,

De moribus Ecclesiæ.

„dit saint Augustin, c'est la „justice qui a le privilege elle

seule de tenir l'homme assu-«
jeti à Dieu, & d'empécher «
que son orgueil venant à s'é-«
lever, ne le tire de cette su-«
jetion. «

Il faut avoüer que ces éloges donnent une grande idée de cette vertu, & qu'on ne sauroit imaginer un spectacle plus agreable que de voir tous les hommes également jaloux, les uns de faire observer, & les autres de suivre les ordres de la justice par un amour sincere qu'ils auroient pour elle. Mais où voit-on cet amour sincere de la justice ? Le trouve-t-on dans les Souverains qui ont eu le plus de soin de faire regner la justice dans leurs Etats ? Qu'étoit ce soin dans les Empereurs Payens, & qu'est ce même soin dans les Rois Chrétiens qui ne se conduisent pas par les maximes & par l'esprit du Christianisme, qu'un desir ardent de regner & une politique purement humaine ? Qu'est-ce autre chose en plusieurs d'entre eux que leur fierté naturelle, qui ne pouvant supporter de ceux qui osent faire des partis, & leur declarer la guerre, les porte à les faire punir avec la derniere severité ? N'est-ce point en d'autres l'amour de leur repos qui les rend diligens à étouffer les entreprises seditieuses, & exacts à faire executer la rigueur des loix contre les chefs des seditieux ? Il n'est pas même impossible qu'en quelques-uns ce ne soit une envie d'être surnommés justes : car quoique l'amour des titres soit une passion bien frivole, l'on ne doit pas laisser de la conter parmy les passions humaines, parce que l'homme est vain & frivole à un point qu'on ne sauroit concevoir. Auguste en est une preuve, puisqu'il pleura de joye lorsque le Senat luy donna le nom de Pere de la patrie.

L'integrité des Magistrats est une affectation d'une réputation singuliere, ou un desir de s'élever aux premieres Charges : car comme l'amour propre porte les hommes à faire servir leurs vices & leurs vertus à leurs interêts, de là vient que les Juges corrompus rendent la justice pour s'enrichir, & que les autres la rendent exactement pour être estimés de tout le monde, & afin que les Rois & les Ministres les considerent comme des hommes propres à remplir les hautes Charges.

L'equité des personnes privées qui ont une attention

continuelle à ne jamais bleſſer aucun des intérêts de ceux avec qui ils vivent; eſt une crainte qu'ils ont qu'on ne leur faſſe des injuſtices : car l'homme qui ſe voit engagé dans la ſocieté des hommes, y eſt avec plus de ſouci & de tremblement que s'il étoit au milieu d'une forêt pleine de bêtes ſauvages; puiſqu'il ne craint pas ſeulement pour ſa vie, mais encore pour ſon bien, pour ſon repos & pour ſa reputation. Outre cela les oppreſſions, les violences & les meurtres qu'il voit faire tous les jours, redoublent ſes craintes; de ſorte que ſongeant ſans ceſſe aux moyens qui peuvent le garentir des accidens dont il ſe voit menacé, il n'en trouve point de meilleur que de garder toutes les loix de l'équité à l'égard des autres, ce qu'il croit avec assez d'apparence de raison, parce que celuy qui se comporte envers les autres avec tant de circonspection qu'il ne leur fait jamais aucun prejudice, les engage par leur propre reputation à bien vivre avec luy & à ne luy faire aucun tort. D'ailleurs l'on n'a pas le cœur de maltraitter un homme qui vit paisiblement & équitablement avec tout le monde. Enfin les hommes justes impriment je ne say quel respect, qu'on n'ose non plus toucher à leur bien & à leur honneur qu'aux vases precieux des Temples.

Ainsi la justice des particuliers n'est qu'une addresse qui tend à mettre leur vie, leur bien & leur honneur à couvert des injures qu'on leur peut faire. C'est pourquoy, dit Aristote, nous ne devons

Aliud justa, aliud justè.
2. E-thic. c. 4.

» pas être precipités dans nos
» jugemens & prononcer lege-
» rement comme nous fai-
» sons, que celuy qui fait des
» actions de justice est un hom-
» me juste. Les procedés droits
» & équitables nous trom-

Lib. 8. de Rep.

» pent, dit Platon, parceque
» nous en tirons cette conse-
» quence, que ceux qui les
» ont aiment la justice, & ont
» de meilleures inclinations
» que les autres hommes; ce-
» pendant ils sont cupides &
» violens comme eux, mais
» ils se contraignent & ne font
» mal à personne, afin qu'on
» ne leur en fasse aucun.

La justice des Philosophes n'étoit qu'un desir de se distinguer de tous les autres hommes par la droiture de leurs actions, & de faire voir qu'ils vivoient eux seuls selon les regles de la raison.

LA JUSTICE. 517

La justice des Juifs qui n'agissoient que par l'esprit de la loy, étoit une crainte que Dieu retirât d'eux sa protection, qu'il les livrât à leurs ennemis, & qu'il rendît leurs vignes, leurs prez & leurs champs steriles.

Il n'y a donc point de justice parmy les hommes, puisqu'il n'y en a aucun qui la suive pour l'amour d'elle, & que dans les Souverains qui l'établissent, dans les Juges qui l'administrent & dans les particuliers qui la pratiquent, elle n'a point d'autre principe que l'interêt & l'ambition, puisque dans les Philosophes ce n'étoit qu'une vanité, & dans les Juifs les plus zelés pour luy, qu'une crainte servile & interessée.

Ce n'est donc pas sans raison que les anciens Poëtes, que

De justitia, lib. 5. cap. 5.

Lactance appelle les premiers Sages du monde, se plaignoient que la justice étoit retournée au ciel, & qu'ils disoient avec des exclamations frequentes :

Loc. cit. *Deseruit properè terras sanctissima virgo!*

Car ils ne faisoient ces plaintes & ces exclamations que pour nous faire entendre qu'on ne voit plus cette vertu divine parmy les hommes. Les fables même nous apprennent cette verité & celle de la courte durée du siecle d'or & du regne de Saturne, avec lequel finit le regne de la foy & de la justice, nous marque assez clairement que la justice ne fut pas long-temps sur la terre, & que depuis qu'elle en est bannie, ce n'est que par ambition ou par interêt, ou par la crainte des loix, que ceux

LA JUSTICE. 519

qu'on appelle juftes s'abftiennent de faire du mal aux autres. Cette verité nous eft encore confirmée par les vœux & par les foûpirs avec lefquels les Patriarches conjurerent le ciel durant tant de fiecles de s'ouvrir & d'envoyer le jufte : car ce jufte eft appellé la juftice par les Prophetes, parce qu'il eft auteur de nôtre juftice. *Ifa. 45. Dan. 9.*

C'eft ce jufte qui infpire l'amour de la juftice aux Chrétiens, qui leur découvre la beauté de cette vertu celefte qui attire à elle toutes les ames ; c'eft à eux qu'il la rend plus douce que le miel le plus delicieux, & plus pretieufe que tous les trefors du monde. Ce n'eft que dans leur efprit qu'il fait luire cette lumiere divine qui leur fait connoître que fa volonté eft la regle *Convertens animas, Pf. 18. Super aurum & lapidem pretiofum* de leurs devoirs, & qu'on n'est juste qu'autant qu'on se conforme & qu'on se soûmet à elle. Aussi n'y a-t-il que les seuls Chrétiens qui soient veritablement justes devant Dieu & devant les hommes. Je veux que tout le monde sache, dit Platon, que personne n'est juste par ses inclinations naturelles, & qu'on ne sauroit aimer la justice, si l'on n'est particulierement assisté de Dieu.

multum & dulciora super mel & favum. ibid.

Dial. de Rep.

CHAPITRE XXV.

La Probité, ou l'honnêteté des hommes.

L'Honnestate, dit le Guarini, *altro non è che un arte di parer honnesta*. Le jugement que ce Poëte fait de l'honnêteté des femmes est tres-injufte; car comme fon intention n'eft pas de blâmer leur honnêteté, à caufe que c'eft d'ordinaire par fierté & non par un motif vertueux & loüable qu'elles la gardent, & que c'eft de leur honnêteté exterieure qu'il pretend feulement parler. Il eft tres-faux que cette honnêteté ne foit qu'un art de paroître honnête, puifqu'on voit un grand nombre de femmes qui le font effectivement, parmi lefquelles il y en a qui ont tant de pudeur, qu'il ne leur feroit pas poffible de la bleffer, quand même elles feroient affurées que leurs fautes ne devroient jamais venir à la connoiffance du monde. Mais ce jugement feroit peut-être un peu mieux fondé fi on l'appliquoit à la probité & à l'honnêteté des hommes; car il n'eft pas moins rare de voir des gens également religieux à ne rien faire contre la probité quand ils agissent en secret, & quand ils ont des témoins de leurs actions ; que de trouver des hommes vaillans qui attaquent ou repoussent les ennemis la nuit avec autant de bravoure qu'ils feroient s'ils combattoient en plein jour aux yeux de leur General. Il est tres-rare aussi de voir des hommes dont la probité soit si solide & si affermie qu'elle ne puisse non seulement être ébranlée par les menaces, ni tentée par les promesses, mais qu'elle soit encore capable de resister à toutes les forces des passions. Afin qu'on soit convaincu qu'il n'y en a point, il faut que chacun repasse dans son esprit toutes les actions de sa vie, & qu'il voye si aucun interêt de haine, de vengeance, d'amour ou d'ambition, n'a jamais eu le pouvoir de luy faire blesser la foy & la probité ; s'il ne luy est jamais arrivé pour plaire à une femme dont il étoit idolâtre, de reveler un secret important qu'on luy avoit déposé ; si la crainte de tomber dans la disgrace d'un Favory, ne l'a jamais empêché de rendre témoignage à la verité dans les occasions où il ne falloit que son témoignage pour sauver la reputation d'un homme calomnié ; enfin si la jalousie ne luy a pas fait diminuer le merite & la gloire d'une belle action que le meilleur de ses amis avoit faite dans un combat. Je m'assure que si l'on s'examine avec quelque soin, il n'y aura personne qui se trouve innocent, & qui ne reconnoisse qu'il a souvent manqué de probité, lors qu'il a pû le faire impunément & qu'il luy en est revenu de grands avantages.

Mais quand on supposeroit qu'il y a des gens dont la probité est incorruptible, il est visible que les motifs par lesquels on la pratique ne pourroient souffrir qu'on la contât parmy les qualités vertueuses, parceque ces motifs sont humains, & que le principal de tous est une ambition criminelle.

Pour donner à entendre quelle est cette sorte d'ambition, il faut faire observer que la veritable inclination d'un homme que l'amour propre possede, seroit que son esprit dominât sur tous les esprits, que tout cedât à la force de son bras, & que tous les hommes generalement luy fussent soûmis : mais comme il trouve en luy-même & en tous les autres une infinité d'obstacles qui s'opposent à son desir, il le dissimule & le cache selon qu'il voit plus ou moins de jour à le satisfaire, & quand il n'en voit point du tout, il se modere & se reduit à souhaiter d'avoir un rang considerable parmy ceux dont il ne peut se rendre le maître. De là vient que les Grands songent sans cesse à s'agrandir davantage, & que quand ils y voyent de l'impossibilité, ils font du moins valoir la grandeur de leur naissance en toutes rencontres, & traitent le reste des hommes comme s'ils étoient d'une espece inferieure à la leur. De là vient que ceux qui n'ont point de naissance travaillent à l'envi de la fortune à établir par la vertu divers rangs parmy les hommes, & se placent au premier rang par la probité ; à quoy l'on consent avec d'autant plus de facilité, qu'on ne peut se passer de la probité dans la societé des hommes, & qu'on l'aime à proportion de la haine qu'on a pour les trahisons.

Ceux qui observent exactement les loix de la probité ne voyent pas seulement que tout le monde s'accorde à les mettre au dessus des autres par le besoin qu'on a d'eux. Ils voyent encore que les gens d'honneur & de probité sont fort rares ; que cette rareté fait que les personnes dont on souhaite le plus être consideré les recherchent & veulent les avoir pour amis & pour confidens, & qu'elle est fort propre à leur conserver leur rang & leurs privileges.

Ils voyent aussi qu'il n'est rien

de si flétrissant & de si ignominieux qu'une friponnerie ou une trahison découverte, & que ceux qui les ont faites ne s'en relevent jamais.

Ils voyent outre cela que quoique les gens d'honneur ne reüssissent pas si souvent dans le monde que les hommes corrompus & prostitués; il est certain neanmoins que le succés des friponneries & des trahisons n'est pas infaillible, qu'elles ne sont pas toûjours recompensées, & que lors qu'elles le sont, ceux en faveur de qui on les fait payent l'utilité que les trahisons leur apportent, & ont les traîtres en abomination.

C'est de ces vuës qu'est formée la probité de ceux de qui on dit qu'ils ont l'ame belle. L'interêt fait la probité des ames basses & mercenaires, &

elle n'est en eux qu'un desir d'acquerir du bien.

L'on resiste à ce qu'on vient de dire que le principe de la probité des honnêtes gens est une ambition d'être illustres sans charge & sans dignité, & d'avoir un rang considerable parmy les hommes; & l'on oppose qu'il y en a plusieurs qui font en secret des actions de foy & de probité; d'où l'on conclut que c'est par probité qu'ils les font, & non par aucune envie d'être estimés & honorés des hommes? A quoy il faut répondre avec S. Thomas, qu'il y a certaines personnes qui ont la complexion si heureuse, qu'ils se portent aux actions droites par la seule disposition de leur temperament. Il faut répondre en second lieu que celuy qui fait des actions de probité, quoy qu'il

2. 2. q. 141. art. 1. ad 2.

qu'il les dérobe à la connoissance de tout le monde, les fait par un desir veritable d'être approuvé. Pour entendre cette maniere de paradoxe, il faut savoir que l'homme est si glorieux & si avide de loüanges, que ses plus hautes connoissances & ses plus excellentes vertus ne luy plaisent qu'à proportion de l'estime & des loüanges qu'elles luy attirent; c'est pourquoy l'on peut dire que dans le cœur de tous ceux qui ont des vertus extraordinaires, il y a une sorte d'ambition semblable à celle des Conquerans, & que les uns & les autres visent en leur maniere à la conqueste du genre humain, avec cette difference, que les Conquerans veulent soûmettre tous les hommes à eux pour se rendre maîtres de leurs biens & de leur liberté:

au lieu que ceux qui ont des vertus rares & singulieres songent à occuper la premiere place dans leur estime. Mais les Philosophes qui furent les premiers en qui cette ambition parut, jugeant qu'il est impossible d'acquerir l'approbation de tout le monde, parceque la plufpart des hommes ont fort peu de discernement, & qu'ils sont capricieux & injustes, bornerent la pretention du Sage à se contenter d'être approuvé d'un petit nombre d'hommes judicieux, équitables & vertueux. Il est vray qu'ayant ensuite observé qu'il est mal aisé d'obtenir l'approbation de plusieurs personnes, à cause qu'il n'est point de plus grande diversité que celle des goûts des hommes, & que d'ordinaire leur goût a part à leurs jugemens; ils crurent

Philosophia est paucis contenta Judicibus. Cic. 2. Tuscul.

qu'il suffisoit au Sage d'avoir un approbateur, pourvû que cet approbateur fût un homme éclairé & solide, & qu'il fût approuvé de tous les gens de bien. Un seul, dit Democrite, vaut mieux que la multitude. Nous sommes bien plus flattés, disoit Epicure, écrivant à un de ses amis, de l'estime que nous avons l'un pour l'autre, que nous ne le ferions des acclamations populaires.

Satis mihi sũt pauci. Senect. epist. 7.

Vnus mihi pro populo est. Senec. loc. cit.

Satis magnũ alter alteri theatrũ sumus. ibid.

Ce parti sembla le meilleur aux Philosophes jusques à ce que Seneque, celuy de tous qui a mieux connu ce qui est plus propre à satisfaire l'orgueil de l'homme, prononça que le Sage étant capable luy seul de juger du merite des actions, étoit aussi luy seul un digne approbateur de luy-même, & qu'il n'avoit besoin d'au-

« cune autre approbation. Le
» Sage, dit-il, ne laisse pas
» d'être parfaitement content,
» lors même qu'il n'a aucun
» témoin de ses actions : car
» que peut-il souhaitter de
» mieux que de se rendre té-
» moignage à luy-même, &
» d'être l'objet de son admi-
» ration.

Ce qu'on vient de rapporter prouve clairement que celuy qui fait des actions de probité à l'insçu du monde, les fait par un desir veritable d'être approuvé, puisque sa plus forte passion étant d'être approuvé de luy-même, il recherche l'approbation qui luy est la plus precieuse, & qu'il prefere à tous les applaudissemens » publics. Encore que la gloi- » re ne consiste pas dans la » loüange d'un homme seul, » ainsi que dit Saluste, il y a

Marginalia:
Sufficit unus, sufficit nullus. ibid.

Sapiens spectaculo sui satus. Sec. epist. 9. & 72.

De conjur. Catil.

pourtant certaines person- « nes, dit S. Thomas, qui éta- « blissent la leur dans leur seule « estime : Il est vrai que ces per- sonnes sont tres-rares, & que lors qu'ils font des actions de probité en secret, ils ont d'ordinaire un espoir caché que quelque favorable hazard les fera savoir.

2. 2. q. 132. art. 1. in corp.

Ce n'est donc pas la probité, mais les loüanges qu'on donne à la probité que les hommes aiment ; ce ne sont pas aussi les actions mauvaises qui leur déplaisent ; ce qui les fâche uniquement est qu'elles ruinent leur reputation; c'est pourquoy lorsqu'on les acuse d'avoir fait une action sale & contraire à la probité, quoy qu'ils sachent en leur conscience qu'ils sont coupables, ils implorent le secours de tous leurs amis, & employent toutes sortes de

» voyes pour se justifier. L'on
» voit assez de Magistrats, dit
» Platon, qui vendent la justi-
» ce, & reçoivent secrette-
» ment de l'argent; mais où en
» trouvera-t-on un qui avoüe
» d'en avoir pris, & qui en
» étant accusé, souffre cette
» accusation avec patience.

Confessons à la gloire de Dieu, qu'il fait luy seul les honnêtes gens, & qu'il n'y a que luy qui soit autheur de la probité veritable. Car unissant les hommes par le lien de la charité, il les met en tel état qu'il ne leur est pas possible de manquer de foy & de parole, & de ne pas s'acquitter de ce qu'ils se doivent les uns aux autres. Il n'y a que la douceur & la force de ce lien qui puissent les retenir & les empêcher de se tromper & de se trahir. Le lien de l'amitié humaine est

1. de Rep.

trop foible pour resister à la violence des passions; & l'on ne voit que trop souvent des hommes ambitieux qui traversent sous main les desseins de leurs meilleurs amis, & qui après leur avoir promis de les aider à obtenir un emploi, font tous leurs efforts, & mettent en usage toutes sortes de ruses & d'artifices pour le leur enlever. Il n'est point de solide « probité, dit Platon, que cel- « le qui est jointe à la pieté & « à la sainteté. La parfaite pro- « bité, dit Aristote, est celle « qu'on pratique dans la seule « vuë des choses divines & » eternelles. «

Opus bonum, opus sanctum, homo bonus, homo sanctus in Eutiphr. Mor. li. 7. cap. ult.

CHAPITRE XXVI.

La Fidelité des Sujets envers leur Souverain.

Que tes ouvrages sont magnifiques, Seigneur, s'écrioit un Prophete dans les transports d'admiration que luy donnoit la vuë de tant de merveilles & de chef-d'œuvres dont le monde est rempli; dans le ravissement où il étoit de voir ce grand nombre de creatures, leur beauté, leur richesse, & les differentes qualités dont elles sont pourvuës! Mais leur magnificence n'étoit pas le seul sujet de son exclamation; ce qu'il ajoûte (Tu as fait toutes choses avec sagesse) fait voir qu'il étoit également ravi de l'ordre merveilleux que Dieu a mis entre elles. Car si aprés les avoir produites il ne les eût point rangées, le monde qui devoit être un ouvrage parfait, & faire connoître par sa perfection celle de son Autheur, n'eût été que desordre & confusion.

Que si l'ordre, sans lequel le monde ne seroit qu'un cahos, paroît si beau & si admirable ; le secret que la sagesse de Dieu trouva pour l'établir n'est pas moins digne d'être admiré. Car il fit les creatures d'une inégale perfection, pour rendre les moins parfaites dépendantes des plus excellentes, & donna à chacune une place convenable au degré de sa perfection. C'est pourquoy il plaça le Soleil au haut des Cieux, afin qu'il portât sa lumiere dans toutes les parties du monde, que sa chaleur vivifiante contribuât à la naissance, à l'accroissement & à la conservation des plantes, des animaux & des hommes, & que la terre se renouvellât tous les ans par ses influences.

Dieu a tenu une semblable conduite à l'égard des hommes, il les a fait naître de differente condition; il en a élevé quelques-uns au dessus des autres, & a fait dépendre la conservation, le repos & le bonheur des hommes qu'il a assujetis, des soins continuels & de la vigilance de ceux qu'il a établis pour les gouverner. De sorte qu'on peut dire que comme le Soleil est un œil qui nous fait tout voir, & sans lequel nos yeux nous seroient absolument inutiles; de même un Roy est l'œil de son Royaume, & un œil qui éclaire continuellement ses sujets, & sans la lumiere du quel ils ne sauroient se conduire.

C'est cet ordre de la sagesse de Dieu qui soûmet la multitude à un homme seul, que Platon ne se pouvoit lasser de considerer, & qui luy faisoit souhaiter que comme Dieu est le seul Gouverneur du monde; de même tous les hommes n'eussent qu'un Roy. Le genre humain, disoit-il, ne sera jamais plainement & parfaitement heureux que lorsqu'il n'aura qu'un seul Monarque pour le conduire. C'est alors que toutes les causes des guerres cesseront; que l'interêt, la jalousie & l'ambition n'armeront plus les Souverains les uns contre les autres, & qu'on ne verra plus la terre couverte de leurs armées ; c'est alors qu'on n'entendra plus les

Dial. de regno.

» plaintes des peuples qui ge-
» missent en tant de lieux sous
» la domination des Tyrans
» qui leur ôtent leurs biens
» & qui les oppriment ; que
» les méchans, les perfides &
» les scelerats ne trouveront
» plus d'aziles dans les Royau-
» mes étrangers, & que tant
» de nations differentes ne fe-
» ront qu'une seule famille
» que ce Roy & ce Pere uni-
» que aimera tendrement &
» comblera de toutes sortes
» de biens.

Mais Dieu ne s'est pas contenté d'attacher les sujets à leur Souverain par l'interêt qu'ils ont de demeurer dans leur obeïssance; comme il connoît l'aveuglement & l'inconstance des hommes, il a vû que ce lien n'étoit pas assez fort ; c'est pourquoy il les a engagés par la conscience à subir leur joug, & a fait de l'obligation de se soûmettre aux Rois un devoir de Religion; il a même si clairement expliqué ce devoir en tant de lieux de l'Ecriture, qu'il est visible qu'il a eu dessein d'ôter tous les pretextes dont on peut se servir pour le violer, y ayant sur tout declaré que ni les mauvaises qualités qui peuvent se rencontrer en la personne des Souverains, ni la dureté de leur gouvernement ne dispensent jamais les sujets de la fidelité qu'ils leur doivent. Cette declaration étoit absolument necessaire, parce que la fidelité qui les lie à leurs Princes legitimes, étant la cause unique de la tranquillité des Royaumes & des Empires, si Dieu leur eût laissé la liberté de se tirer de la sujetion des Rois en quelques

1. Petri cap. 2.

rencontres, il eût exposé le gouvernement des Rois à l'injustice & à la temerité des jugemens d'un chacun, & leurs Etats à de nouvelles revolutions; & s'il n'eût mis au rang de ses loix l'obligation d'obeïr aux Rois, ils eussent pû s'assurer difficilement de la fidelité de leurs sujets, parceque les hommes changent souvent de disposition, par leur legereté naturelle, & par les divers interêts qui sont si puissans sur eux, qu'ils ne peuvent pas répondre d'eux-mêmes. Cette fidelité ainsi expliquée est une obligation que Dieu nous impose que nul interêt ne doit affoiblir, à laquelle on ne peut manquer sous aucun pretexte que ce soit, & dont aucune autorité ne peut dispenser.

Les Politiques demandent comment se doivent conduire

les sujets lorsque les Rois violent dans leurs Traités les loix fondamentales de la Monarchie. Par exemple, quel parti devoient prendre les François, si François I. se fût opiniâtré à vouloir executer le Traité qu'il avoit fait à Madrid, par lequel il s'étoit engagé à ceder la Bourgogne à Charles V. Un des plus savans & des plus consommés Politiques de nôtre siecle répond, que dans ces « rencontres la premiere démarche des sujets doit être d'essayer de détourner le Roy de son dessein par les supplications & les remontrances. Si le Roy n'y a point d'égard, que peuvent faire les sujets, dit-il, sinon recevoir ses commandemens & ses ordres sans les mettre en execution ? C'est ainsi qu'en userent les Fran-

L'Auteur du livre de la certitude des connoissances humaines. De l'obeïssance que doivent les sujets à leur Souverain. liv. 3. ch. 7.

» çois à l'égard de François I.
» Puis il ajoûte que s'il arri-
» voit, comme il n'est pas im-
» possible, qu'il entreprît d'a-
» voir par force ce qu'il n'au-
» roit pû obtenir à l'amiable,
» & d'entraîner ceux qui n'au-
» roient pas voulu suivre ; que
» feront-ils en une si étrange
» conjoncture ? Donneront-ils
» les mains à la violence qui
» les va accabler, ou les le-
» veront-ils pour la repousser?
» A quel des deux partis se
» rangeront-ils, de la soûmis-
» sion, ou de la resistance ;
» d'être deserteurs du bien de
» l'Etat, ou de faire la guerre,
» non pas au Prince, car cela
» n'est jamais permis ; mais
» contre la volonté du Prince?
» Toutes ces choses certes é-
» tant des precipices dans l'un
» desquels il faut necessaire-
» ment tomber, & la mali-

« gnité de la constellation qui
« regnera ne pouvant être a-
« doucie par aucun moyen,
« que peuvent-ils faire que
« d'avoir recours à la force,
« & d'appeller à leur secours
« le premier droit de nature,
« qui est celuy de la conserva-
« tion ? Que peuvent-ils faire
« que n'agir pas en sujets aux
« choses où le Prince n'agit
« pas en Souverain, & qui
« ne sont pas enfermées dans
« les devoirs de la sujetion ni
« dans les droits de la Souve-
« raineté ?

La resolution de ce cas donnée par un homme si solide &
si éclairé, me fait penser que
les Chrétiens sont à l'égard de
la raison humaine ce que les
Payés étoient à l'égard des oracles de leurs faux Dieux. Ces
Oracles avoient beau les tromper & les jouer par l'obscurité

& l'ambiguité de leurs réponses, ils ne pouvoient s'en desabuser : De même, quelque experience qu'ayent les Chrétiens que les décisions de la raison sont trompeuses ou incertaines, ils ne peuvent s'empécher de la consulter, & rien n'est capable de leur ôter la confiance qu'ils ont en elle. Ce qui les rend extraordinairement blâmables, est que l'oracle du S. Esprit, qui est le seul Oracle infaillible, maudit l'homme qui se confie en luy-même & qui fait sa force de sa foiblesse ; c'est à dire qui s'appuye sur sa raison, & prefere les sentiers détournés & perilleux qu'elle luy découvre, au chemin seur, droit & uní que la loy de Dieu luy enseigne. Aussi voyons-nous que les hommes habiles sont toûjours flottans & partagés, &

Maledictus homo qui confidit in homine, & ponit carnem brachiü suum. Jerem. 17. v. 5.

qu'ils ne sont jamais uniformes dans leurs resolutions ; pendant que l'homme simple qui met tout son appui en Dieu & se conduit par la foy, marche avec assurance. La voye « du Seigneur, dit l'Ecriture, « est la force du simple. Il faut « appliquer cela à nôtre sujet. Lorsque les Rois ont cedé par leurs Traittés des villes importantes ou quelque grande province, que font en ces occasions les gens qui presument d'eux-mêmes ? Ils se consument & s'évaporent en vains raisonnemens ; ils disent que les sujets ont droit de s'opposer à de semblables Traittés, & qu'ils ne sont pas obligés d'agir en sujets aux choses où le Prince n'agit pas en Souverain ; ils mesurent l'étenduë de la puissance Royale, & celle de leurs devoirs, & les agran-

Fortitudo simplicis via Domini. Prov. 1. v. 29.

dissent & les acourcissent selon la diversité de leurs imaginations & de leurs pensées; ils recherchent l'origine des droits des Souverains, & travaillent à établir & à relever ceux que la nature nous donne. Que fait l'homme simple? Il marche dans le chemin que la loy de Dieu luy marque; elle luy ordonne d'obeïr au Roy, il luy obeït; on essaye de le tirer de ce chemin par des raisons specieuses; on luy dit que le Prince veut renverser une loy fondamentale de la Monarchie, & qui est de la nature de celles qui sont entrées en la premiere constitution de l'Etat; il ne croit pas avoir assez de capacité pour porter son jugement sur une matiere si difficile; il sait seulement que la raison humaine nous trompe tous les jours, & que la loy de Dieu ne le peut tromper. L'homme sensé, dit l'Ecriture, se fie à la loy, & la loy luy est toûjours fidelle. « Ecclef. cap. 33.

Cette conduite du simple c'est à dire du vrai homme de bien & du vrai Chrétien, n'est pas seulement la plus sûre en conscience, mais aussi la plus juste & la plus raisonnable qu'on puisse prendre; car comme les sujets ne savent pas au vrai l'état des affaires, il leur est impossible de juger s'il est utile ou prejudiciable de détacher une Province du corps de l'état; & les connoissances generales qu'ils peuvent avoir sur de semblables matieres, les portent toutes à l'obeïssance; car ils sçavent qu'une Province peut être donnée en échange pour une autre plus voisine & plus commode, ou cedée pour terminer ou pour prevenir une grande guerre; ils sont aussi tous instruits qu'ils n'ont aucun droit de juger les actions de leurs Souverains, & qu'ils ne peuvent blâmer leur gouvernement sans temerité. Il „ n'est pas permis aux sujets, „ dit Tacite, de condamner „ ce que font les Roix, ni de „ rechercher les raisons cachées „ de leur conduite; les „ Dieux les ont rendus les arbitres „ des affaires & du dessein „ des Empires, & ne nous „ ont laissé que la gloire de leur „ obeïr. De plus les sujets ont-ils quelque droit qui soit blessé lorsque les Souverains cedent une Province ? l'Etat leur appartient-il ? N'est-il pas le patrimoine de nos Rois ? N'ont-ils pas acquis par le droit des armes la plufpart des Provinces qui le composent ? Quatre de nos premiers Rois, princi-

Annal. lib. 6.

palement Clovis, ne conquirent-ils pas eux seuls la plus grande partie de la France; & n'est-ce pas par achats, par donations & par mariages que les autres Provinces sont venuës à la Couronne? Il est donc sans difficulté, du moins dans les Royaumes hereditaires que les Rois peuvent aliener quelque partie de leurs Etats; & il faut toûjours presumer qu'ils ne le font jamais que lors qu'ils y sont forcés par une inévitable necessité, ou qu'ils y trouvent leurs avantages. Je dis que cela ne reçoit pas de difficulté dans les Royaumes hereditaires, parce qu'il n'en est pas de même des electifs: car comme les peuples y créent leurs Rois & se soûmettent à eux volontairement; ils peuvent se donner à telles conditions & avec telles restrictions qu'ils veulent; c'est pourquoy les obligations qui naissent des transactions passées entre les peuples & les Rois electifs sont égales & reciproques; & comme elles assujettissent les peuples aux Souverains, elles soûmettent aussi les Souverains aux conditions que les peuples leur ont imposées.

L'opposition des François au Traitté que Charles VI. fit avec Henry V. Roy d'Angleterre, & la guerre qu'ils firent pour en empécher l'effet, sont des preuves qu'on allegue sans aucune apparence de raison, pour montrer que les sujets peuvent quelquefois s'opposer par la force aux volontés de leurs Souverains. Car comment peut-on dire que les François prirent les armes en cette occasion contre Charles VI, & quelle force peut-on on imaginer dans un Traitté qui fut fait dans le temps que ce Prince avoit l'esprit troublé, & par lequel on ôtoit à son fils une couronne qui luy étoit acquise. En un mot, l'ambition d'Henry V. Roy d'Angleterre, la vengeance du Duc de Bourgogne & l'aversion de la Reyne Izabelle de Bavieres pour le Dauphin, furent les causes veritables & uniques de ce Traité. Ainsi il n'y eut jamais une guerre plus juste que celle des François, puis qu'ils la firent à l'Usurpateur du Royaume, & qu'ils suivirent le parti de Charles VII. qui étoit non seulement successeur, mais aussi possesseur & maître du Royaume, son pere étant mort civilement, & dans un état où il ne pouvoit traitter ni entendre parler d'aucune sorte d'affaire.

Quant à la resistance que les François apporterent à l'execution du Traité de Madrid touchant la Bourgogne, il est visible qu'elle n'eût pas esté jusques au bout; que François I. l'eût facilement surmontée s'il eût voulu, & même qu'il la fit naître pour avoir un pretexte de ne pas tenir un Traité desavantageux, & qu'il n'avoit fait que pour sortir de prison; il est visible qu'il vint d'Espagne avec resolution de le rompre, & qu'il ne songeoit qu'à sauver les apparences, puis qu'aussi-tôt qu'il fût entré dans le Royaume il convoqua les Etats Generaux à Angoulême, & qu'aprés avoir protesté en pleine assemblée d'Etats en presence de Lanoy (qui étoit l'homme de l'Empereur) que de sa part il desiroit entretenir le Traitté ponctuellement, il se rendit dés qu'on luy representa qu'il n'étoit pas en son pouvoir de l'executer, dautant que par les loix fondamentales de la Monarchie, les Rois ne peuvent aliener aucun droit ni aucune piece de la Couronne; & qu'ayant reçu la Monarchie entiere de ses Ancêtres, il étoit obligé de la laisser entiere à ses Successeurs. L'on en sera persuadé, si l'on songe que Charles VI. Prince beaucoup moins fier, moins redouté & moins authorisé que François I. se moqua d'une semblable opposition; & que François I. par le Traité de Cambray, qui fut l'adoucissement de celuy de Madrid, renonça à la Souveraineté de Flandres & d'Artois, & aux droits qu'il avoit sur le Duché de Milan & sur le Royaume de Naples, contre les resolutions prises par les Etats Generaux, & contre les loix fondamentales de la Monarchie. Il est vray que ces renoncemens doivent avoir quelque cause legitime, & que les Rois feroient tort à leurs Successeurs, s'ils retranchoient une Province du corps de l'Etat sans y être contraints, ou sans y trouver de grands avantages. Mais lors qu'ils ne consentent à ces retranchemens que par necessité, ou pour le bien & l'utilité du Royaume; leurs Successeurs n'ont aucun sujet de se plaindre d'eux; que s'ils en ont, la pluspart de nos Rois auroient eu droit de se plaindre de leurs Predecesseurs, particulierement les enfans de Henry II. qui par le Traité de Cateau-Cambresy, relâcha & rendit prés de deux cens Villes ou Forteresses.

Il faut ajoûter à cela qu'il est difficile de marquer ce point de grandeur dont parle l'Auteur qu'on a cité; où lorsque les Etats sont parvenus, il n'est plus permis aux Rois d'en retrancher aucune partie; parce qu'il ne s'est jamais passé de temps considerable depuis l'établissement de la Monarchie, que la France ne se soit accruë par les conquêtes de nos Rois, ou n'ait diminué par celles de nos voisins. De plus, les Rois de la premiere & seconde race luy ont tres-souvent ôté sa grandeur, la partageant entre leurs enfans, & divisant le Royaume en plusieurs Royaumes. Enfin pour ne pas alleguer toutes les Provinces qui ont été desunies de la Couronne, il suffit de dire que la Bourgogne l'avoit été par le Roy Henry,

De l'obeïssance des Sujets à leur Souverain, liv. 3. chap. 6.

petit-fils de Hugues Capet, en faveur de Robert son frere; qu'elle y revint sous le Roy Jean, qui la donna peu de temps aprés à Philippe le Hardy son quatriéme fils ; & qu'aprés la mort de Charles dernier Duc de Bourgogne, Loüis XI. s'en rendit le maître ; de sorte qu'il n'y avoit pas cinquante ans qu'elle étoit réünie à la Couronne lorsque François I. la voulut ceder.

Passons maintenant aux autres pretextes qu'on prend pour se dispenser de la fidelité qu'on doit aux Souverains. La Religion, la reformation de l'Etat & les impôts dont on surcharge les peuples, sont ceux dont on se sert d'ordinaire pour les débaucher & les faire entrer dans des factions & des ligues. Mais un fidelle Sujet doit prendre garde qu'on ne le trompe par ces pretextes, & avoir toûjours devant les yeux ce que dit Tacite : Que la liberté & le sou-« *Hist.* lagement des peuples sont de « *lib.* 4. beaux noms dont les fac-« tieux se servent pour les at-« tirer à leur party : il doit « donc répondre à ceux qui luy disent qu'on est accablé de Tailles & de subsides, que Dieu ne nous oblige pas seulement d'obeïr aux Rois qui traitent leurs sujets doucement & humainement ; mais aussi à ceux qui ne les ménagent point, qui les foulent & qui abusent de leur puissance. A l'égard de la reformation de l'Etat, il doit dire à ceux qui la font envisager aux personnes qui aiment le bien public, qu'il ne faut pas aller à l'ordre par le desordre, ni procurer la guerison d'un Etat par un remede aussi violent & aussi dangereux que la guerre ; que ce remede cause de plus grands maux que celuy dont on veut guerir, & que tous ceux qu'on a soufferts dans le cours de plusieurs années.

Le pretexte de la Religion est le plus puissant de tous, & toutes les fois que les Chefs de party sont habiles & savent couvrir leur ambition de ce pretexte specieux, ils ne manquent jamais de faire des effets extraordinaires. C'est sous cette couverture qu'étoient cachés les grands plans & les projets ambitieux de la maison de Lorraine, lorsque le Duc de Guise fit cette ligue fameuse contre Henry III. & c'est pourquoy il s'accredita & s'étendit en si peu de temps. Aussi voyons-nous que le soin principal & continuel du Duc de Guise, & en suite du Duc du Maine, fut d'imprimer dans l'esprit des peuples, par le moyen des Religieux qui prêchent & qui gouvernent les consciences, qu'Henry III. favorisoit les Huguenots sous main ; & qu'afin qu'on n'en pût douter, ils reduisirent le Roy en tel état qu'il fut forcé de se lier avec le Roy de Navarre, avec lequel il ne fut pas plûtôt d'accord que le coup funeste de S. Clou arriva.

Le pretexte de la Religion eut le pouvoir d'engager un nombre prodigieux de personnes de qualité & de gens de bien dans cette ligue, & d'allumer la guerre en France & en Allemagne dés la naissance des Heresies de Luther & de Calvin ; non seulement par l'industrie des Grands, qui s'en servirent pour faire reüssir leurs divers desseins; mais aussi par l'ignorance des principales maximes de nôtre Religion, dont la plufpart des Chrétiens n'ont aucun soin de se faire instruire. En voicy une qui devroit être une regle perpetuelle de leur conduite : Il ne faut jamais faire aucun mal pour procurer aucun bien, ni pour éviter aucun mal ; or se revolter contre son Roy legitime, est un mal visible; donc il ne faut jamais le commettre par l'esperance d'aucun bien, ni par la crainte d'aucun dommage ; & il faut comprendre que quelque grands que soient les malheurs où nous allons tomber, si nous demeurons fermes dans nôtre devoir, ils sont tous au dessous de celuy de blesser nôtre conscience. Cette religieuse soûmission à ceux que Dieu a établis sur nous, parut & se fit remarquer dans les Chrétiens des quatre premiers siecles, qui ne se départirent jamais de l'obeïssance des Empereurs Payens, non pas même de ceux qui les persecutoient avec rage, qui ne songeoient qu'à les exterminer, & qui les faisoient mourir par d'effroyables supplices. Ce qui est merveilleux est qu'il y en avoit plusieurs qui étoient domestiques de ces Empereurs, quelques-uns qui avoiét des Charges considerables dans leur maison, & une si grande quantité qui prenoient parti dans leurs troupes, que dans les armées de Diocletien il y en avoit plus de trente mille. Ceux qui étoient domestiques des Empereurs les servoient avec respect, affection & fidelité; & ceux qui étoient dans

leurs armées combatoient avec tant de zele pour la conservation de l'Empire, que S. Sebastien, un des Capitaines de la garde de Diocletien, luy reprochant la cruauté avec laquelle il persecutoit les Chré-
«tiens: Tu l'exerces, luy dit-
«il, contre tes meilleurs ser-
«viteurs & contre des gens
«qui prient tous les jours
«pour ta prosperité & pour
«le salut de l'Empire. S. Romulus Grand-Maître de la Maison de Trajan, fit un semblable reproche à cet Empereur, lors qu'il cassa onze mille Chrétiens & les relegua en Armenie; & il le blâma hardiment de ce qu'il se privoit des plus braves & des plus fidelles hommes de son armée.

Comme la formule du serment que les Chrétiens prétoient quand ils s'enrôloient n'est pas inutile à ce sujet, il est à propos de la rapporter icy en la même maniere qu'on la trouve dans Vegece : Nous « nous obligeons au nom de « Dieu, de Christ & du Saint « Esprit, & de la Majesté Im- « periale qu'il faut honorer « aprés Dieu, d'être fidelles à « l'Empereur, d'obeïr à ses « ordres, de ne point quitter « la milice, & de ne refuser « pas de mourir toutes les fois « qu'il le faudra pour le servi- « ce de la Republique. Cette « formule de serment fut soufferte par tous les Empereurs jusques au temps de Maximien Hercule, qui le changea & ordonna que tous les Officiers & tous les soldats de son armée jureroient sur les autels des faux Dieux, qu'ils combattroient en hommes de cœur contre les ennemis qui venoient s'opposer à son passage. Cet ordre ne fut pas plûtôt parvenu à la legion Thebaine, composée de six mille six cens soldats, qu'elle se separa du camp & s'en éloigna d'environ trois lieuës. L'Empereur l'ayant sû, l'envoya sommer de revenir & de se rejoindre au corps de l'armée; mais S. Maurice qui commandoit cette legion celebre, répondit à son Envoyé, que luy ʺ& ses compagnons étoient ʺprêts de combattre & d'exʺposer leurs vies pour son ʺservice, mais qu'étant Chréʺtiens ils ne reconnoissoient ʺpour Dieu que le Dieu viʺvant, & ne pouvoient faire ʺaucun acte de Religion deʺvant des Idoles inanimées. Maximien entendant cette réponse, commanda qu'on décimât toute la legion ; mais cette décimation n'ayant point changé la resolution des Chefs ni des soldats, il en ordonna une seconde qui fut aussi inutile ; de sorte qu'entrant en fureur il tourna contre eux le reste de ses troupes & les fit massacrer inhumainemét. Gregoire de Tours écrit que la memoire de ces saints & genereux Guerriers étoit honorée dans l'Eglise ancienne, & qu'il y avoit un grand concours de Pelerins au lieu où ils avoient enduré la mort.

Lib. de glor. mart. c. 76.

J'ay fait le portrait des Chrétiens des premiers siecles de l'Eglise, afin que les Chrétiens de nôtre tems y voyent la condamnation de leurs sentimens & de leur cõduite; qu'ils aprennent que les François qui firent la guerre à Henry III. parce qu'ils le croyoient Huguenot; & qui s'opposerent en suite à Henry IV., parce qu'il l'étoit effectivement, étoient criminels de leze-Majesté divine & humaine; & en un mot qu'ils soient convaincus qu'il n'y a ni difference de Religion, ni regne manifestement tyrannique, ni interêt, ni raison, ni pretexte qui puisse justifier la rebellion. Les Sages, dit Ta-

Hist. lib. 4.

» cite, supportent patiemment
» le regne des mauvais Prin-
» ces comme le cours des mau-
» vaises constellations; & ils
» regardent les vexations, les
» proscriptions, les empoi-
» sonnemens & les autres ef-
» fets de leur cruauté, comme
» les sterilités, les pestes & les
» autres maladies causées par
» l'intemperie de l'air : il faut
» prier les Dieux de nous don-
» ner des Empereurs bons &
» équitables, mais il faut souf-
» frir ceux qu'ils nous ont

donnés, quels qu'ils puis-« sent être. «

Cette obligation de ne se jamais souftraire à l'obeïssance des Rois est reconnuë par les Huguenots les plus zelés pour leur Religion, tel qu'étoit feu M. de Gombaut, qui blâme les Rochelois de ce qu'ils fermerent leurs portes au feu Roy & le contraignirent de mettre le siege devant leur Ville. Il leur parle en cette maniere :

Mais il falloit ouvrir les portes à son Roy,
Et s'aider seulement des armes de la foy.

Dans son Ode à M. le Card. de Richelieu.

La Theologie Payenne s'accorde aussi sur ce point avec la Chrétienne, & met le violement de la foy que les sujets doivent garder à leur Souverain, parmy les crimes que la

Justice des Dieux punit dans les enfers.

Virg. lib. 6. Æneid.

Nec veriti Dominorum fallere dextras.

Dial. 4. de legib.

» Dieu, dit Platon, a en
» soy le principe, les moyens
» & la fin des choses, con-
» damne par ses justes arrêts
» ceux qui ne vivent pas hum-
» blement & paisiblemét dans
» l'obeïssance, & qui par un
» orgueil insensé, se croyant
» capables de se conduire, se-
» coüent le joug de leur Sou-
» verain.

Mais Dieu ayant établi les Rois pour procurer le bien public, & maintenir l'ordre parmy les les hommes, n'a pas seulement deffendu à leurs sujets de ne se jamais revolter contre eux ; il leur a encore declaré que la personne des Souverains est sacrée, & que quelque injustes, violens & cruels qu'ils soient, il n'est jamais permis d'attenter à leur vie : Ne touchés point à ceux qui sont cósacrés à Dieu par leur onction, dit l'Ecriture, & qui par consequent doivent être traittés & reverés comme les choses saintes ; & afin qu'il ne manque rien au respect qu'il veut que l'on rende aux Rois, il nous apprend que leur honneur luy est cher, & qu'il ne veut pas qu'on le blesse même par la pensée : Ne médis point du Roy dans ton ame, dit l'Ecclesiaste.

" *Nolite tangere christos meos.* Psal. 104. v. 15.

" *In cogitatione tua Regine detrahas.* c. 10. v. 20.

Il ne faut donc pas s'étonner si l'Eglise, instruite par le S. Esprit, a un soin si particulier des Rois, & s'il paroît par le nombre des decrets qu'elle a faits à leur avantage, qu'elle employe son autorité à mettre à couvert leur personne & leur reputation. Les Peres du Concile de Constance foudroyent de leurs anathémes la proposition execrable de Jean Petit, par laquelle il soûmet le gouvernement des Rois au jugement de leurs sujets, & expose leur personne à leurs attentats sacrileges. Cette proposition que ce Theologien, corrompu par le Duc de Bourgogne, osa avancer pour donner quelque couleur au noir assassinat que ce Duc avoit commis contre Loüis Duc d'Orleans, frere unique de Charles VI. fit tant d'horreur à tout le monde, que malgré la puissance du Duc de Bourgogne, pour lors Regent du Royaume, elle fut d'abord condamnée par l'Université de Paris, & l'écrit qui la contenoit, brûlé devant l'Eglise de Nôtre-Dame. Un fameux Concile d'Espagne excommunic ceux qui décrient le gouvernement des Rois & qui déchirent leur reputation par des libelles diffamatoires; mais on feroit trop long si l'on rapportoit tout ce qu'on trouve dans l'Ecriture, dans les Conciles & dans les SS. Peres sur ce sujet.

L'obeïssance que nous devons à Dieu & à son Eglise, nous devroit sans doute obliger à avoir de la veneration pour les Rois, à être inviolablement attachés à eux, & à executer religieusement leurs ordres. Cependant où sont les Chrétiens qui honorent Dieu en la personne des Souverains, qui leur soient fidelles pour s'acquitter d'une obligation de conscience, & qui obeïssent à leurs commandemens avec autant de diligence & d'exactitude que s'ils les avoient receus de Dieu même. Ne voit-on pas que la fidelité qu'on a pour les Rois n'est en la plûpart de ceux qui leur font la cour, que le desir & l'esperance de leurs bienfaits; que le zele qu'ils ont pour le service du Roy redouble quand ils en reçoivent la recompense; qu'il s'affoiblit lors qu'ils sont traittés avec mépris, & qu'il est entierement détruit dés qu'ils voyent jour à rendre leur fortune meilleure. C'est pourquoy dans tous les mouvemens de la Cour il y a tant de gens qui se jettent dans des partis, & tâchent de se mettre en état d'arracher par des traittés, des gratifications & des Charges qu'on leur a refusées, & qu'ils ont toûjours crû meriter.

Qu'est-ce que cette fidelité en d'autres, que la crainte

des peines & des suplices dont les Rois punissent ceux qui osent la violer par des cabales & des factions contre leur service, ou par des conspirations contre leur personne. Ce qui le prouve est que les Princes qui ont le plus d'aversion à répandre le sang humain, n'épargnent pas quelquefois celuy des personnes les plus considerables de leur Royaume, pour retenir les autres dans leur devoir par ces exemples de leur justice.

La fidelité des hommes capables & solides ne vient-elle pas de la connoissance qu'ils ont, qu'il n'est rien de si grand que le pouvoir des Rois, & que la pensée de les détruire n'est pas seulement impie, mais insensée. Car ils sçavent que les trouppes que les Rois entretiennent pour leur garde, forment elles seules un corps d'armée qui est toûjours sur pié, & qui allant fondre soudainement sur ceux qui font des partis & sur les seditieux qui travaillent à fouler les peuples, ne donne pas le temps à ceux-cy de consommer leurs desseins, & aux autres de se preparer à faire la guerre. Ils savent encore que les Rois dispensent toutes sortes de graces, les biens, les honneurs & les dignités, que tous les hommes recherchent ardemment ; & qu'ainsi ils ont toûjours dans leurs mains des moyens infaillibles pour faire revenir dans leur obeïssance ceux qui s'en sont tirés, beaucoup moins pour l'ordinaire par un esprit de rebellion, que pour accommoder leurs affaires. Ils savent enfin que la pluspart des sujets qui se sont

assez

assez oubliés pour se mesurer avec leur Souverain, ont fini malheureusement, ou vieilli dans une prison, ou passé leur vie dans des païs étrangers avec leur famille.

N'est-il pas encore facile d'apercevoir que les personnes riches qui sont contentes de leur état, & qui n'ont point d'autre passion que de goûter la douceur de la vie, n'ont qu'une fidelité interessée ; car comme c'est proprement pour eux que la guerre est un fleau, au lieu qu'une infinité de gens la souhaitent pour acquerir de la gloire, ou pour se procurer d'autres avantages, ils ont un grand attachement pour le Roy, parce qu'il veille continuellement sur le Royaume, pour empécher que les ennemis domestiques ou étrangers n'en puissent troubler la tranquillité, & ils le regardent comme le Dieu tutelaire de leur repos & de leur bonheur.

Deus nobis hæc otia fecit.

Peut-on avoir une autre opinion de ceux qui étant domestiques des Rois & ayant les premieres Charges de leur maison, ne peuvent leur manquer de fidelité sans se perdre de reputation & ruiner leur fortune? & peut-on croire que leur fidelité soit pure & veritablement vertueuse?

Quelle idée peut-on se former aussi de la fidelité de ces Politiques consommés, qui dans le temps des guerres civiles, se retirent dans leurs Gouvernemens pour y attendre que la fortune se declare, & suivre le party qu'elle favorisera, & qui en attendant tiennent une conduite assez habile pour faire craindre à la Cour qu'ils se joignent aux factieux, & pour la forcer à leur offrir quelque grande Charge.

Enfin la fidelité des peuples est-elle autre chose qu'une facilité qu'ils ont à demeurer dans l'état où ils se trouvent & où on les laisse ; & comme ils n'ont pas moins de facilité à en sortir, pour peu qu'on les en sollicite, n'est-il pas vray qu'ils sont toûjours également disposés à se tenir dans l'obeïssance, & à s'en tirer, & que leur fidelité dépend purement des temps & des conjonctures.

Reconnoissons donc que la fidelité de ceux qui en ont donné & qui en donnent tous les jours de grandes preuves; a des racines bien foibles, puisqu'elle ne tient qu'aux dispositions du cœur de l'homme, & qu'il en change toutes les fois qu'il change d'interêt & qu'il naît de nouvelles pensées dans son esprit. Car comment peut-on conter sur un homme de qualité vaillant & experimenté au fait de la guerre, qui dans une guerre civile prend le parti du Roy, dans la persuasion où il est que c'est le parti qui est d'ordinaire victorieux, & qu'il luy sera sans doute le plus utile? Est-il impossible de luy faire voir qu'il trouvera mieux son conte dans le parti contraire, & de le tenter en luy promettant qu'il en sera le Chef? D'ailleurs la vengeance ou quelqu'autre passion ne peut-elle pas luy faire oublier son devoir? Enfin combien y a-t-il de ressorts inconnus dans le cœur de l'homme, qui peuvent le remuer & luy faire changer d'assiette?

Tout ce qu'on vient de dire doit faire conclure que si nous voulons avoir une fidelité inviolable, une fidelité vertueuse, il faut que nous soyons attachés à nôtre Prince legitime par le même lien qui nous attache à Dieu ; que nous respections les Rois comme ses Lieutenans & ses images vivantes, comme les Ministres de sa justice & les organes de ses volontés.

CHAPITRE XXVII.

La Fidelité du Secret.

IL semble que l'on honore la fidelité comme la medecine, par le besoin qu'on en a. Comme celle-cy est absolument necessaire au corps, l'ame ne peut se passer de l'autre. Le cœur humain, dit un

Guarini el Pastorfido, atto 3. sc. 5. Poëte Italien, est un vaisseau trop petit pour pouvoir contenir tout ce qui luy vient du dehors & tout ce qui naît de luy-même: de sorte qu'il se répand par necessité, & qu'on est bien-heureux de trouver des hommes fidelles capables de recevoir ce qu'il ne peut retenir, & de le conserver avec soin.

Mais à dire le vray, ce n'est pas la petitesse du cœur humain qui met à si haut prix la fidelité ; c'est la condition de l'homme que la nature a produit si imparfait, qu'il ne suffit pas à luy-même. C'est pourquoy elle luy donne une si grande pente à la societé. En effet il est si naturellement porté à se communiquer, qu'il ne seroit pas satisfait de son propre merite, s'il n'esperoit de le faire connoître aux autres ; c'est cette esperance qui rend tous ses sentimens vivans & qui fait agir toutes ses inclinations; c'est elle qui le rend beaucoup plus sensible à tout ce qui luy donne de la joye ; c'est elle enfin qui fait qu'il travaille avec tant de peine à l'acquisition des sciences, & il n'auroit ni souci de devenir savant, ni plaisir de l'être, si sa science ne paroissoit.

L'homme donc pressé par cette forte inclination qu'il a à faire part aux autres de tout ce qu'il pense, de tout ce qu'il sent, de tout ce qu'il fait & de tout ce qu'il veut faire; voit qu'il ne peut la contenter sans s'exposer à de visibles perils qui menacent son honneur, son repos & ses interêts; que l'infidelité des hommes est si grande & si generale, qu'il ne peut découvrir ses secrets desseins sans faire naître des obstacles à leur execution, ni raconter ses avantures, qui interessent quelquefois la reputation de quelque personne considerable, sans flétrir en même temps la sienne.

C'est ce qui fait qu'il cherche avec tant de soin des hommes discrets, secrets & fidelles, & qu'il est si aisé d'en rencontrer; mais c'est ce qui fait aussi que ceux qui se sentent de la fidelité, connoissant combien elle est commode & necessaire, la font valoir autant qu'ils peuvent, & la rendent utile à leur reputation & à leur fortune. C'est pourquoy ils s'attachent principalement aux personnes qui ont du credit, ou qui sont d'une qualité relevée, & profitent de toutes les conjonctures qui peuvent les faire entrer dans leur confiāce. On gagne celle des Princes facilement, parce qu'outre que leur oisiveté les met dās un besoin presque continuel de conversation, leur cœur est sensible & impatient, & leurs sentimens plus vifs & plus impetueux que ceux du reste des hommes. De sorte qu'ayant une peine extréme à les contenir, ce leur est un soulagement merveilleux de pouvoir les communiquer, & de conter aussi tout ce qu'ils viennent d'apprendre à des gens qui n'abusent pas de leur confiance. C'est par cette raison qu'ils aiment ceux qui ont la reputation d'être seurs, qu'ils les favorisent en toutes occasions, & qu'ils leur font des honneurs extraordinaires ; & c'est parce qu'ils éprouvent que les personnes seures gardent soigneusement tout ce qu'on leur dépose, qu'ils en font cas; & non pas par une vraye estime qu'ils ayent de la fidelité.

Ils seroient excusables de ne pas estimer la fidelité, s'ils connoissoient ce qu'elle est dans les motifs de ceux qu'on éprouve les plus fidelles; & ils n'auroient pas tant de consideration pour leurs confidens, s'ils savoient qu'il n'y a rien de si rare que de trouver des hommes qui gardent le secret avec la derniere exactitude, & sans en donner connoissance à qui que ce soit sans exception; ils auroient même de grandes défiances de quelques-uns d'eux, s'ils étoient instruits qu'il y a une espece de gens qui font trafic de secrets, comme il y a des Marchands qui font trafic de perles. C'est une verité certaine, mais qui a besoin de quelque éclaircissement pour être entenduë.

Tout le monde admire cette prodigieuse diversité de Marchands qu'on voit dans toutes les grandes Villes, & l'on ne peut assez s'étonner que le desir du gain ait mis dans le commerce non seulement ce qui est necessaire à la conservation & à la commodité de la vie, mais aussi ce qui sert au luxe & à la volupté. Mais il y a peu de gens qui prennent garde que tous les hommes sont des Marchands, qu'ils exposent tous quelque chose en vente, & mettent à profit, les uns la vaillance & la sience militaire, afin d'être regardés durant leur vie comme les appuis de l'Etat, & aprés leur mort comme de grands hommes, les autres les arts & les professions afin d'amasser du bien ; d'autres les siences, pour rendre leur nom celebre; ceux-cy l'esprit, pour être bien reçus dans toutes les compagnies ; & ceux-là leur savoir faire, pour se mettre en credit à la Cour, & y faire une grande figure. Mais sur quoy peuvent profiter ces sortes de gens qui n'ont aucune bonne qualité, qui n'ont point de profession ni d'esprit, ni de savoir faire ni de sience ? Sur les assiduités qu'ils ont auprés d'une personne puissante, qui les place enfin, ou leur fait donner quelque bon employ : Sur l'accez qu'ils ont auprés d'une Dame recherchée de tout le monde par la grandeur de son esprit, dont l'approbation leur tient lieu de merite : Sur la confiance d'un Prince, car ayant leurs secrets en leur disposition, ils les employent à contenter la curiosité d'une Dame oisive, à réveiller son esprit, & la tirer de la langueur où elle tombe par son inutilité; ou bien ils en obligent un homme qui est dans un poste considerable à la Cour, & à qui il est agreable & utile de savoir tout ce qui se passe. Oüi, mais ces gens-là ne sont-ils pas bien-tôt découverts? Non; car ils ne disent les choses importantes qu'on leur a confiées qu'à des personnes qui ne leur peuvent manquer; & aprés avoir bien pris toutes leurs précautions. En un mot ce ne sont pas des gens foibles qui n'ayent pas la force de retenir ce qu'on leur a dit dans le dernier secret, ni des étourdis qui l'aillent reveler indifferemment à toute sorte de monde; ce sont des infideles judicieux & de prudens dispensateurs des secrets.

Que s'il se trouve des hommes qui gardent les secrets avec tant de religion, qu'ils feroient scrupule de les découvrir à leurs plus intimes amis; ils n'en usent de cette maniere que par des raisons qui regardent leurs interêts; dont la premiere est, que la fidelité est une voye honnête pour parvenir. Or quoique tous les hommes soient interessés, comme ils ne le sont pas de même maniere; qu'il y en a de qui l'amour du bien est la passion dominante, & d'autres qui sont beaucoup plus touchés du desir d'être estimés & consideré, que de celuy d'acquerir du bien. De là vient que ceux-cy ne voudroient pas s'en procurer par des prostitutions & par des bassesses, & qu'ils ne se servent que des moyens honnêtes pour s'établir.

La seconde raison est, que c'est une voye agreable, rien ne l'étant davantage à un homme vain que d'avoir part luy seul à la confiance d'un Prince, & d'être d'ordinaire avec luy dans son cabinet pendant que la porte en est fermée à tout le reste du monde.

La troisiéme raison est, que c'est une voye assez assurée; parce qu'il n'est pas possible qu'on ne contribuë à l'avancement d'un homme avec qui l'on se décharge le cœur de tout ce qui plaît & de tout ce qui afflige, & à qui l'on aura confié sa vie, son honneur & sa liberté.

La derniere raison est la crainte d'être mesestimé & d'être

privé de tous les avantages qu'on tire de la societé : car ceux qui redisent les choses qu'on leur a le plus recommandées, & en qui il n'y a nulle seureté, sont sur un méchant pié dans le monde, & sans aucune satisfaction dans leur societé.

C'est par ces considerations humaines que nous sommes secrets & fidelles, & non par l'amour & l'estime de la fidelité, & encore moins par l'obeïssance que nous devons au cõmandement que Dieu nous a fait, de faire à autruy ce que nous voulons qui nous soit fait à nous-mêmes. C'est pourquoy la fidelité des Sages du siecle n'est pas une vertu veritable ; d'ailleurs l'exacte fidelité est tres-rare, ainsi que nous l'avons dit, & qu'on le peut voir par les plaintes que les

Payens faisoient qu'il n'y avoit plus de fidelité parmi les hommes.

Il n'y a que le Christianisme qu'on peut justement regarder comme le renouvellement du premier âge du monde, qui y ait rétabli la foy & la loyauté. Elle reluisoit si fort dans les mœurs des premiers Chrétiens, que dans le portrait que Pline second en fait à l'Empereur Trajan, il marque la fidelité comme une qualité qui les rendoit reconnoissables : Leur vie, dit-il, est tres-innocente, ils s'acquitent de toutes leurs promesses, & rendent fidellement les dépots qu'on leur a confiés. *Plin. sec. lib. 10. Ep. 97.*

CHAPITRE XXVIII.

La Reconnoissance.

L'On admire ces excellens Comediens qui savent si bien diversifier le ton de leur voix, leur geste & leur action, qu'ils font tout à la fois deux differens personnages. Mais l'on seroit bien plus surpris si l'on avoit découvert que l'interêt joüe luy seul ce nombre infini de personnages qu'on voit sur le theatre du monde; que c'est luy qui joüe le Juge corrompu & le Magistrat plein d'integrité, le Modeste & le Magnifique, l'Avare & le Liberal; & qui se montrant sous la figure d'un homme qui demande conseil, paroît en même temps sous celle d'un bon ami qui le donne.

Que si quelqu'un doute de cette verité, il n'a qu'à considerer de prés un bienfaiteur & un homme reconnoissant; car il trouvera que quoy qu'il semble que le premier ne s'étudie qu'à faire les dons qu'il fait d'une maniere pure & seulement pour satisfaire son inclination bienfaisante; & que l'autre n'ait point de plus forte passion que de témoigner dans quelque bonne occasion combien il reconnoît les graces qu'il a reçuës; neanmoins il n'y a en eux ni generosité ni reconnoissance, & que l'un & l'autre vont droit à leurs interêts.

Pour en être assuré, il faut premierement examiner la conduite d'un bienfaiteur, & voir comme aussi-tôt qu'il a quelque employ ou quelque charge à donner, il ne songe pas seulement à en gratifier quelqu'un, mais qu'il est encore soigneux que le present qu'il luy fait ne manque d'aucune des circonstances qui peuvent en augmenter le prix & le rendre plus agreable. C'est pourquoy il jette les yeux sur un homme qui ne s'y attend point, qui ne luy a rendu aucun service, & en faveur duquel qui que ce soit ne luy a parlé.

Il est certain que cette conduite, à la bien examiner & à la regarder dans l'intention du bienfaiteur, bien loin d'être franche & genereuse, est fine & interessée; que le bienfaiteur a songé à ne pas perdre son bienfait lors qu'il l'a fait de si bonne grace, & que tous les soins qu'il a apportés pour rendre son procedé honnête, sont les liens avec lesquels il a pretendu attacher celuy qu'il a obligé. C'est pourquoy il y a lieu de s'étonner de ce que dit Seneque : « Que nous foüillons dans le secret des maisons de ceux à qui nous prétons nôtre argent, pour savoir s'ils ont un fonds qui nous en puisse répondre, & que nous jettons nos bienfaits : car les hommes les plus avares ne prennent pas plus de seuretés quand ils font un prêt, que nous en cherchons lorsque nous faisons un bienfait ; puisque nous ne nous déterminons au choix de la personne qu'aprés avoir longtemps pensé à la qualité des services que nous en pouvons tirer, & aprés avoir vû qu'il nous est utile dans nos affaires, ou qu'il est propre à faire reüssir nos desseins secrets. C'est par ces vuës que nous le préferons à tous les autres qui se presentent à nôtre esprit ; & c'est pour l'engager de telle sorte qu'il ne nous puisse manquer, que nous avons tant de soin que les circonstances les plus obligeantes, dont nous pouvons nous aviser, accompagnent tous nos bienfaits.

Si l'on en veut être convaincu, l'on n'a qu'à considerer les surprises, les coleres & les desespoirs d'un homme à qui on a manqué de reconnoissance, ses chagrins secrets & ses plaintes publiques contre celuy qui en a ingratement usé; avec quelles noires couleurs il peint son ingratitude; comme il déchire sa reputation, & crie contre luy de même que contre un homme qui l'a volé : car si dans le bien qu'il a fait il n'a cherché que le plaisir de bien faire, n'a-t-il pas eu ce plaisir ? Et s'il n'a pretendu tirer aucun avantage de ses bienfaits, pourquoy se fâche-t-il de ce qu'ils ne luy rapportent rien ? Il doit donc confesser que son désespoir vient précisement de ce qu'il voit ses esperances trompées, & qu'il n'a pas recüeilli le fruit qu'il s'étoit promis; si ce n'est qu'il soit assez simple pour croire qu'il hait l'ingratitude par elle-même, & qu'il est si touché de la beauté de la vertu, qu'il ne peut souffrir la laideur du vice.

Il est aisé de conclure de là deux choses. La premiere, que nous sommes bien faux & bien hipocrites, de vouloir faire croire que nous avons l'ame belle, que nous ne pretendons aucune recompense des graces que nous faisons, & que nous sommes assez payés par la satisfaction & la joye que nous sentons lorsque nous pouvons faire du bien aux autres. La seconde, qu'il n'y auroit point d'ingrats, si cette maxime de Seneque étoit veritable : qu'on n'est obligé de reconnoître que les plaisirs qu'on nous a faits gratuitement.

Loc. cit.

Voyons maintenant quels sont les sentimens d'un homme reconnoissant, & quel est le principe secret de sa reconnoissance. Les premiers sentimens qui naissent dans le cœur d'un homme recōnoissant sont si tendres, si affectifs, & semblent si naturellement conçus pour son bienfaiteur, que l'homme méconnoissant s'y trompe souvent luy-même, & croit avoir pour son bienfaiteur une amitié non seulement sincere, mais cordiale.

Cepen-

Cependant tout ce qu'il sent vient de son amour propre, qui fait qu'il sçait bon gré de tous les biens qu'il reçoit, à ceux qui en sont autheurs, non pour l'amour d'eux, mais par la seule consideration de son interêt. Mais les sentimens qui succedent à ceux qu'on vient de representer leur sont bien contraires; car celuy qui a reçu de grands bien-faits voit bien-tôt aprés que ce ne sont pas des dons, mais des prets veritables qu'on luy a faits; il commence à regarder son bien-faiteur comme un creancier qui le presse, & toutes les obligations qu'il luy a, comme autant de chaînes dont il se trouve chargé. Cet état luy est si insupportable, que l'envie d'en sortir le dispose secrettement à se moquer de toutes ses obligations, & son ingratitude parêtroit sans doute à la premiere rencontre, sans la crainte qu'il a de ruiner ses nouvelles pretentions.

C'est cette crainte, ou pour mieux dire, c'est l'esperance de quelque bienfait plus considerable, qui luy donne des sentimens de reconnoissance, qui l'oblige à publier la generosité de son bienfaiteur, à le voir avec assiduité, & à montrer en toutes occasions qu'il luy est acquis d'une maniere toute particuliere. Que si pendant qu'il tient cette conduite, quelque personne puissante luy fait luire l'espoir de quelque grand établissement, il tourne soudain & va droit où son interêt l'appelle ; il garde neanmoins les dehors à l'égard de son bienfaiteur jusques à la fatale occasion où celuy-cy venant à se broüiller avec l'autre, il prend sans hesiter, le parti qui luy est le plus utile. C'est alors que son interêt se declare, & que son ingratitude sort du fond de son cœur & se fait voir aussi noire qu'elle est, malgré tous les soins qu'il prend de la couvrir d'un million de pretextes, & d'affoiblir tous les bienfaits qu'il a reçus.

L'on ne doit pas être surpris qu'un sentiment aussi lâche & aussi honteux prenne naissance dans le cœur de l'homme ; il y en naît de bien plus étranges, au moins si nous en croyons Aristote. Voicy comme il parle sur ce sujet : La nature humaine, dit-il, est si méchante que ceux qui doivent de grandes sommes, & ceux qui ont reçu des graces considerables souhaitent la mort de leurs bienfaiteurs & de leurs creanciers.

Ce que ce Philosophe dit de la malignité de l'homme à l'égard du bienfaiteur qui l'a comblé de biens, ne paroîtra pas incroyable à ceux qui connoissent la grandeur de son orgueil, & qui sçavent que toutes les dépendances & tous les devoirs luy sont odieux; il leur fera voir encore cōbien l'homme est éloigné de concevoir des sentimens d'une sincere & vertueuse reconnoissance, & leur fera comprendre que lors qu'il en témoigne à son bienfaiteur, il y est poussé par le desir & l'attente de quelque nouveau bienfait.

9. Mor. cap. 7. Aristote en est si persuadé, qu'il assure que celuy à qui l'on fait du bien n'aime point son bienfaiteur, qu'il n'aime que les graces qu'il en reçoit & celles qu'il en espere; c'est pourquoy l'on ne conçoit pas bien

ce que Seneque a pretendu lors- *De be-*
que par des livres entiers il a *neficiis.*
enseigné aux hommes l'art de
bien placer leurs bienfaits, sup-
posant que c'est le mauvais
choix des sujets qui est cause
luy seul qu'on trouve si peu de
reconnoissance; au lieu que cela vient de la corruption du
cœur humain, qui est si ingrat
& si injuste, qu'à moins de faire aimer la justice aux hommes,
il est impossible de les rendre
reconnoissans. Si tu n'inspire « *In Gor-*
la vertu, dit Platon, à ceux « *gia.*
que tu obliges, ils ne sçau- «
roient être sensibles à tes «
bienfaits. «

Mais encore que l'interêt soit
la cause principale de la reconnoissance, neanmoins comme
elle n'est pas la seule, il est à
propos de voir quelles sont les
autres. La premiere qui se presente est la crainte de la honte

qui est attachée à l'ingratitude; car depuis que les hommes se sont rendus Juges souverains des actions humaines, ils ont declaré beaucoup plus infames celles qui leur causent du prejudice ou qui les offensent, que celles qui blessent les loix de Dieu; & parce qu'il n'est point de dépit pareil à celuy qu'ils ont lors qu'ils ne reçoivent pas de ceux qui leur ont les dernieres obligations, les services qu'ils en avoient attendus & qu'ils se voyent frustrez de leurs esperances; De là vient qu'ils se sont accordez à les regarder comme des gens indignes de vivre, & que les ingrats sont flétris, pendant que les sacrileges & les impies sont honorez.

Ces deux especes de reconnoissance, dont l'une vient de l'interêt, & l'autre de la crainte de voir son honneur terni sont les plus ordinaires. Celles qui viennent du faste & de la vanité ne le sont pas si fort, mais elles ne laissent pas d'être assez communes. L'on voit cette sorte de reconnoissance en ceux qui ayant été en faveur auprés des Rois ou auprés des Princes, prennent toutes sortes d'occasions pour raconter les bienfaits qu'ils en ont receus, & en relevent les circonstances apparemment pour faire voir qu'ils en conservent le souvenir, mais en effet pour apprendre la consideration où ils ont été.

Il y a aussi des reconnoissances malignes ; telles sont celles qu'on affecte de témoigner devant certaines personnes qu'on veut adroitement accuser ; on les exprime en cette maniere : J'ay des obligations infinies à ce Prince, il m'a fait mille biens, mais le plus grand de tous est qu'il a toûjours prévenu mes demandes. Ces reconnoissances ainsi temoignées devant les grands Seigneurs à qui il faut arracher les graces, sont pour l'ordinaire des accusations fines, & des reproches couverts que nous leur faisons; ce sont aussi quelquefois des instructions que nous leur donnons pour nôtre profit, & non pas pour le leur.

Il y a encore des reconnoissances vicieuses & criminelles. Il faut mettre en ce rang les reconoissances de ceux qui ayant une fausse idée de l'amitié, croyent qu'elle leur donne droit & même qu'elle leur impose l'obligation de violer les loix les plus équitables, d'épouser les querelles injustes de leurs amis, de les servir en duel & dans leurs vengeances, de les assister à faire des enlevemens, & de se jetter dans des intrigues & dans des partis contraires à leur devoir.

Il y a enfin des reconnoissances artificieuses que nous témoignons à ceux qui s'employent dans nos affaires, pour les obliger à les prédre à cœur. Il faut les faire connoître par un exéple. Il y avoit à la Cour un homme de condition qui ayant engagé un de ses amis à le servir dans une occasion où il y alloit d'établir sa maison, luy dónoit des assurances de sa reconnoissance plus ou moins grandes à proportion des difficultés qui se presentoient ; de sorte que lors qu'il le voyoit fatigué des peines qu'il avoit prises, & dans l'apprehension des nouveaux obstacles qu'il falloit surmonter, il luy disoit : Je « vous donne bien de la peine, « mais songez combien vous «

» m'obligez, & qu'il ne faut pas
« avoir le cœur bien fait, qu'il
» suffit de ne l'avoir pas mal
» fait pour être eternellement
» sensible à une obligation de
» cette nature. Ce qu'il recõmançoit toutes les fois qu'il voyoit l'ardeur de son ami sur le point de se ralentir. Il n'est pas necessaire de rapporter icy en détail le reste de cette histoire, & de marquer que la pretention de cet homme de qualité ayant reüssi, le service signalé qu'on luy rendit fut bientôt effacé de sa memoire ; l'on se contente de dire que plus on étudie l'homme, & moins on comprend comment il se peut souffrir & vivre en paix avec luy-même. Tout ce qui vient dans l'esprit est que pendant qu'on remarque des vices dans ses vertus, il voit peut-être des vertus dans ses vices, & regarde dans ses actions comme une

grande habileté, ce que nous y blâmons comme une duplicité & une fourberie : ou bien il se peut faire que de même que le Pan, il contemple toûjours ce qu'il a de plus beau,

Spiegha la pompa dellochiute piume.

& qu'il ne porte jamais sa vuë sur ses injustices, ses infidelités & ses ingratitudes.

Il y a deux sortes d'ingrats comme il y a deux sortes de poltrons. Les premiers le sont au souverain degré, & tournent le dos aussi-tôt aprés les bienfaits receus, sans qu'ils puissent être arrêtez par la crainte de l'infamie. Les autres se retirent peu à peu, & pour rendre leur fuite imperceptible, ils la tournent en retraitte. L'on voit plus ordinairement les ingrats de la premiere espece dans les Provinces, où les hommes sont plus naturels & les vices moins déguisez. Les ingrats de l'autre espece sont à la Cour, où l'on sçait donner une face honnête aux procedés les plus mauvais & les plus blâmables.

Il n'y a que les Chrétiens qui connoissent & qui pratiquent la vraye & vertueuse reconnoissance. Car outre qu'ils sont veritablement touchez de la bonté de ceux qui leur font du bien & qu'ils sont tres-fideles à les servir toutes les fois qu'ils le peuvent, leur reconnoissance ne s'arrête pas aux bienfaiteurs visibles; elle remonte jusques à Dieu qui est la premiere source de tous les biens, suivant ce qui leur est prescrit par ces paroles de l'Evangile : Ne donnez le nom de Pere à aucun homme sur la terre; le Pere unique, & par consequent le bienfaiteur unique de tous les hommes, est dans les cieux.

Matth. 23. v. 18.

Fin du premier Tome.

Contraste insuffisant

NF Z 43-120-14

www.ingramcontent.com/pod-product-compliance
Lightning Source LLC
Chambersburg PA
CBHW071151230426
43668CB00009B/915